本书受到国家自然科学基金青年项目“城市群城市规模等级结构扁平化：格局、机理与效应”（批准号：71804099）资助

经济管理学术文库 • 经济类

产业集聚对城市体系扁平化的影响及机制研究

Study on the Influence and Mechanism of Industrial Agglomeration on the Flatness of Urban System

闫程莉／著

经济管理出版社
ECONOMY & MANAGEMENT PUBLISHING HOUSE

图书在版编目（CIP）数据

产业集聚对城市体系扁平化的影响及机制研究/闫程莉著．—北京：经济管理出版社，2019.8

ISBN 978－7－5096－6818－4

Ⅰ.①产…　Ⅱ.①闫…　Ⅲ.①产业集群—影响—城市建设—研究—中国　Ⅳ.①F299.2 ②F269.23

中国版本图书馆 CIP 数据核字(2019)第 158387 号

组稿编辑：张巧梅
责任编辑：张巧梅
责任印制：黄章平
责任校对：董杉珊

出版发行：经济管理出版社
（北京市海淀区北蜂窝 8 号中雅大厦 A 座 11 层　100038）
网　　址：www. E－mp. com. cn
电　　话：（010）51915602
印　　刷：北京晨旭印刷厂
经　　销：新华书店
开　　本：720mm×1000mm/16
印　　张：12
字　　数：229 千字
版　　次：2019 年 10 月第 1 版　　2019 年 10 月第 1 次印刷
书　　号：ISBN 978－7－5096－6818－4
定　　价：78.00 元

前 言

区域协调发展是区域经济学研究的核心议题之一。区域内大中小城市的协调发展是区域协调发展的重要内容之一。《国家新型城镇化规划纲要（2014～2020年）》和党的十九大报告明确提出“要推进大中小城市和小城镇协调发展”。借鉴管理学中的组织结构理论，大中小城市和小城镇协调发展的实质是要逐步推进城市体系扁平化。集聚经济是城市区域发展的内核，因此，推动大中小城市协调发展、实现城市体系扁平化，需要从集聚的角度去理解和把握这一问题，而产业集聚是集聚经济的根本，通过前期数据观测发现城市体系扁平化与产业集聚的关系在不同区域存在分异。那么其背后的内在机理是什么？推而广之，不同层面与不同维度的产业集聚对城市体系扁平化有着怎样的影响，与此同时，产业集聚又是如何影响城市体系扁平化的呢？等等。解决上述这些问题具有重要的意义：一方面，在理论上可进一步完善集聚经济理论、丰富区域协调发展理论和深化城市空间结构理论；另一方面，在实践上为区域空间协调发展提供方向和区域发展主体的行为选择提供决策参考。

为了考察产业集聚与城市体系扁平化的关系，本书的分析框架如下：从点轴模式与中心—外围结构的理论视角论证了产业集聚对区域空间结构的影响，然后基于贝恩的“结构—行为—绩效”的思维范式，进一步从理论上提出了产业集聚的二重性问题，即产业集聚是产业集聚方式与产业集聚规模的统一，不同的产业集聚方式将产生不同的外部性效应，进而影响着集聚规模的大小。最后在此基础上，构建了两条分析思路：①产业集聚方式—产业集聚规模—城市体系扁平化；②产业集聚空间不平衡分布—城市体系扁平化。

基于上述问题和本书的分析框架，提出了如下研究假说：

①产业集聚的空间不均衡分布对城市体系扁平化影响具有正向影响，并且这种影响具有过程性与行业异质性，制造业集聚的空间不均衡分布在影响城市体系扁平化方面发挥了主要作用，它对区域城市体系扁平化的影响存在“先抑制后促进”的作用过程。②区域产业集聚规模对城市体系扁平化的影响具有促进作用，

但其促进作用主要来自制造业，服务业的大城市偏向可能不利于城市体系扁平化。③产业集聚方式对城市体系扁平化影响具有产业异质性，制造业无论是专业化集聚与多样化集聚促进城市体系扁平化，而服务业专业化集聚与多样化集聚抑制城市体系扁平化；就产业的相关多样化集聚与无关多样化集聚对城市体系扁平化的影响来看，制造业相关多样化有助于城市体系扁平化，而无关多样化则抑制城市体系扁平化，服务业则相反。④城市地价是制造业产业转移实现城市体系扁平化的重要微观机制；城市化水平是产业集聚驱动区域城市体系扁平化的另一重要路径机制。

本书一方面采用相关统计方法，另一方面构建计量经济学模型并主要运用GMM 估计方法，得出了如下结论：

（1）近年来我国省域城市体系扁平化程度呈现缓慢下降的过程，即省域人口分布整体上向集中化集聚方向迈进，但区域城市体系扁平化具有明显的异质性特征，东部省域城市体系呈现扁平化趋势，人口在空间上存在一定程度的扩散特征，中部西部和东北地区人口仍然以集中化分布为主，即集聚是主要空间特征；与此同时，西部省域单元的城市体系扁平化程度整体较低。

（2）省域空间单元制造业集聚的空间不平衡分布态势呈现明显的空间异质性特征，不同区域的产业集聚不平衡指数变化趋势不同，不同产业的不同集聚方式存在空间分异特征，即制造业多样化集聚程度较高的主要集中在东部和中部地区，而制造业专业化集聚主要集中在西部地区。服务业的多样化与专业化特征的空间分异特征不明显。我国东部地区制造业相对集聚规模指数最高，中西部地区制造业集聚规模指数最低，中部和东北地区的居中。而服务业相对集聚规模与制造业不同，西部地区服务业相对集聚规模指数较高，而东部地区偏低，中部和东北地区居中。就生产性服务业相对集聚指数而言，东北地区的较高，西部地区次之，而东部和中部地区的生产性服务集聚指数最低。

（3）非农产业集聚的空间不均衡分布对城市体系扁平化具有显著的促进作用，且通过了99%的显著性检验。就分行业来看，制造业集聚的空间不均衡分布对城市体系扁平化具有显著的促进作用，并通过了99%的显著性检验。而服务业以及其细分的生产性服务业集聚的空间不均衡分布对城市体系扁平化的作用没有通过统计学检验。因此，非农产业集聚空间不均衡分布对城市体系的影响主要源自制造业集聚的空间不均衡分布，与此同时，进一步考察制造业空间不均衡分布对城市体系扁平化影响的过程，结果表明制造业集聚的空间不均衡分布对城市体系的影响过程是“先抑制后促进”。

（4）从集聚规模来看，非农产业集聚推动了省域城市体系扁平化，在此基础上分行业进行考察对城市体系扁平化的影响，发现存在一定的行业异质性。制造业能够显著地推动城市体系规扁平化，而采掘业和服务业抑制城市体系扁平化，但在统计意义上不显著。将生产性服务业从服务业中分离出来考察其对城市体系扁平化的影响，结果发现生产性服务业显著地抑制了城市体系扁平化。进一步考察了制造业与生产性服务业集聚对城市体系扁平化的影响，结果表明协同集聚抑制了城市体系扁平化，其背后的原因在于大城市（省会城市）是产业协同集聚水平整体较高的区域，必然成为抑制区域城市体系扁平化的重要空间。

（5）从集聚方式来看：①非农产业整体的相对专业化与多样化都显著地促进了城市体系扁平化，但存在行业异质性。制造业的相对专业化和相对多样化对城市体系扁平化有显著的促进作用，但服务业的相对多样化却显著地抑制了城市体系扁平化，而服务业相对专业对城市体系扁平化的抑制作用没通过显著性检验。从弹性系数来看，制造业相对多样化对城市体系扁平化的影响要大于制造业相对专业化。综合将制造业、服务业的相对专业化、多样化纳入模型，上述结论依然成立。②就非农行业整体来看，其相关多样化对城市体系扁平化具有促进作用，而无关多样化抑制了城市体系扁平化，但分行业来看具有明显的异质性。制造业多样化有助于城市体系扁平化，并在1%的水平上显著。进一步来看，主要是制造业的相关多样化在其中发挥了重要作用，而无关多样化对省域城市体系扁平化作用不显著。服务业的多样化对城市体系扁平化存在抑制作用，但在统计上没有通过假设检验。但服务业相关多样化在5%的水平上显著地抑制了城市体系扁平化，而服务业无关多样化对城市体系扁平化具有促进作用，但并没有通过统计假设检验。

（6）基于前面的研究结论发现，制造业在城市体系中发挥了重要的作用，运用静态面板数据模型和动态面板数据模型，本书重点探讨制造业集聚对城市体系扁平化影响的传导机制路径问题，并得出如下的研究结论：①房价上涨是制造业集聚驱动城市体系扁平化的第一个中介变量。无论是制造业集聚规模，还是制造业多样化集聚方式都将促进区域整体房价的上涨，并在1%的水平上显著。与此同时，城市房价的上涨将驱动城市体系的扁平化发展。因此制造业集聚对城市体系扁平化的影响将通过房价机制影响城市体系扁平化。②在此基础上，考察了城市房价对制造业和生产性服务业的空间不均衡分布，检验发现城市房价在1%的水平上促进了制造业的空间均衡分布格局，即房价上涨会导致制造业集中化集聚向分散化集聚转变，驱动城市体系扁平化发展。而房价在1%的水平上显著促进了生产性服务业在空间上的集聚，表明地价在中心城市的上涨，带动生产性服务业发展，并将低端化的制造业挤出。③城镇化进程是制造业集聚驱动城市体系扁平化的第二个中介变量。无论是制造业集聚规模，还是制造业多样化集聚方式，集聚不经济会使得生产技术成熟性制造业进入次一级城市，吸引了大量的农村剩余劳动力，推动了城市化进程，进而使城市体系逐步扁平化。

本书为国家提出的“制造业强国”战略提供了重要的经验证据支撑，并得出如下政策启示：在国家推进实施《中国制造 2025》的背景下，要加快矿产资源型地区产业的转型升级，积极推进以制造业多样化为主攻方向的产业结构调整，完善现代制造业产业体系。开发区是推动制造业发展的重要平台，加快开发区的发展是构建现代制造业体系的关键。充分发挥市场在资源配置中的决定性作用和更好地发挥政府在资源配置中的宏观调控作用，促进资源要素在空间上的自由流动，促进制造业按照市场机制在空间上有效地集中化集聚和分散化集聚。大力推进区域交通网络基础设施建设，强化中心城市与外围城市的联系密度，降低空间交易成本，驱动要素资源的自由流动能力，进一步强化时空压缩效应，促进制造业在空间上的集聚与扩散，推动区域一体化进程，促进区域城市体系扁平化。推动区域制造业发展，加快区域制造业的多样化与专业化协同发展进程，差别化对待不同产业的相关多样化和无关多样化，强化制造业的相关多样化发展水平，积极推进服务业的无关多样化发展，通过制造业高级化进一步推进服务业的精细化发展，提高服务业的无关多样化水平，进而为制造业的发展提供全方位支撑。

目　录

第1章 导 论

本书将管理学领域的企业组织结构“扁平化”思想迁移到区域经济学领域关于城市体系的研究之中，结合已有文献，考察产业集聚对城市体系扁平化的影响及其内在机理问题。本章主要介绍如下问题：明确研究城市体系扁平化以及产业集聚对其影响的内在机理、背景与意义；在此基础上，提出本书的研究任务和研究目标；然后，简要地介绍本书的技术路线与涉及的主要方法；最后，指出本书可能的创新和不足之处。

1.1 研究背景及意义

1.1.1 研究背景

（1）优化城镇规模结构是推进新型城镇化建设的重要内容之一。面临传统城镇化进程中的诸多“城市病”问题，关于新型城镇化道路应该走怎样的发展道路的问题讨论已有10余年（梁琦等，2013）。早在2005年《中华人民共和国国民经济和社会发展第十一个五年规划纲要》（后续简称“‘十×五’规划”）明确提出要“坚持大中小城市和小城镇协调发展，积极稳妥推进城镇化”。“十二五”规划又指出要“促进大中小城市和小城镇协调发展”，随后《国家新型城镇化规划（2014~2020年）》和“十三五”规划都提出要优化城镇规模结构，促进大中小城市和小城镇协调发展，2017年党的十九大报告进一步指出要推进以城市群为主要载体的大中小城市和小城镇的协调发展。这表明，优化城镇规模结构是近年来国家推进新型城镇化建设的重要内容之一。

（2）大中小城市和小城镇协调发展的实质是要逐步推进城市体系扁平化。基于经典的空间组织结构理论，大中小城市和小城镇协调发展反映了城市空间结构逐步由单中心转向多中心的过程。这一过程反映了城市体系的扁平化进程（李震、杨永春，2010；范剑勇、邵挺，2011；余吉祥、段玉彬，2013；唐为，2016；李松林、刘修岩，2017；李松林、刘修岩，2018）。城市体系扁平化是城市规模体系格局由不平衡向平衡演变的过程，是市域尺度上的空间差距不断缩小的过程，也是区域城市多中心化的过程。而这一问题，早有学者开始关注，如多中心的城市是长江三角洲地区协调发展的空间组织模式（石忆邵，2001），着力培育区域次中心城市，缩小省域中心城市与边缘城市之间的差距（肖金成，2004）。

（3）城市体系扁平化与产业集聚的关系在不同区域内部存在分异。回顾空间经济学的传统与经典，集聚经济是城市区域发展的内核，因此，推动大中小城市协调发展、实现城市体系扁平化，需要从集聚的角度去理解和把握这一问题，而产业集聚是集聚经济的根本，制造业在经济中的份额决定了集聚的支撑力的强弱（梁琦，2004）。2007～2014 年，长三角城市群城市体系人口规模等级结构集中化指数由 1.1757 下降到 0.9708（黄妍妮、高波和魏守华，2016），与此同时，制造业集聚水平由 1.4019 下降到 1.1787；珠三角城市群集中化指数由 0.9234 下降到 0.7989，其制造业集聚水平由 2007 年的 1.6014 上升到 2014 年的 1.9425；长江中游城市群扁平化指数由 0.8755 下降到 0.7071，制造业集聚水平由 0.8789 上升到 1.0170。可以看出，三大城市群的集中化趋势下降，反之扁平化趋势增强，与此同时，制造业集聚与城市体系扁平化的关系在珠三角与长江中游城市群呈同方向变化，而在长三角却呈反方向变化。那么其背后的内在机理是什么？推而广之，不同层面与维度的产业集聚对城市规模结构扁平化有着怎样的影响？与此同时，产业集聚又是如何影响城市规模结构扁平化的？在城市发展的不同阶段，产业集聚格局又是什么，与城市体系有着怎样的耦合关系？等等，都是需要理清的重要现实与理论问题。

（4）省域空间单元仍然是中国区域协调发展的重要载体。尽管当前城市群已经被提高到中国城镇化的主体形态的国家战略高度，多数城市群是跨省级行政单元的，关于城市群的空间范围没有一个统一的界定，而且随着外部条件的变化，城市群空间范围将可能存在动态调整，相比较而言，省域空间是一个相对稳定的空间单元，考虑到我国基于省际单元为基础的 GDP 政绩考核体制的国情，资源在省域内的重组与配置将依然占据主导地位，因此，省域仍是我国区域经济发展的一个重要空间载体。

1.1.2 研究意义

大中小城市协调发展问题是一个重要的理论问题，同时也是一个重要的现实问题。通过本书的研究，揭示省域空间单元内促进大中小城市协调发展的驱动机制，将进一步完善空间结构优化和区域协调发展理论；另外，在目前我国大中小城市发展不平衡、不协调的格局下，优化城镇规模结构，既有利于促进我国各地区协调发展，也有利于加快新型城镇化建设的步伐，研究成果将为省域城市间协调平衡发展提供理论和经验支持。

（1）理论意义。进一步完善集聚经济理论。集聚经济本身是存在空间指向的，因而在城市内部的空间尺度上存在空间集聚的异质性问题。降低集聚本身的空间异质性，或者空间集聚本身的差距，提高空间发展的正义性，实现空间发展的均等化格局。在集聚扩散规律作用下，集中化集聚向分散化集聚转变。理论上讲，分散化集聚是集中化集聚产生的集聚不经济在空间上的反映。分散化集聚在空间上体现了多中心的空间格局，集中化集聚反映的是单中心的空间格局。因此，本书明确了集聚经济的空间维度，并从城市体系的视角去理解集聚的空间异质性。

丰富完善区域协调发展理论。考察城市体系扁平化的实质是研究城市规模的幂律分布规律，幂律现象体现了一种较强的不平等性（梁琦等，2013；吴光周等，2017）。幂律现象在现实中大量存在，其产生不是偶然的，必然有一定的内在规律可寻。城市规模分布是诸多现实世界大量幂律现象中的一种，城市体系扁平化问题归于区域经济学中的区域协调（发展差距）发展问题。此外，如何处理好公平与效率的关系是经济发展过程中必须关注的一个命题。区域协调发展具有空间维度，省域范围内大中小城市协调发展是区域协调发展的重要方面。这是继我国“协调东中西、统筹南北方”的地带协调发展之后又一个重要尺度的空间协调发展问题，本书的研究将进一步丰富完善区域协调发展理论。那么，如何测度省域内空间协调发展程度是首要问题，传统测度地带间协调发展的方法，在省域单元上是否合适？如果不合适，省域空间协调发展程度又该如何测度？影响一般意义上的区域协调发展因素在省域空间层面上是否合适？在省域空间单元区域协调发展的分析框架与一般意义上的区域协调发展分析空间是否具有一致性？弄清楚上述问题对于丰富区域协调发展理论具有重要的理论意义。

深化城市空间结构理论。空间结构问题是城市与区域经济学和经济地理关注的核心问题之一，城市体系优化与大中小城市协调发展是空间结构优化理论的本质体现，城市体系问题从属于空间结构问题。抛开特定空间尺度和空间联系的角度谈大中小城市协调发展与城市体系规模结构是空洞无力的，而省域范围内大中小城市协调发展的视角，反映了从省级层面这个整体框架去理解和把握城市之间的关系，有助于弥补传统区域空间结构理论中的城市体系研究对空间联系忽略的缺陷。直观来看，产业集聚影响城市体系结构变化，但对于产业集聚是否会降低表征地区发展差距的城市规模等级还存在争议，新经济地理学理论中传统的“中心—外围”模型对这一问题的回答是肯定的，而同样起源于新经济地理学理论的本地市场效应对这一问题的回答是否定的。因此，在省级层面的框架下，产业集聚对城市间的协调发展有着怎样的影响是不确定的，通过本书的研究有利于丰富和完善产业集聚与城市空间结构的关系，进一步完善城市空间结构理论。与此同时，集聚经济本身存在空间指向，在集聚扩散规律作用下，集中化集聚向分散化集聚转变。理论上讲，分散化集聚是集中化集聚产生的集聚不经济在空间上的反映。分散化集聚在空间上体现了多中心的空间格局，集中化集聚反映了偏向单中心的空间格局。因此，本书的研究将进一步明确集聚经济的空间维度，并从集聚演化的视角去理解集聚的空间结构。

（2）实践意义。为区域空间协调发展提供方向。如前所述，研究城市体系扁平化，实质上是研究城市的幂律现象，这具有很强的现实意义，可以更好地了解作为客体的省域内空间不平衡发展的格局过程，把握不平衡性形成的关键原因，助推城市空间的均衡协调发展。产业集聚在省域内的城市规模结构演变中扮演着重要角色，通过本书的研究，可以掌握我国省域内部制造业集聚的空间格局对大中小城市协调发展的影响机理，这为如何从产业集聚的视角推动区域协调发展指明了方向。此外，区域内部城市体系扁平化关注的是其内部的公平与效率问题，区域内的协调发展将促进区域效率的进一步提升和结构优化。

为区域发展主体的行为选择提供决策参考。一方面，为区域内各城市地方政府建立区域协调发展机制提供重要的决策参考。区域内大中小城市的协调发展，除了要遵循市场在大中小城市中配置资源的决定性作用外，还需要更好地发挥地方政府在推动区域协调发展方面的宏观调控作用。在省域内各城市地方政府建立协调发展机制的过程中，大型交通基础设施和产业的空间布局是重要的方面，本书将为构建区域协调发展机制提供决策参考。另一方面，为地方企业和个体的区位选择指明方向。在空间集聚扩散规律的作用下，城市内部空间结构是会不断发生变化的，各城市在其省域空间单元上的地位会随之发生调整，这种调整将对作为城市微观主体的生产者企业和消费者个体的生产生活成本产生重要的影响。因此，本书的研究将为地方企业和个体的区位选择指明方向，并促进企业和人口在区域空间上有序流动。

1.2 研究内容及目标

1.2.1 研究内容

首先，定量分析省域范围内城市体系扁平化的时空格局演变情况。其次，建立省域范围内产业集聚对城市体系扁平化影响效应的分析框架，提出产业集聚的空间不平衡分布、产业集聚方式和产业集聚规模对城市体系扁平化的形成机制与空间效应的系列研究假说。再次，论证有关“产业集聚对城市体系扁平化的影响机制”的系列假说命题。最后，实证分析检验产业集聚影响城市体系扁平化的传导机制，并提出相关的政策建议。具体说明如下：

（1）产业集聚与城市体系扁平化的时空格局分析。一方面，基于位序规模法则采取普通回归计量的最小二乘法，求得齐普夫维数（q），即为城市体系等级结构扁平化指数。同时直接运用赫芬达尔指数（HHI）法，测度城市体系的结构扁平化指数，作为齐普夫指数的替代指标。在此基础上看该指数历年的变化趋势，然后在不同省份之间做比较研究，观察其空间分异情况。另一方面，运用赫芬达尔指数（HHI）来测定制造业集聚的空间演化格局，并采用聚类分析方法将制造业不平衡分布格局进行分类，同时采用核密度函数考察制造业集聚的动态图。

（2）产业集聚影响城市体系扁平化的分析框架。以“中心—外围”和“点—轴”理论为基础，建立产业集聚影响城市体系扁平化的分析框架，产业集聚与扩散（集中化集聚于分散化集聚）即产业增长极的动态变化受到“轴”交通基础设施的影响；产业集聚与扩散的过程推动着城市“中心—外围”模式的形成。本书主要从产业集聚的空间分布和产业集聚的“二重性”即产业集聚结构和规模角度构建产业集聚对城市体系扁平化的分析框架，并提出本书的研究假说。整体来看，产业集聚的空间不平衡性加快推进了城市体系扁平化的形成。与此同时，产业集聚的空间不平衡对城市体系扁平化的影响具有阶段性，在产业集聚的早期，对城市体系扁平化具有抑制作用，当产业集聚发展到一定阶段时，会促进城市体系扁平化，即产业的集聚—扩散与城市体系的单中心—多中心具有同步推进的规律。而产业转移的空间流动性，决定了制造业的空间不平衡分布对城市体系扁平化起着主要的作用。从产业集聚的“二重性”看，不同产业不同的集聚方式对城市体系空间结构的影响也不尽相同。即产业集聚方式对城市体系扁平化的影响具有产业异质性；产业集聚规模城市体系扁平化的影响具有行业异质性。

（3）产业集聚影响城市体系扁平化的实证检验。在数理模型的基础上，基于已有的文献构建计量经济学模型，从产业集聚空间分布不平衡性、产业集聚模式及其产业集聚规模的视角，论证产业集聚对城市体系扁平化的影响。产业集聚对城市等级扁平化具有门槛效应。①考虑产业集聚的空间不均衡分布对城市体系扁平化的影响，分别论证非农产业集聚、制造业集聚、制造业和服务业集聚对城市体系扁平化的影响。②考虑反映产业专业化集聚与多样化集聚的集聚结构本身对城市体系的影响，以及分行业的制造业、服务业等对城市体系扁平化的影响。

③考虑产业集聚规模对城市体系扁平化的影响，以及制造业、服务业等对城市体系扁平化的影响。考虑到产业的可分性与可流动性的异质性对城市空间结构的影响，会进一步考虑资源型产业集聚对城市结构扁平化的影响。

（4）产业集聚影响城市体系扁平化的传导机制和路径检验。

在上述研究的基础上，基于计量经济学模型，实证检验制造业集聚影响城市体系扁平化的路径机制问题。基于理性经济人的假设，本书认为地价因素是导致制造业从中心城市向外围区域扩散的主要微观因素，其次，产业扩散型集聚引起劳动力人口的流动，进而使得城市体系空间结构扁平化，因此城市化进程是制造业集聚影响城市体系扁平化的又一中介变量。

1.2.2 研究目标

通过对省域范围内产业集聚和城市体系扁平化时空格局的分析，以及产业集聚对城市体系扁平化影响效应的相关实证检验，拟实现如下研究目标：

（1）揭示我国省域范围（全样本）内产业集聚的空间不平衡分布，以及城市体系扁平化的演化趋势与空间分异格局。运用参数估计方法和非参数估计方法测算各省域范围的扁平化格局，比较分析不同省域范围的扁平化发展趋势和过程，并测算全国和四大区域之间的扁平化指数，观察其空间分异现象。同时运用非参数估计方法测算各省域范围产业集聚的空间不平衡格局，掌握产业集聚的空间演化特征。

（2）揭示产业集聚的空间不平衡性对其省域范围内城市体系扁平化的影响。借鉴新经济地理学家克鲁格曼的理论观点，以及中心—外围理论和点—轴开发理论，初步认为产业集聚是影响城市群内城市体系扁平化的关键要素，那么不同类型的产业空间分布对城市体系扁平化有着怎样的影响？哪一类型产业的空间分布对城市体系扁平化影响起关键作用？不同产业影响的原因是什么？

（3）揭示产业集聚“二重性”即产业集聚方式和产业集聚规模对其省域范围内城市体系扁平化的影响。产业集聚具有“二重性”，不同的产业集聚方式会产生不同的外部性效应，进而形成不同的集聚规模，即产业集聚是集聚方式和集聚规模的统一。那么不同类型产业的不同集聚方式对其城市体系有着怎样的影响？其产业集聚的规模对城市体系又有着怎样的影响？其产生的内在机理是什么？

（4）揭示产业集聚影响城市体系扁平化的传导机制。基于中心—外围理论，产业集聚会由集中化集聚向分散化集聚转变，即产业集聚会由中心城市流向外围城市，那么是什么因素驱动产业集聚的空间流动？基于微观经济学理性经济人的假设，本书认为地价因素是导致产业外迁的主要因素，此外，产业集聚的转移带来人口的流动，进而促进城市体系扁平化，因而城市化进程也是制造业集聚驱动城市体系扁平化的中介变量。本书基于此，建立了相应的计量模型，实证检验产业集聚对城市体系扁平化影响的传导机制。

（5）提出产业集聚在促进城市体系扁平化的政策建议。在上述实证研究的基础上，针对性地提出与城市体系扁平化或区域协调发展有关的产业空间布局、产业集聚方式、产业发展模式等方面的政策建议。

1.3 技术路线与研究方法

1.3.1 技术路线

本书积极响应国家政策和发展实际需要，《国家新型城镇化规划（2014～2020年）》《中华人民共和国国民经济和社会发展第十三个五年规划纲要》以及中共十九大报告中提出的“促进大中小城市和小城镇协调发展”这一要求归结为区域经济学中的区际差距与区域协调发展问题。在此基础上，将大中小城市协调发展与其城市体系扁平化相结合，得出“大中小城市协调发展本质上要求逐步推进其城市体系扁平化”的观点，扁平化的空间结构即发展差距的缩小。而文献研究发现，省域范围内产业集聚对城市体系扁平化的影响效应和传导机制研究不足。

基于此，本书遵循“透过现象到本质”的思维路径，重点回答我国省城范围城市体系扁平化“是怎样的”“为什么会这样”的两个问题。第一，基于国家关于区域协调发展的政策制度背景，就相关文献进行梳理，提出本书的研究命题。第二，分析我国各省域城市体系扁平化的格局、过程等特征事实。第三，在此基础上，建立产业集聚对城市体系扁平化影响的分析框架，提出关于大中小城市体系扁平化的形成机制与空间效应的系列研究假说。第四，论证有关“产业集聚对城市体系扁平化的影响机制”的系列假说命题，在“增长极”理论和“点轴开发”理论的基础上，一方面实证研究产业集聚、交通基础设施对城市群城市体系扁平化的影响，另一方面考察产业集聚对城市体系扁平化的驱动机制。最后，从产业集聚与交通基础设施等角度提出促进省域大中小城市协调发展和支撑其城市体系扁平化的政策启示，具体情况如图1-1所示。

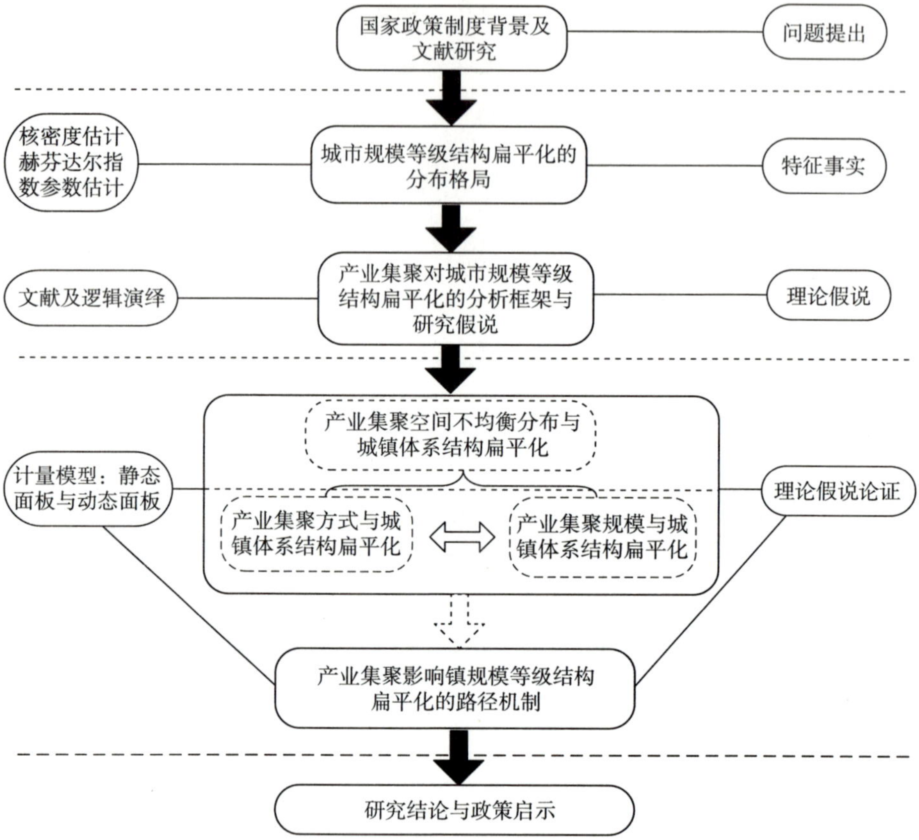

图1-1　技术路线、研究方法与研究思路

1.3.2　研究方法

本书的研究方法主要有文献研究、统计分析、定性分析、计量模型，具体应用说明如下：

（1）文献研究。充分利用论文检索平台，全面、系统地研究相关文献，归纳相应的研究结论，分析不同研究成果及研究路径的优势及缺陷，适当借鉴他人研究成果并不断修正研究方案。

（2）统计分析。运用赫芬达尔指数（HHI）和区位熵指数来测定不同产业集聚（专业化集聚、多样化集聚、相关多样化集聚和无关多样化集聚）空间集聚格局，运用赫芬达尔指数（HHI）和齐普夫指数测定城市体系的扁平化程度，运用核密度估计城市体系扁平化的分布动态情况。

（3）实证计量方法。本书的实证计量研究主要集中在以下几方面：基于齐普夫法则，运用OLS估计方法，测度省域空间单元内部的人口分布扁平化指数（q）；运用动态面板数据模型：检验非农产业及其分行业制造业和服务业、生产性服务业的空间分布不平衡对城市体系扁平化的影响；检验非农产业及其分行业制造业、采矿业和服务业的相对专业化集聚、多样化集聚对城市体系的影响；检验非农行业及其分行业制造业和服务业的相关多元化和无关多元化对省域城市体系扁平化的影响，检验产业集聚影响城市体系扁平化的中介机制问题；此外，为了做些补充性分析，上述检验中也用到了静态面板模型。

（4）比较分析方法。本书运用到的比较方法主要体现在以下几方面：一是比较分析不同区域造业集聚的空间不均衡分布格局和城市体系的扁平化指数，不同区域所处的区位具有异质性，各自的产业集聚状态也是差异化的，需要通过比较分析其间的差异性。二是在实证研究的过程中，将采取分门别类的方式，考察产业集聚对城市体系扁平化的影响效应。例如城市在不同的发展阶段，可能需要不同类型的产业集聚对其发挥作用，与此同时，产生不同的空间效应。比较分析不同产业的专业化集聚、多样化集聚、相关多样化集聚和无关多样化集聚指数。

1.4 本书的创新与局限

1.4.1 本书的创新之处

（1）本书较好地将城市体系扁平化与城市内大中小城市协调发展相结合。一方面，以往研究较多地考察某一类型城市（如大城市）的最优规模的问题时，忽略了城市间的联系，城市发展战略的重点应该关注城市体系的合理性和单个城市的发展能力（蔡之兵、张可云，2015）。本书将以地理空间的邻近、经济联系紧密的地级市所形成的省域空间单元为研究对象，考察其规模结构问题；另一方面，以往的研究中关于大中小城市和小城镇协调发展缺乏空间尺度，与此同时，大中小城市和小城镇协调发展与城市体系扁平化存在“两张皮”现象，而实际上两者紧密相关。本书利用基于参数估计的Zipf法则和基于非参数估计的HHI（赫芬达尔指数）等方法测度的城市群城市体系扁平化在一定程度上能反映各规模城市的协调发展程度，形成省域内城市协调发展指数。

（2）从产业集聚二重性的视角考察城市体系扁平化的背后的机理。传统的研究更多关注城市（城市群）城市体系特征的描述性分析，关于城市体系扁平化的驱动机制，尤其是产业集聚对城市体系扁平化的影响及内在驱动机制等方面的研究偏少。与此同时，传统研究产业集聚对空间结构的影响，不考虑产业集聚本身，而不同的集聚格局对空间结构的影响是异质性的，因此，本书将从不同的维度和视角进一步深入考察产业集聚对城市体系扁平化的影响。如在具体的实证研究过程中，会进一步将产业门类分为制造业、服务业和生产性服务业的集聚等。此外，本书基于贝恩的“结构—行为—绩效”的范式，提出了产业集聚二重性的概念，即产业集聚是集聚方式与集聚规模的统一，产业集聚方式的不同将产生不同的集聚外部性，进而导致集聚规模存在差异。在此基础上，深入讨论产业集聚与城市体系扁平化的关系。

（3）从全国整体层面和单个城市群层面或省域空间单元层面的研究转向以省域为单位的全样本空间单元的一般规律的探索。目前关于城市体系空间结构的研究，一方面是从全国整体层面进行研究，该研究尺度较大，忽视了省域的空间异质性，缺乏对省域内城市间关联性的考虑；另一方面基于学者的地缘背景，研究所在地区或邻近区域以及热点地区的城市体系等级结构特征及一定程度的演化机理，但更多的是一种典型案例的经验研究，难以上升到指导其他区域发展的一般规律的高度。基于此，本书将以中国省域单元“全样本”为研究对象研究其内部城市体系扁平化发展的一般规律，着重考察产业集聚对城市群内城市体系扁平化的影响机理。

（4）提出了省域产业集聚的空间不均衡分布指数。以往的研究更多地关注省域单元人口和经济规模的空间不均衡分布，而关于省域空间单元内产业的不均衡分布格局关注较少，考虑到省域空间单元人口规模分布背后的产业集聚扩散，而产业的集聚扩散特征可以通过产业不平衡分布来予以刻画，基于此，本书借助赫芬达尔指数测度了非农产业整体、制造业和生产性服务业的空间不均衡分布格局。

1.4.2 本书的局限之处

（1）由于2006年以前《中国城市建设统计年鉴》尚未公布城区人口和城区暂住人口，使得本书的基础数据是从2006年开始的，使得整体的数据容量不是十分充足。因此，对于2006年以前的省域城市体系扁平化的演变格局特征难以把握，当然，这并不影响产业集聚与城市体系扁平化之间的内在本质规律。

（2）由于目前对于产业集聚规模测度没有明确的指标，本书选取区位熵指数来测度产业集聚规模水平，该指标只能间接反映区域内产业集聚规模水平，因此具有一定局限性。但这并不影响实证研究，因为本书主要是分析特定区域内部产业集聚规模对于该区域城市体系扁平化的影响，因此对于特定区域来说，某产业区位熵指数越大，说明该产业集聚规模也较大。

（3）本书选取大量的计量模型做实证研究，因此，对于理论方面的阐述略有不足。第7章的产业集聚对于城市体系等级结构扁平化影响的机制研究主要应用计量模型做实证检验，尽管有一定的说服力，但理论方面阐述相对较少。

第 2 章　文献回顾及评述

本章通过文献综述拟进一步为第 1 章所提出的研究内容和研究目标提供文献支撑。本章首先从以下四方面进行文献回顾：第一，从地理学、经济学和规划学等学科角度总结城市体系扁平化的理论基础；第二，进一步综述城市体系扁平化的测度方法、时空格局、驱动机制等；第三，回顾现有文献关于对产业集聚扩散及其效应的讨论；第四，进一步回顾学术界关于产业集聚与城市体系扁平化之间的相关研究。最后在此基础上进行文献述评。

2.1　城市体系扁平化的基础理论

关于城市体系扁平化的理论基础，就学科来看，涉及的学科主要有地理学、经济学和规划学。地理学的空间结构演化理论，经济学的空间发展不平衡理论和规划学的城市区域多中心组合理论。

2.1.1　地理学领域

城市体系研究可追溯到古典区位理论和后来的城市空间结构理论。杜能（1826）的农业区位论、韦伯（1909）的工业区位论、克里斯塔勒（1933）的中心地理论奠定了现代空间结构研究的理论基石。在此区位论的基础上，早期的城市空间结构论逐渐发展，如单中心假设下的伯吉斯（E. W. Burgess，1923）的城市同心圆理论和霍伊特（H. Hoyt，1939）的扇形理论，以及多中心假设下的乌尔曼和哈利斯（Edward L. Vllman & Chauncy D. Harris，1945）的多核心理论。随着“二战”的结束，发达国家相继进入以信息化为主导的后工业社会，一些发展中国家经济也得到持续快速发展，城市地理学与系统论有机结合成功地开辟了城市体系研究。如迪肯森（Dickinson，1947）提出了三地带模式。1957 年法国地理学者戈特曼提出的“大都市带”理论，奠定了城市空间研究的基础，同年美国地理学者 E. L. Ullman 提出了空间相互作用理论。随后，越来越多的学者开始重视城市空间体系的研究。1960 年美国地理学家邓肯（O. Duncan）在《大都市与区域》中首次将“城市体系”（Urban System）的观点引入区域城市的研究框架之中。1962 年，美国贝里发表的《中心地体系的组成及其集聚关系》与皮特编著的《城市体系与经济发展》开创了城市体系研究的新纪元。如弗里德曼（J. Friedmann，1964）的区域空间演化阶段理论，在此基础上提出了“中心—外围”理论。瑞典哈格斯特朗（T. Hagerstrand，1968）在 E. L. Ullman（1960）的基础上提出现代空间扩散理论，加深了城市空间结构演化方式的研究，与此同时，哈盖特和克里夫（P. Haggett & A. D. Cliff，1977）在此理论的基础上从相互作用、网络、节点、等级、表面、扩散六个角度提出了城市群空间演化过程模式。穆勒（Muller，1981）提出了大都市空间结构模式等。

2.1.2 经济学领域

城市体系规模等级结构反映了城市体系中城市发展的不平衡问题，属于非平衡增长理论。1955 年弗朗索瓦·佩鲁率先提出了增长极理论，并指出增长极是具有强劲优势的某个产业部门。1957 年缪尔达尔提出了用以解释地区间经济发展不平衡现象的扩散效应和回波效应两个概念。赫希曼于 1958 年提出的“核心—边缘”理论将城市定位为增长极，并指出高收入地区为核心区，低收入地区为边缘区，在这两地区之间存在方向相反的两种作用力，即缪尔达尔所提出的两种效应。在佩鲁的增长极和缪尔达尔的扩散和回波效应以及赫希曼的“核心—边缘”理论的基础上，布代威尔于 1966 年将抽象的经济空间概念扩展到具体的地理空间，并提出了空间增长极概念，进一步丰富了佩鲁的增长极理论。在上述理论的基础上，20 世纪 70 年代波兰经济学家萨伦巴和马利士提出了点—轴开发理论，80 年代我国地理学家陆大道在此基础上提出了点—轴渐进式扩散的理论模式。

2.1.3 规划学领域

霍华德（E. Howard，1898）最先从城市群的框架研究城市规模问题，提出通过“组合城市（Conurbation）”来解决大城市过度膨胀的问题，进而构筑“田园城市”。而关于“组合城市”的形成原因，帕特里克·格迪斯（P. Geddes，1915）在《进化中的城市》中指出，城市在更大范围内集聚、连绵，影响范围相互重叠形成了“组合城市”，后被恩温（R. Unwin）于 1922 年发展成“卫星城”理论，并被成功运用到大伦敦城市规划建设的实践当中。相比演化视角，芬兰规划师沙里宁（1918）提出疏导大城市的“有机疏散”理论，认为城市的发展先是没有秩序地集中，而后逐渐有秩序地进行疏散。芒福德（1938）在《城市文化》中指出“多核心城市”即为一种新的组合城市形态，即单一大城市的内部矛盾可以通过外部多中心的城市区域解决。

从某种意义上讲，城市规划学最早从空间结构的视角考察城市体系问题，地理学关于城市体系的研究源于城市空间结构，经济学者基于发展不平等的空间维度，关注非平衡增长理论，讨论城市体系内的等级性问题。总体来说，上述研究奠定了20世纪80年代以来我国学者基于“城市体系”的城市空间结构的研究。

2.2 城市体系扁平化的测度、格局、驱动机制

城市体系结构扁平化如何测度？在此基础上其格局是什么？有着怎样的驱动机制等都是一些关键的问题，学者们对此做了大量的研究。

2.2.1 城市体系扁平化的测度方法

城市规模等级体系结构是研究在地域空间上接近、行政区划上又相互独立的不同规模城镇的组合关系和发生发展规律（许学强，1982；周一星，杨齐，1986；顾朝林，1987）。无论怎样的尺度，等级性（层级性/Hierarchy）是城市体系最为基本的特征，而且与管理学中的组织结构相比是系统内生的。拥有城市体系扁平化的科学测度方法是把握城市体系扁平化的格局过程的前提，测度城市体系扁平化的方法有两类：参数法和非参数方法。

参数估计方法。学术界在Zipf法则（Zipf，1946）、Pareto定律（KT Rosen & M. Resnick，1979）、分形理论（刘继生、陈彦光，1998）的基础上，一部分学者运用最小二乘法（Brankman，2010）估计得到齐普夫指数或者分形指数（q）；另一部分学者考虑到空间自相关的因素，采取空间计量模型的极大似然估计（程开明、庄燕杰，2012）替代普通回归计量的最小二乘法，求得齐普夫维数（q），即为等级结构扁平化指数。然而，Zipf法则、Pareto定律以及分形理论的分维值有着共同的幂函数表达形式，其研究结论也往往高度一致，城市体系逆序累积规模模型和城市体系位序累积规模模型更能准确地刻画区域城市体系规模结构的特征（叶浩、庄大昌等，2015，2017）。

非参数方法。一是首位度与城市指数法（张浩然、衣保中，2012；李松林、刘修岩，2017）；二是运用赫芬达尔指数（谢小平，2012；李松林、刘修岩，

2017)；三是泰尔（Theil）指数（张鑫等，2016)；四是基尼系数法（朱顺娟等，2014；李顺毅，2016)；五是采用社会网络分析（SNA）方法（侯赟慧等，2006，2009；李响，2011；方大春等，2015；彭芳梅，2017）考察城市体系整体空间结构网络特征。

严格来讲，参数方法和非参数方法在考虑城市体系内空间不均衡发展的过程中都存在一定的不足。比方说有文献指出运用参数法求得扁平化指数可能存在内生性。参数方法能够有效地估计整体，而非参数方法很难估计整体情况。因此，在实际研究中需要考虑两类方法的有机结合。

2.2.2 城市体系扁平化的时空格局

现有文献主要从全国层面考察城市体系扁平化问题。就我国城市空间格局静态的视角来看，城市层级结构与幂律为1对应的金字塔结构存在差异，呈现“两头小、中间大”的菱形结构（梁琦等，2013)。具体来讲，城市体系呈现特大城市规模迅速膨胀、中小城市和小城镇相对萎缩的两极化倾向（魏后凯，2014)，加快发展具有一定集聚效应而公共服务相对滞后的中等城市是重点（魏守华等，2014)。就我国的城市体系扁平化的趋势演化特征来看，主要持两种观点：一种观点是扁平化逐步降低，集中化趋势增强。1990~2006年市辖区GDP排序前200位的中国地级以上城市的等级性仍处于逐年加强的趋势（李震等，2010)。1985~2010年中国城市的整体分布主要呈集聚型，其集聚程度有着逐渐增强的趋势，然而在区域上有差异（叶浩等，2013)；基于全国人口普查数据研究发现，1990~2000年中国的城市体系变得更加扁平化，2000~2010年大城市的增长具有明显的优势，打破了之前的扁平化格局，使得城市体系结构逐步集中化（安树伟，2010；余吉祥等，2013)，与此同时，唐为（2016）得出了相似的结论。另一种观点是城市体系扁平化增强。1949~1999年中国城市体系的演化，以1978年改革开放为节点，在这之前城市体系较为稳定，而之后我国的城市体系结构变得更为扁平化（Anderson & Ge，2005)。Song 和 Zhang（2002)、Xu 和 Zhu（2009）使用20世纪90年代数据也发现这一时期各城市的相对人口规模有所收敛，即城市体系更为扁平化。Soo（2005）对73个国家和地区的城市分布体系进行比较研究发现，中国的城市分布相对更为均匀化。此外，余宇莹等（2012）和孙祥栋、郑艳婷等（2015）分别基于2003~2008年的地级市数据和2000~2010年的人口普查数据的实证研究也发现我国城市规模分布相对较均匀、城市体系发展较为平衡。为了克服由于行政区划调整等方面的因素，使得统计数据出现较大的波动，导致测算结果不精准情况的发生，借助夜间灯光数据发现中国非直辖市省级单元的城市规模分布的扁平化特征不断增强（李松林、刘修岩，2017)，而且全球城市规模分布的集中趋势也呈下降趋势（Fang，2017）。与上述两种观点所不同的是，Li Shujuan（2016）认为我国城市规模分布呈现持续不连续性，大城市比小城市的分布更均匀，中等城市先是均匀分布，然后分布不均匀，小城市的等级分布相对一致。

已有部分学者将城市体系的视角转向了城市群空间单元，并着重关注了东部沿海的三大城市群。自1978年改革开放以来，珠江三角洲城市群的城市人口规模分布的基尼指数不断下降，呈现扁平化的空间格局，城市区域空间组织经历缓速演变、加速演变和转型演变三个阶段（张虹鸥等，2006；李立勋等，2007；林雄斌等，2014）；而长江三角洲城市群，城市规模分布经历了首位型—位次型—首位型分布模式，城市首位度降低，但在总体上并没有呈现均匀的空间分布格局，空间极化现象一直比较明显（任远等，2008；蒲美霞等，2009；Wang，2016）。近年来，随着京津冀协同发展和长江经济带战略的提出，部分学者开始关注这两大城市群空间结构的变化，京津冀城市群城市体系不平衡程度加剧，具有明显的分形特征，帕累托最优分布的偏离幅度呈现加剧趋势（范晓莉等，2015；王振坡，2015；王振坡，2016；邬晓霞，2016；李嫒，2017）；长江中游城市群城市规模体系的地理集中度较低，城市规模结构呈现首位分布格局的趋势在考察期内持续加强（张超等，2015；王慧娟等，2017；Wei，2017），而王振坡、翟婧彤等（2016）却发现大中小城市人口规模分布趋于均等化，首位城市带动作用不强。成渝城市群（孙继琼，2006；曹跃群等，2011；钟海燕，2014；王振坡等，2018）城市体系的规模结构整体较为分散。除了单个城市群的纵向演化比较，部分学者进行了横向比较研究，有学者发现十大城市群的规模结构扁平化指数大致可以分为三类（曾鹏等，2010）。与此同时，区域尺度上的城市群空间结构演变趋势结论不一致。1997～2002年西部地区城市群的空间规模等级结构表现较强的集中化，2002～2006年呈现出扁平化的演化格局（赵璟等，2009）；2000～2009年我国十大城市群的扁平化指数是不断下降的，即呈现单中心化的格局（张浩然等，2012）。综合Pareto指数、mono指数和首位度三个指标，2007～2014年东部城市群遵循位序规模法则，中部城市群由弱多中心结构向弱单中心结构演变，西部城市群则表现为典型的单中心（黄妍妮等，2016）。运用社会网络分析方法研究发现中国沿海三大城市群的多中心程度都在不断提高，而且珠三角城市群多中心指数最高（赵渺希等，2015）。此外，基于夜间灯光数据和运用齐普夫法则，也发现沿海三大城市群的城市规模分布变得更加均匀（Gao B.，2017）。

2.2.3 城市体系扁平化的驱动机理

城市体系扁平化存在空间分异，其内在的驱动机理值得深入探讨。由于城市群作为国家新型城镇化的空间主体形态，部分学者开始关注城市群内城市体系扁平化的影响机制，但文献较少。还有学者从全国、省域以及城市空间单元层面，考察空间结构变迁的影响因素。具体有以下几方面：

（1）经济增长。城市体系扁平化反映了空间不平等发展程度。库兹涅茨（1955）和威廉姆森（1965）指出空间不平等首先在发展过程中增加，然后减小。弗里德曼（1966）相对完整地阐述了区域空间结构随着经济发展阶段的推进，从低水平空间均衡到单中心增长极再到高水平多中心均衡的演化过程。这表明经济总量和工业化水平是推动城市规模分布类型升级的基础动力（代合治，2001）。部分学者指出人均GDP将抑制我国西部城市群空间均等化发展进程（赵璟，2009）。还有一种观点认为人均GDP水平的提高和人口规模的增加是导致城市群空间结构多中心化的主要原因（孙斌栋等，2017）。而Christian L.（2014）发现经济发展水平与空间不平等呈倒“U”形关系，论证了库兹涅茨（1955）和威廉姆森（1965）的假说。

（2）基础设施。空间交易成本是影响最优城市规模的关键因素，着力加强交通基础设施降低空间交易成本（安虎森、邹璇，2008；张志强，2010）。近年来，高速公路等交通基础设施优化了山东半岛和长株潭城市群的空间结构（王成新，姚士谋，2011；何丹等，2017）。信息基础设施与交通基础设施推动城市规模分布的多中心化，促进城市体系网络化格局（覃一冬，2012；盛科荣等，2013；陈建军等，2014；刘秉镰等，2016；焦敬娟等，2016），因此，构建完善的交通基础设施，促进多中心城市网络的形成，是中国未来城市体系重构的重要方向（李松林、刘修岩，2017）。

（3）首位城市发展能力。首位城市的集聚、扩散和创新影响着城市群空间结构（裴瑱，2004；赵伟，2005；张艳、程遥等，2010；刘涛、曹广忠，2012；王桂玲、杨德刚，2016），首位城市与周边城市不同的联系方式决定了城市群的内部结构，需要从首位城市的中心度和控制力角度认识城市群内部空间结构（姚永玲、唐彦哲，2015）。首位城市规模的增加会拉大省域内部地区差距（王家庭，2012；田超，2015）。因此，要增强中心城市的辐射功能，发挥对小城市经济的带动作用，实现大中小城市的协调发展（孙斌栋、丁嵩，2016）。

（4）制度因素。在中西部地区行政分配资源仍然对城市发展有着显著的影响，而东部地区城市发展的市场导向格局已基本形成（蔡昉、都阳，2003）。与此同时，在中国大中小城市发展失衡还源于行政等级、资源配置的行政中心偏向，在市场力量的作用下加剧了大中小城市之间的差距（魏后凯，2014），政府“偏爱”促进“受欢迎”城市快速发展具有阶段性，长期的政府“偏爱”会导致不合理的城市规模体系（王垚、年猛，2014），需要坚持“政府引导＋市场主导”城市发展道路，促进大中小城市协调发展（李澎、范毅，2017），与此同时，户籍制度会限制人口（尤其是低端人口）的流动，也会阻碍城市体系扁平化进程（李国平、范红忠，2003；朱希伟、陶永亮，2011；蔡翼飞、张车伟，2012；梁琦、陈强远等，2013；陆铭、向宽虎，2014）。

除此之外，部分学者关注了空间结构效应问题，在关注城市体系等级结构效应之前，学者们首先关注了城市规模与城市效率（张应武，2009；柯善咨等，2014；孙久文等，2015；梁婧等，2015；石大千等，2016；陶爱萍等，2017）、生态环境（许抄军，2009；王家庭等，2011；郭力，2018；郑怡林、陆铭，2018）、城乡收入差距（程开明，2011）等之间的关系。随着“十三五”规划纲要关于“调结构、促增长”发展战略的提出，何种城市体系有利于空间经济社会绩效成为学者们关注的热点问题，如多中心结构与城乡收入差距或一体化（李顺毅，2015；刘修岩、李松林，2017）、环境污染（李顺毅，2016）、经济效率（Meijers & Burger，2010；朱政、郑伯红、贺清，2011；王家庭，2012；张浩然、衣保中，2012；谢小平、王贤彬，2012；田超，2015；田超，2016；孙斌栋，2015；孙斌栋，2016；侯韵，孙铁山，2016；苗洪亮、曾冰、张波，2016；金田林，2017；丁从明等，2015，2016；周晓波、倪鹏飞，2018）和土地利用效率（李顺毅，2016）等方面。上述研究分别基于不同的空间单元来展开的，城市群空间单元和个别省域空间单元等，而以省域范围为空间单元，从全国层面来研究的还少。

2.3 产业集聚、扩散及其效应研究

本书重点关注产业集聚对城市体系扁平化的影响及其内在机制，那么在现有文献中，就产业集聚本身的动态过程及其效应有哪些方面的研究？

2.3.1 产业集聚的过程

产业集聚的过程始于产业的集中现象，Marshall（1961）最初使用“集聚”来描述企业或产业的集中现象，劳动力市场共享、中间产品投入和技术外溢是产业地区性集聚的主要原因。阿尔弗雷德·韦伯（1997）的工业区位论则认为成本投入是决定企业区位的重要因素。保罗·克鲁格曼（2000）基于规模收益递增理论和新贸易理论，证实低的运输成本、高制造业比例和规模有利于区域集聚的形成。随着时间的推移，产业集聚理论的发展不断完善，产业集聚的发展一般都会

经历萌芽、成长、成熟、衰退阶段，然后消亡或升级进入第二个周期，循环往复，呈螺旋式上升（吴丰林、方创琳、赵雅萍，2010）。

产业集聚与扩散是对立和统一的矛盾统一体，产业集聚的同时也伴随着产业的扩散，Krugmn（1991）早在其“核心—边缘”模型中，就提出了制造业集聚和扩散的概念。集聚发展到一定水平，一些要素或产业便产生扩散，同时新的集聚会进一步形成。产业区位生命周期符合集中—分散—再集中的规律（梁琦，2004）。产业集聚的形成具有阶段性和梯次性，可以归纳为产业初始集聚是比较优势的结果，后续集聚主要是规模经济效应的影响（张明倩、臧燕阳、张琬等，2007；龚勇、贺刻奋、周迎迎，2010）。随着产业集聚比较优势的转变，产业会由集聚变为扩散与再集聚（纪玉俊、刘英华，2018）。产业由集聚为主变为扩散为主，更多的是由于拥挤成本的提高（赵祥，2013），而王晖（2008）从区域经济一体化角度分析，发现交易成本使集聚的空间形式将由集中化集聚向分散化集聚转变。刘妍、朱祖平（2004）运用博弈论分析了产业集聚过程中的成本动因。随着产业集聚扩散的发生，城市功能分工呈现出了与产业分工相对应的空间分异规律，即从中心城市—大中城市—其他城市，产业集聚以此表现为资金技术密集型产业、消费性劳动密集型产业—生产性劳动密集型产业的空间转移规律（郝俊卿、曹明明，2013）。韩玉刚、焦华富（2011）认为省际边缘区制造业的集聚是边界效应由屏蔽效应向中介效应转化条件下，多要素时空耦合和系统耦合共同作用的结果。

就产业集聚与扩散的分析方法而言，樊秀峰、康晓琴（2013）利用空间基尼系数和区位熵指数对陕西省制造业集聚程度进行了测算。陈景新、王云峰（2014）创新性地提出产业集聚和扩散的判断标准即产业动态脱钩指数，并从时间和空间两个维度考察了我国四大区域劳动密集型产业集聚与扩散趋势。宋马林、王舒鸿等（2012）采用 LISA 局部指标分析，结合马尔科夫链分析对我国中部六省第二产业的空间集聚和扩散进行了预测。毕秀晶（2013）利用空间自相关方法，分析了长三角的集聚与扩散以及大都市区的空间溢出效应。

2.3.2 产业集聚的效应研究

（1）产业集聚的劳动生产率效应。产业集聚对地区间劳动生产力的影响具有集聚的结构异质性。范剑勇（2006）利用我国 2004 年地级城市和副省级城市的数据研究发现产业集聚提高了区域劳动生产率，进而对地区差距产生了持久的影响。从集聚结构来看，相对专业化水平对其非农劳动生产率存在着显著的正向影响（刘修岩，2009），姚先国（2010）采用浙江省年企业级截面数据进行了研究，发现专业化集聚效应对企业生产率并无显著影响。而蔡敬梅（2013）研究发现产业集聚的城市化（多样化）与区域化（专业化）效应都推动了劳动生产率的提高，造成了各地区劳动生产率之间的差异，但城市化效应的效果更明显；从集聚外部性效应来看，MAR 外部性和 Porter 外部性抑制了地区工资水平的提升，Jacobs 外部性有利于地区工资水平的提升（杨仁发，2013）。

产业集聚对地区间劳动生产力的影响具有行业异质性。成熟劳动密集型行业是以产业内集聚为主，高新技术行业更多地表现为关联产业集聚（范剑勇、石灵云，2008）；产业空间集聚对全要素生产率及技术进步的影响在不同区间的行业技术梯度特征较明显，资源性和中低技术行业的集聚水平较低但集聚效应较高（王燕、徐妍，2012）；制造业集聚对地区工资水平存在显著的负效应，生产性服务业集聚和制造业与生产性服务业共同集聚有利于地区工资水平的提升（杨仁发，2013；程中华、于斌斌，2014）。此外，基于动态的视角，长期来看，产业集聚对劳动生产率有促进作用，而这一结论具有行业异质性，工业集聚对劳动生产率长期具有促进作用，而服务业的长期影响不显著（孙浦阳，2013）。

产业集聚对全要素生产率的影响具有集聚行业和集聚结构异质性。生产性服务业和制造业协同集聚，对制造业全要素生产率变化产生了正向影响（刘叶、刘伯凡，2016）。程中华、于斌斌（2014）基于 2003～2012 年的中国 285 个地级及以上城市的统计数据，实证研究发现制造业集聚抑制了城市绿色全要素生产率增长，而生产性服务业集聚和市场潜能有利于城市绿色全要素生产率增长；从集聚结构来看，MAR 外部性和 Porter 外部性抑制了城市绿色全要素生产率增长，Jacobs 外部性有利于城市绿色全要素生产率增长。杨浩昌、李廉水和刘军（2018）的实证研究表明制造业聚集和生产性服务业聚集均有助于促进全要素生产率提升，但生产性服务业聚集的促进作用更大。

（2）产业集聚的经济增长效应。产业集聚对经济增长存在正效应。马歇尔早在 1990 年就开始关注“产业区”与经济发展关系（Marshall，1890），但对于产业集聚与经济增长关系的研究有赖于新经济地理学的兴起，新经济地理学将经济的空间集聚与规模经济等因素结合起来研究。在国外，如 Qush（1996）、Ciccone（2002）、Gepper 等（2008）支持这一观点，与此同时，Bosker 和 Garretsen（2010）在新经济地理学理论规模报酬、贸易成本等假设的基础上，研究了产业集聚、贸易成本与地区生产率的影响，认为产业集聚与非集聚地区间的生产率差异主要在于贸易成本的差异。在国内，潘文卿和刘庆（2012）、雷鹏（2011）、王秀明和李非（2013）、谢雄军和何红渠（2014）等支持这一观点。

还有部分研究发现产业集聚与地区经济增长呈现出倒“U”形曲线关系。即产业集聚与地区经济增长之间并非简单的线性关系，而是呈现出倒“U”形曲线关系，产业的适度集聚带来规模经济，过度集聚则会引起规模不经济（孙浦阳、韩帅、张诚，2012；谢品、李良智、赵立昌，2012；魏玮、马松昌，2013；张云飞，2014；田超、王磊，2015）。田超和王磊（2015）以长江中游城市群为例，对产业进一步分类后发现，资源密集型产业的集聚与经济增长存在倒“U”形关系，劳动密集型、资本密集型和技术密集型产业的集聚与经济增长存在“U”形关系。

与上述结论有所差异的是，谷永芬和洪娟（2013）基于长三角 25 个城市 2001 ~2010 年的面板数据，发现服务业集聚程度与区域经济增长呈现负相关关系。金春雨、王伟强（2015）实证分析发现我国工业经济增长在相邻地区之间存在负向的空间相关性。周明生、王帅（2018）的研究结论发现京津冀地区的服务业以北京、石家庄为核心差异化集聚，短期内对经济增长促进作用明显，长期效果不显著。

（3）产业集聚的环境污染效应。对于产业集聚与环境污染关系的研究近年来已经成为国内外众多学者和专家关注的焦点，具体可概括为以下三方面：一是产业集聚将加剧地区环境污染。支持该观点的有 Virkanen（2010）、Frank（2009）以及张可和汪东芳（2014）等。二是产业集聚将改善地区环境污染。支持该观点的如李勇刚和张鹏（2013），王双进和李顺毅（2014）等。三是产业集聚与环境污染的关系不确定。其中，闫逢柱（2011）提出短期内产业集聚发展有利于降低环境污染，但长期内产业集聚发展与环境污染之间不具有必然的因果关系；李筱乐（2014）引入 Copeland 和 Taylor 模型，基于门槛模型发现，工业集聚与环境污染呈倒“U”形关系。杨仁发（2015）提出产业集聚与环境污染之间并非简单的线性关系，产业集聚对环境污染的影响具有显著的门槛特征；产业集聚对环境的影响因行业而异，轻工业产业集聚提高将降低环境污染水平，但重工业产业集聚，带来的环境污染问题更加突出（苏芳，2015）；产业集聚对环境污染存在空间异质性，基于 IPAT 模型研究表明：在全国，产业集聚水平的提高会加重环境污染，而分区来看，产业集聚能够改善东部地区的环境，对中西部地区环境污染却加重（尚海洋，2016）。产业集聚的环境污染效应是影响企业区位选择的重要因素，由此导致城市体系空间结构的变化。

2.4　产业集聚与城市体系的相关研究

2.4.1　产业集聚与内含于城市体系的区域差距

城市体系扁平化背后反映的是基于城市尺度上的区域发展差距和区域协调发

展问题，对于区域经济的协调发展和产业集聚的关系，众多学者提出了各自的观点。一部分学者认为，产业集聚造成区域间差距的扩大（陈林生，2004；范剑勇，2004；敖荣军，2005；程启智，2009，2013；赵祥，2010；陈良文、杨开忠，2011），其中，工业对我国区域发展差距影响最大（覃成林、张华等，2011），要着力扩大落后地区的市场规模（何雄浪，2012，2013），在产业集聚的背景下，人口的流动受到制度性的限制，使得生产与人口分布的不一致性成为制约区域发展差距的关键（李国平、范红忠，2003；朱希伟、陶永亮，2011；蔡翼飞、张车伟，2012；陆铭、向宽虎，2014），在全国大的空间格局下区域协调发展的战略重点应该是“产业西进”和“人口东移”（关兴良、魏后凯等，2016）。此外，产业集聚效应具有阶段性，长期来看，产业集聚会从集中化集聚向分散化集聚转向，进而推动区域差距的缩小（范剑勇，2004；陈良文、杨开忠，2011）。与此同时，产业集聚与制度因素变量的交互对地区收入差距的影响要远大于制度变量本身所产生的影响，而且产业集聚对地区发展差距的影响在区域间存在差异性（谢里、谌莹等，2012）。产业集聚与扩散是影响城市体系等级结构的关键力量，但在内部具体的驱动机制是什么，以及不同产业的集聚对城市体系等级结构的影响有着怎样的差异需要进一步深入的研究。

2.4.2 产业集聚效应与城市体系形成

Walter Christaller（1933）的中心地理论指出，由于制造业产品的异质性，不同制造品具有不同的市场范围和规模经济，而规模经济与运输成本的相互作用促使城市体系的形成。Henderson（1974）的城市体系模型表明，城市体系是外部经济（与产业集聚相关）和外部不经济（与大城市相联系）相权衡的结果。与此同时，以 Krugman（1991b，1996）和 Fujita 等（1982，1999）为代表的新经济地理学运用主流经济学的范式和理论模型模拟方法发现，集聚不经济的产生可能推动空间结构从单中心向多中心转变。顾朝林、甄峰、张京祥（2000）论证了城市空间结构演化的集聚与扩散过程。产业的关联效应、转移效应和聚集效应促动着长三角城市群空间结构的演化（张祥建、唐炎华等，2003）。工业化、产业结构以及运输能力影响着城市人口的规模分布，在工业化的过程中，平均集聚效率指数的高低与城市规模分布比重的增减相一致（高鸿鹰、武康平，2007）。近年来，产业集聚驱动了北京城市功能组团的重新整合，驱动单中心向多中心演化（张芸，2009）。在关中城市群地区，中心城市到外围区域制造业依次形成了资金技术密集型集聚区、劳动密集型集聚区和资源密集型集聚区，呈现出制造业产业空间集聚与城市群规模等级分异相一致的空间效应（郝俊卿、曹明明、王雁林，2013）。在区域的发展过程中，基于地价的梯度分布，为降低生产成本，制造业将从中心城市扩散或迁移到外围地区，于是出现产业扩散或转移，外围区在承接产业转移过程中促进外围区域的城市发展，使得整个区域更加均衡协调（Tabuchi，1998；Alonso－Villar，2002），这些规模、性质和功能不同的城市通过一定的产业关联相互作用，形成城市层级体系（梁琦、黄利春，2014），要充分发挥城市集聚经济在优化城镇化体系中的作用（杨凤鸣，2015）。我国的生产性服务业主要集中在顶级城市，集聚程度持续上升，而制造业则呈现出由顶级城市向其他城市扩散的态势（张萃，2017），而且这种产业结构的梯度转移扩散影响了城市规模与地区经济之间的联系（冯兴华、钟业喜，2017）。

2.5 文献述评及发展动态分析

基于相关文献回顾，本书认为可能存在如下不足之处：

（1）城市体系扁平化的研究对象选取上以全国、单个城市群、个别省域单元为主，全样本省域单元一般规律研究不足。部分文献关注了各类城市最优规模问题而忽视了空间联系，关于城市体系的研究对象选取上以全国的所有城市为对象考察城市体系扁平化问题，在中国城市化发展道路的选择上，“推进大中小城市协调发展”的论断是正确的，然而忽略经济活动空间尺度与城市间的关联性谈论大中小城市协调发展可能是站不住脚的。而且关于全国层面的城市规模等级扁平化倾向还存在争论，与此同时，关于区域层面的城市群内城市体系演化趋势也没有一致的答案。中国280多个地级市各自所在的区位存在较大的差异，很难落实全国层面的城市体系格局协调发展的精准施策。而省域单元是自然区位特征具有相似性的空间区域，是独立的行政个体，其经济活动主要在此空间尺度展开。因此，以省域单元为空间载体，以全国全样本为研究范围，研究城市体系具有更加现实的意义，从而更加有助于特定地域空间单元大中小城市实施协调发展的政策精准性。城市体系结构具有特定的经济学内涵，它是区域发展的空间不平衡的表现。优化城镇规模结构有助于加快新型城镇化建设。

（2）发展差距与空间发展不平衡问题，已有研究基于全国层面或东中西三大区域层面，考察了影响区际发展差距的因素，基于中观尺度的全样本省域城市内大中小城市发展差距的文献较少，区域差距的相关研究为本书奠定了重要的基础。当前文献主要关注扁平化特征的统计分析与齐普夫法则（Zipf's Laws）的检验，缺乏对城市体系结构演变过程与阶段的研究，与此同时，由于测度城市体系等级结构的数据来源不同，使得同一区域（城市群）测度的结构存在差异性，不同区域之间不具有可比性。对城市等级结构扁平化形成的动力机制研究较少并略显粗糙，相关结论还存在不一致。总的来讲，现有研究更多地偏向城市空间结构特征的测度及时空演化，缺乏一个影响城市体系特征的理论分析框架。从学科背景上来看，当前关于城市空间结构的研究主要集中在地理学领域和经济学领域，对城市空间规模等级结构扁平化的驱动机理是比较欠缺的。

（3）产业集聚、扩散过程研究主要是基于产业集聚本身的成长过程，而对于产业集聚与城市体系结合起来的研究还少，尤其是基于省域数据（全样本）的研究没有。产业集聚效应主要涉及产业集聚对于地区发展的影响，包括产业集聚对于劳动生产率的影响，对于经济增长的影响，而且对于产业集聚可能带来负外部性环境污染效应研究也比较多。但是本书的研究主要是城市规模等级结构扁平化。这些研究对于研究产业集聚、扩散对城市体系规模等级影响有一定的借鉴作用，本书更需要将这些效应和城市体系的发展过程结合起来探讨。

（4）产业集聚与城市体系的相关研究基于区域差距的研究居多，即从区域协调发展角度进行研究，部分文献讨论了产业发展与区域差距形成的关系，也有部分研究涉及产业集聚效应与城镇空间结构的研究，但对于城市群空间结构研究范围居多，缺乏从省级（全样本）层面讨论我国省域范围内的空间布局关系，而且对于产业也没有具体分类，不同的产业集聚对于城市体系扁平化的作用并不同，不同的产业集聚方式对于城市体系扁平化的影响效果也不同，因此，本书在借鉴现有文献的基础上，考察不同产业类型的不同集聚方式对我国全样本省域范围城市体系等级结构扁平化的影响。

综上所述，本书选择产业集聚对城市体系扁平化影响为主要议题。为了克服传统统计数据的缺陷而引起城市体系扁平化测度的偏误，增强城市体系扁平化在纵向上与横向上的可比性，将采用城区常住人口（城区人口和城区暂住人口之和）为依据，考察全国各省域范围内城市体系扁平化的时空演化过程以及产业集聚的时空演化过程。在此基础上分产业、分集聚方式考察产业集聚对城市体系扁平化的影响效应，以及影响城市体系扁平化的实证传导机制。最后，基于前面的实证结论，提出省域范围内城市体系扁平化的政策建议。

第3章 特征事实、理论框架与研究假说

本章在基本概念界定的基础上，首先，利用参数估计方法和非参数估计方法对我国省域单元的城市体系扁平化进行测度，分析其特征事实。然后，基于区域空间组织结构中的“中心—外围”与“点—轴”理论、产业集聚的二重性等构建了本书关于产业集聚与区域城市体系的理论框架。最后，提出了本书四个方面的研究假说。

3.1 概念界定

基于第2章文献评述，本节将本书所涉及的重要概念，如产业集聚、城市规模等级与城市体系扁平化等予以说明。

3.1.1 产业集聚

产业集聚（Industrial Agglomeration）就是某些产业在特定地域范围内的聚集现象（魏后凯，2011），产业集聚会产生规模效应、聚集效应和外部效应。产业集聚产生的原因有两方面：一是亚当·斯密（A. Smith）、马歇尔（A. Marshall）和阿林·扬（A. Young）提出的规模报酬递增理论，即分工和专业化是导致规模报酬递增的原因；二是马歇尔（A. Marshall）提出的外部性理论，即产业集聚受到中间投入品生产的规模经济、劳动力市场的共享以及知识外溢三方面因素的作用影响，使得产业由此而不断集聚在一起。本书对产业集聚的测度考虑相对产业多样化集聚（Aggl）和产业区位商（LQ）两个指标。本书对产业集聚的研究主要从两个角度进行分析：一是从产业集聚的类型进行研究，将产业集聚分为专业化集聚和多样化集聚两种类型，具体包括制造业和服务业及其细分行业的专业化

集聚和多样化集聚。二是从产业集聚的相关性角度划分，本书根据 Frenken (2007) 的研究成果将产业集聚分为相关多样化集聚和无关多样化集聚，本书将具体分析制造业和服务业的相关多样化集聚和无关多样化集聚与城市体系扁平化的关系。

3.1.2 城市体系扁平化

扁平化是管理学领域中的一个重要概念，基本的含义是管理层由金字塔状的组织结构形式"压缩"成扁平状的组织结构形式，扁平化是一种为解决管理层级过多而带来信息传递效率下降而实施的一种管理模式。而结构是指组成整体或者系统的各部分的搭配和安排，组成系统或整体的各要素之间存在主次之分，这种主次之分的强弱均衡程度可以借用扁平化指数予以表征，因此，测算扁平化的指数与测算不均衡的指数具有很强的内在一致性。

近年来，已有学者将"扁平化"① 这个词运用到区域经济学领域，讨论城市规模等级结构为主要维度的区域协调发展问题，但对于"城市体系扁平化"没有给予明确的定义，关于"城市体系扁平化"的概念②，本书将其定义为"由不同规模组成的区域内城市人口规模分布的均等化程度"③。从传统意义上讲，城市规模等级通常以人口规模来划分，根据不同的人口规模将城市划分为不同的等级④。从某种意义上讲，这种划分具有一定的主观性，本书并不机械地按照人口规模标准对某区域的城市进行大中小规模结构划分，而主要利用参数估计法和非参数估计两种方法对城市体系扁平化进行测定。参数估计法是利用齐普夫法则 (Zipf - Laws) 进行测度城镇规模等级结构扁平化的，齐普夫指数越小表示人口分布越均衡，区域内城市体系将越趋于扁平化。非参数估计方法是赫芬达尔指数 (HHI)，该指数是测度资源要素在一定范围域内分布均等化程度，其取值范围是 $0 \leqslant HHI \leqslant 1$，其值越趋向于 0 则表明分布越均等，相反越是趋向于 1 则分布越不

---

① 如李震、杨永春 (2010)，范剑勇、邵挺 (2011)，余吉祥、段玉彬 (2013)，唐为 (2016)，李松林、刘修岩 (2017，2018)。

② 随着"互联网 +"时代的到来，电子商务作为信息时代一种全新的商业模式，改变了城市间的经济联系，产生了基于互联网时代下的新型城市体系（王波、甄峰，2016；杜晓娟、甄峰、常恩予，2016)，拓宽了城市体系的外延，本书所关注的城市体系是基于省域空间单元。

③ 扁平化是一个中性词，扁平化在多大程度上是最优，依赖于经济运行效率的检验。

④ 我国不同时期对于城市人口选取的标准并不一致，1989 年《中华人民共和国城市规划法》是以市区和近郊区的非农业人口数来划分，该项规定将城市分为三个等级，分别为大城市（≥50 万）、中等城市 (20 万 ~50 万) 和小城市（<20 万）。2014 年，国务院印发《关于调整城市规模划分标准的通知》，该通知按城区常住人口来划分，小城市（<50 万），其中Ⅰ型小城市 20 万 ~50 万、Ⅱ型小城市 <20 万、中等城市 (50 万 ~100 万)、大城市 (100 万 ~500 万)，其中Ⅰ型大城市 300 万 ~500 万、Ⅱ型大城市 100 万 ~300 万、特大城市 (500 万 ~1000 万)、超大城市（≥1000 万）。

均等。本书通过测算人口分布的赫芬达尔指数来测定城市体系的扁平化程度，人口分布的HHI指数越趋于0，表明城镇规模等级结构扁平化程度越强。上述城市人口数据以《中国城市建设统计年鉴》公布的城区人口和城区暂住人口之和来表征城市规模的实际大小。

3.2 事实与特征

基于前面关于城市体系扁平化这一概念的简要论述，本小节将通过数据来揭示我国省域空间单元①城市体系扁平化的基本事实特征。

3.2.1 测度方法

（1）参数估计方法是基于齐普夫法则（Zipf - Laws），具体如式（3 - 1）所示。其中 P_1 为某区域内首位城市的人口规模，P_i 为区域内按照人口规模逆排序得到的第i位城市的人口规模，R为人口规模逆排序，q为齐普夫指数，该指数越小表示人口分布越均衡，区域内城市体系将越趋于扁平化，然后对该式两边取对数，得到一元线性回归方程，然后进行最小二乘法（OLS）估计，得到齐普夫指数q。

$$P_i = P_1 \cdot R^{-q} \tag{3-1}$$

（2）非参数估计方法是基于赫芬达尔指数（HHI），该指数是测度资源要素在一定范围域内分布均等化程度，其取值范围是 $0 \leqslant HHI \leqslant 1$，其值越趋向于0则表明分布越均等，相反越是趋向于1则分布越不均等，具体如式（3 - 2）所示。其中在本书中，HHI_{pop} 表示基于人口分布的赫芬达尔指数，p_i 表示省域内某一城市i的人口，n表示i城市所在省域共有n个城市，因此 $\sum_{i=1}^{i=n} P_i$ 为i城市所在省域的城市总人口。

$$HHI_{pop} = \sum \left(\frac{p_i}{\sum_{i=1}^{i=n} P_i} \right)^2 \tag{3-2}$$

3.2.2 测度结果

表3 - 1报告了2006 ~ 2015年省域城市体系扁平化赫芬达尔指数（HHI）。平均来看，HHI指数较大，城市体系扁平化程度较低的省域单元主要集中在西部

① 本书主要考察我国大陆省域空间内部人口分布的均衡程度，因此，在实际测算中剔除了4个直辖市，然后，进一步剔除了省域范围内地级市数目较少的新疆维吾尔自治区、青海省、西藏自治区和海南省。

地区的贵州、云南、陕西、宁夏和甘肃以及东北地区的吉林，其中，HHI 指数最高的是贵州和云南，2006 年分别为 0.471 和 0.516，2015 年转变为 0.442 和 0.465。此外，在这些省份当中，贵州、吉林与宁夏的 HHI 指数以上升为主，表明省域范围内人口不均衡分布的程度在不断提高，呈现逆扁平化态势，人口还处于向大城市集中化阶段。而 HHI 指数平均较小、城市体系扁平化程度较高的省份有山东省和安徽省，年平均值分别为 0.085 和 0.102。

表 3-1 2006~2015 年城市体系扁平化指数 HHI

地区	2006 年	2007 年	2008 年	2009 年	2010 年	2011 年	2012 年	2013 年	2014 年	2015 年
河北	0.126	0.125	0.125	0.127	0.125	0.124	0.122	0.123	0.126	0.124
山西	0.190	0.196	0.196	0.196	0.194	0.193	0.194	0.197	0.197	0.199
内蒙古	0.170	0.170	0.165	0.161	0.159	0.160	0.166	0.165	0.184	0.171
辽宁	0.133	0.128	0.130	0.130	0.130	0.139	0.144	0.144	0.134	0.135
吉林	0.225	0.232	0.233	0.228	0.248	0.266	0.273	0.274	0.280	0.293
黑龙江	0.179	0.180	0.183	0.181	0.182	0.183	0.186	0.179	0.179	0.192
江苏	0.120	0.132	0.133	0.130	0.126	0.125	0.127	0.138	0.124	0.119
浙江	0.142	0.143	0.143	0.146	0.151	0.150	0.154	0.148	0.146	0.174
安徽	0.095	0.090	0.093	0.093	0.094	0.096	0.108	0.112	0.116	0.119
福建	0.210	0.219	0.217	0.221	0.232	0.221	0.221	0.223	0.224	0.215
江西	0.177	0.181	0.179	0.174	0.160	0.156	0.152	0.157	0.154	0.156
山东	0.093	0.092	0.086	0.085	0.084	0.083	0.085	0.084	0.081	0.081
河南	0.089	0.090	0.128	0.119	0.128	0.129	0.142	0.139	0.146	0.145
湖北	0.257	0.262	0.290	0.295	0.295	0.283	0.274	0.267	0.260	0.243
湖南	0.118	0.120	0.127	0.123	0.121	0.129	0.129	0.128	0.127	0.132
广东	0.174	0.178	0.159	0.155	0.164	0.169	0.166	0.159	0.163	0.168
广西	0.145	0.144	0.144	0.156	0.149	0.151	0.152	0.149	0.153	0.155
四川	0.134	0.139	0.141	0.142	0.138	0.133	0.140	0.121	0.121	0.123
贵州	0.471	0.411	0.411	0.409	0.517	0.433	0.549	0.555	0.547	0.442
云南	0.516	0.532	0.532	0.499	0.496	0.475	0.511	0.488	0.483	0.465
陕西	0.272	0.247	0.261	0.257	0.253	0.249	0.248	0.268	0.272	0.275
甘肃	0.224	0.212	0.207	0.205	0.201	0.196	0.190	0.188	0.185	0.218
宁夏	0.312	0.334	0.325	0.343	0.341	0.333	0.355	0.342	0.343	0.351
全国	0.199	0.198	0.200	0.199	0.204	0.199	0.208	0.206	0.202	0.204

续表

地区	2006年	2007年	2008年	2009年	2010年	2011年	2012年	2013年	2014年	2015年
东部	0.144	0.148	0.144	0.144	0.147	0.145	0.146	0.146	0.144	0.147
东北	0.179	0.180	0.182	0.180	0.187	0.196	0.201	0.199	0.198	0.207
中部	0.154	0.157	0.169	0.167	0.165	0.164	0.167	0.167	0.167	0.166
西部	0.281	0.274	0.273	0.272	0.282	0.266	0.289	0.285	0.286	0.275

通过核密度估计方法，进一步考察了我国大陆23个省域空间单元城市体系扁平化格局的分布演化动态特征，通过图3－1可以看出2006～2015年省域人口规模等级结构扁平化的核密度的峰值都主要集中在0.18左右，观察期内2009年的峰值最大，其次是2015年。相比2006年，省域人口分布相对较为均衡，空间差异缩小。与此同时，核密度图整体呈现向右“拖尾”，这表明集中分布仍然是当前我国省域人口分布的主要特征。

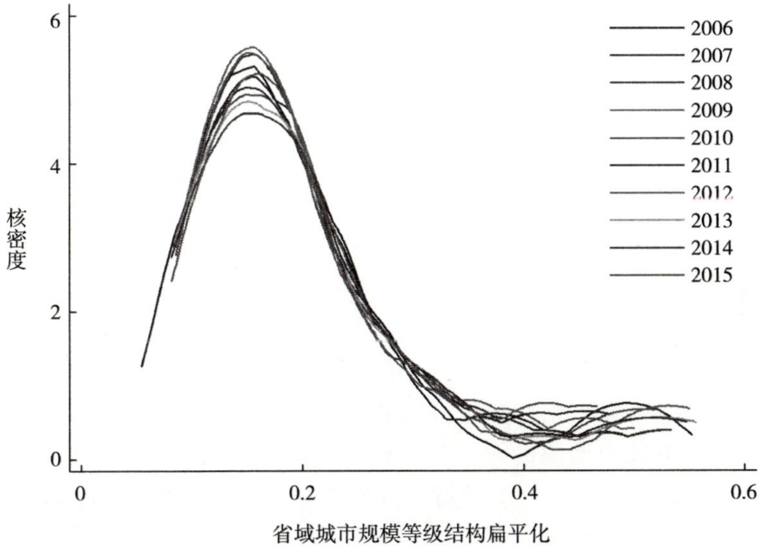

图3－1　2006～2015年省域城市体系扁平化格局分布动态

为了把握省域空间单元人口规模分布扁平化的聚类特征，本书基于聚类统计方法考察2006～2015年年均聚类情况，以省域人口分布的赫芬达尔指数（HHI）差距控制在0.05左右为标准，省域空间单元可以划分为四类①：

① 聚类分析呈现的图3－2中的序号1，2，…，23为省份编号，编号所指代的省份如表4－1中的id所示。

第一类：贵州和云南，年均分别为 0.475 和 0.500 左右，其扁平化指数最高。

第二类：宁夏，年均为 0.338。

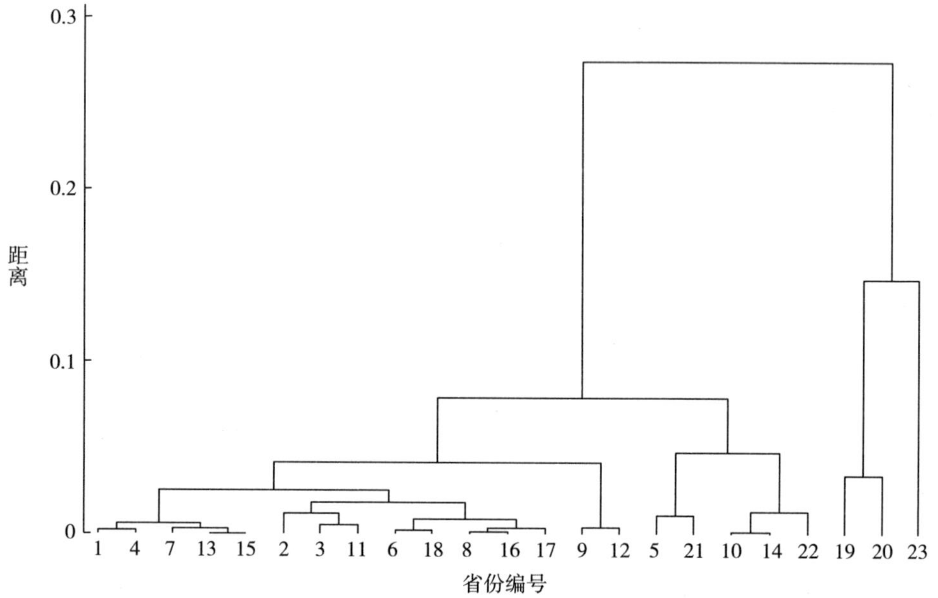

图 3-2 2006~2015 年年均我国 23 个省域人口规模等级结构扁平化的聚类

第三类：吉林、陕西、福建、湖北和甘肃，年均分别为 0.255、0.260、0.220、0.273 和 0.203；其余省份皆为第四类，总体来看，第四类省域单元的人口分布规模等级结构扁平化指数较高，省份较多，约 15 个，在第四类中，安徽和山东的人口分布最为均衡，为一个子群，年均指数分别为 0.102 和 0.085；此外，山西、内蒙古和江西为一个子群，分别为 0.195、0.167 和 0.165，在第四类中，HHI 指数比较高。

图 3-3 为全国及各区域城市体系扁平化情况。可以看出，就全国来看，人口呈现一定程度的集中化趋势。分区域来看，东部地区的城市体系扁平化程度整体较高，HHI 指数较小，其中，福建的城市体系扁平化指数较低，人口分布较为集中。东北地区的城市体系扁平化程度有所下降，其 HHI 指数要较东部地区平均高出 0.045。而西部地区的 HHI 指数最大，年平均比全国要高出 0.076。

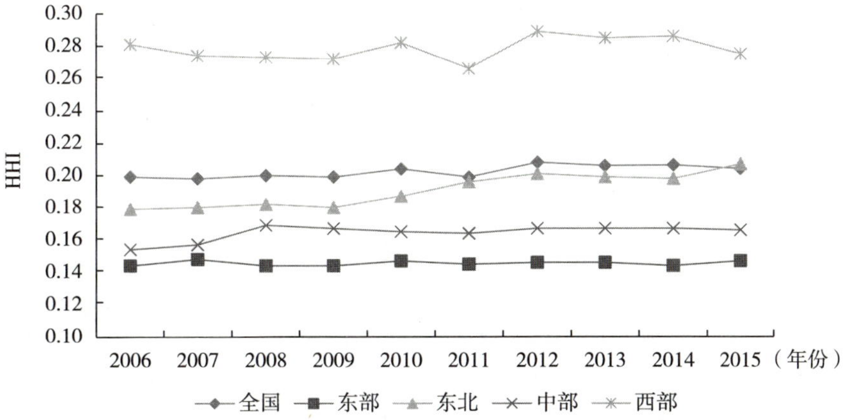

图3－3　2006～2015年全国及各区域城市体系扁平化

图3－4报告了全国及各区域内部城市体系扁平化方差，方差值越大，表明区域内部城市体系扁平化发展的不平衡发展程度越突出。可以看出，西部地区内部的差异最大，其次是东北地区，然后是中部地区，差异最小的是东部地区。从变化趋势来看，西部地区、东北三省和东部内部城市体系扁平化不平衡呈现两极分化的趋势，即内部一部分省域单元的城市体系扁平化在扩大，而另一部分则在不断缩小。2009年之后中部地区呈现不断下降的趋势，表明中部地区内部各省域单元城市体系扁平化趋于一致性。

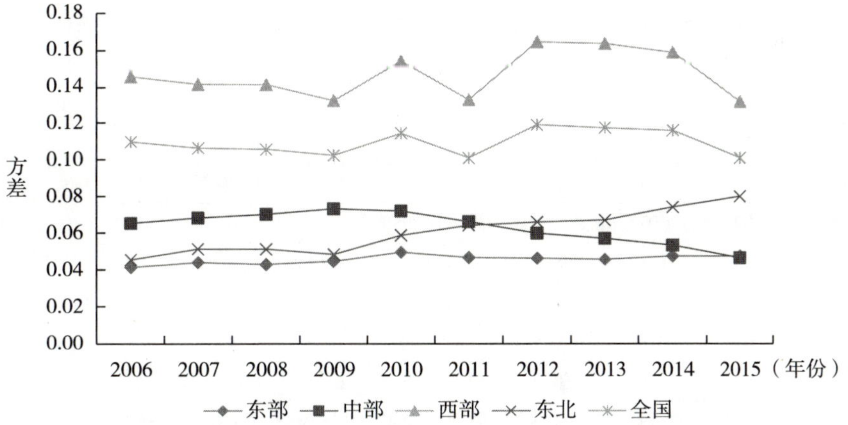

图3－4　全国及各区域内部城市体系扁平化方差

表3－2报告了基于参数估计的城市体系扁平化齐普夫指数，可以看出，齐普夫指数较大，且主要集中在西部的贵州、广西、云南、陕西、甘肃和宁夏，东

部的广东、福建与东北的吉林，这类区域的城市体系扁平化程度较低，主要以人口集中分布为主，大体上与非参数估计的赫芬达尔指数 HHI 基本相似。

表 3－2　2006～2015 年城市体系扁平化齐普夫指数

地区	2006 年	2007 年	2008 年	2009 年	2010 年	2011 年	2012 年	2013 年	2014 年	2015 年
河北	0.816	0.806	0.798	0.811	0.787	0.776	0.775	0.785	0.807	0.808
山西	1.023	1.036	1.037	1.040	1.005	0.948	0.953	0.958	0.950	0.950
内蒙古	0.910	0.900	0.888	0.892	0.887	0.884	0.910	0.909	0.918	0.930
辽宁	0.905	0.859	0.865	0.857	0.866	0.895	0.903	0.913	0.876	0.870
吉林	1.065	1.026	1.022	1.010	1.074	1.128	1.117	1.111	1.128	1.165
黑龙江	1.048	1.026	0.994	1.025	1.034	1.030	1.032	1.030	1.033	1.053
江苏	0.879	0.869	0.875	0.848	0.834	0.803	0.833	1.025	0.781	0.756
浙江	0.980	0.917	0.902	0.926	0.950	0.946	0.957	0.979	0.954	1.049
安徽	0.826	0.788	0.789	0.788	0.768	0.741	0.765	0.766	0.782	0.799
福建	1.222	1.254	1.314	1.280	1.315	1.328	1.341	1.356	1.369	1.296
江西	0.871	0.870	0.889	0.868	0.803	0.789	0.742	0.761	0.797	0.828
山东	0.727	0.737	0.699	0.687	0.688	0.686	0.703	0.690	0.673	0.667
河南	0.846	0.808	0.906	0.878	0.921	0.908	0.954	0.942	0.928	0.903
湖北	1.057	1.027	1.055	1.053	1.042	0.996	0.993	0.966	0.980	1.003
湖南	0.752	0.744	0.748	0.732	0.716	0.740	0.742	0.733	0.724	0.739
广东	1.514	1.495	1.382	1.360	1.392	1.425	1.412	1.448	1.436	1.350
广西	1.141	1.119	1.120	1.117	1.071	1.047	1.053	1.022	1.048	1.076
四川	0.809	0.761	0.760	0.777	0.798	0.804	0.819	0.813	0.808	0.813
贵州	1.549	1.324	1.390	1.379	1.738	1.452	1.886	1.922	1.883	1.481
云南	1.455	1.596	1.581	1.705	1.676	1.672	1.671	1.553	1.532	1.475
陕西	1.192	1.113	1.083	1.096	1.089	1.100	1.086	1.111	1.126	1.181
甘肃	1.022	1.007	0.985	0.975	0.950	0.942	0.944	0.939	0.925	0.971
宁夏	1.102	1.148	1.108	1.161	1.160	1.143	1.241	1.199	1.247	1.228
全国	1.031	1.010	1.008	1.011	1.025	1.008	1.036	1.040	1.031	1.017
东部	1.023	1.013	0.995	0.985	0.994	0.994	1.004	1.047	1.003	0.988
东北	1.006	0.970	0.960	0.964	0.991	1.018	1.017	1.018	1.012	1.029
中部	0.896	0.879	0.904	0.893	0.876	0.854	0.858	0.854	0.860	0.870
西部	1.148	1.121	1.114	1.138	1.171	1.131	1.201	1.184	1.186	1.144

就区域年平均水平来看，中部地区的齐普夫指数（q）整体较小，表明省域人口分布扁平化程度较高。其次是东北地区的扁平化较好，而西部地区齐普夫指

数最大，表明相对而言省域人口集中化分布较为明显。

图3－5是关于省域人口规模分布的空间平衡分布指数和齐普夫指数的2006～2015年年均增长率，从齐普夫指数来看，宁夏、广东和江苏的人口规模不平衡分布变化最为明显，绝对值大于1%，其次是吉林、山西、甘肃、贵州、广西和湖北。从赫芬达尔指数来看，河南省的波动最大，年均增长率为5%，其次是安徽、宁夏、浙江、山东、湖南和吉林，年均增长率绝对值大于1%。变化整体较小的省份是陕西、内蒙古和河北。就齐普夫指数（q）与赫芬达尔指数（HHI）的年均增长率的变化方向来看，除了广西、云南、安徽、湖南、辽宁和山西的变动率不一致外，其他多数省区都呈现一致的变化，出现这样的差异，主要是因为估计方法的差异。

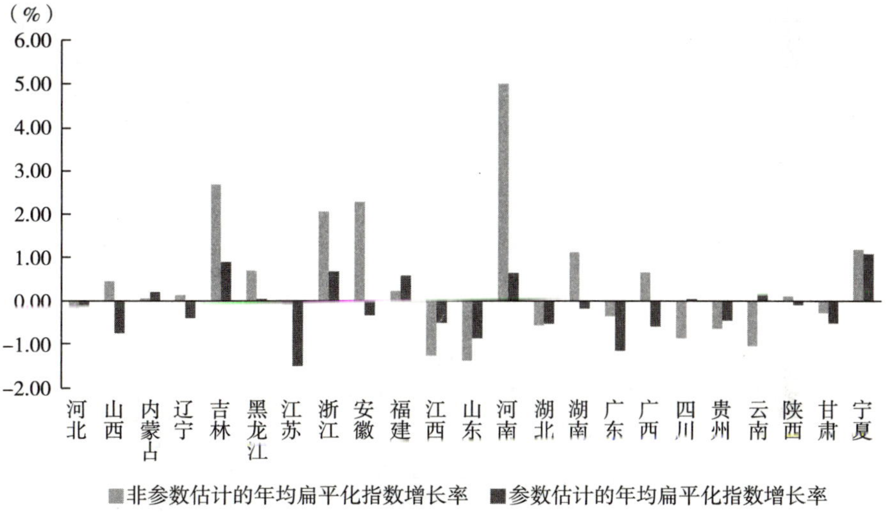

图3－5 2006～2015年人口分布的空间平衡分布指数的年均增长率

3.3 理论框架

3.3.1 “点—轴”模式与“中心—外围”结构

区域空间结构是一系列点线面等相关要素构成的系统。这些要素的相互作用最终决定着区域空间结构。集聚经济的外部性效应，使得要素向特定优势区位集中，而积累因果循环强化要素在特定地域空间的进一步集聚，形成“中心—外围”的空间格局。与此同时，中心区域的优势资源要素通过空间传播，逐步调整已经形成的“中心—外围”区域空间格局。空间传播涉及传播的成本与收益选择问题，传播的交易成本较大，将阻碍传播这一行为的发生，因此，需要考虑空间传播媒介，在区域经济活动中，交通基础设施是最为基础的传播媒介。空间传播的顺利完成需要考虑传播能力，传播者的释放能力与被传播者的吸收消化能力。时空压缩是区域空间组织结构理论当中一个重要的概念，强调的就是交通基础设施在区域空间组织结构重组方面的作用。交通基础设施的改善，区域间的相互作用增强，提高了区域之间的一体化程度。在传统的空间组织结构理论中，点一般指的是城市，轴是交通基础设施，共同构成区域结构体系。而从动态的角度来看，点的实质是特定空间上的产业集聚与扩散。点在整个区域系统中特指强势产业、产业增长极，而产业增长极是动态化的，这个动态化即产业本身的集聚与扩散。产业的集聚扩散的空间即“中心—外围”。与此同时，加速产业集聚扩散的则为交通基础设施，因此在空间属性的背景下，交通基础设施连接着“中心—外围”城市，具体如图 3 -6 所示。

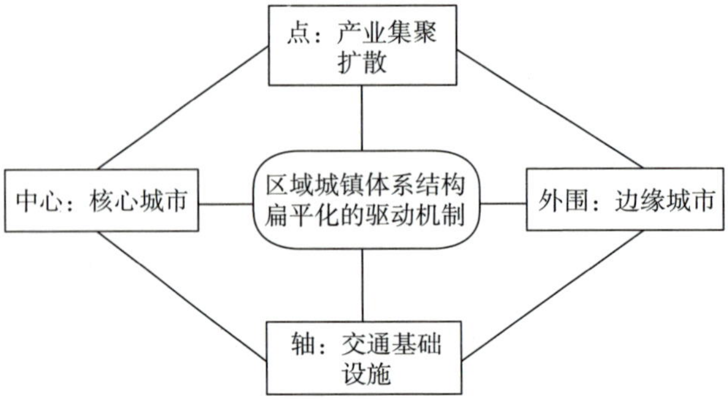

图 3 -6 区域点轴模式与“中心—外围”结构

借用规模理论强化了制造业的扩散。Alonso（1973）在研究美国城市增长速度时，提出了借用规模理论，“借用规模”是指靠近大城市周边的中小城市借用大城市规模集聚效应增加较快，同时也可以避免大城市集聚不经济带来的负外部性。大城市周边的中小城市借用这种规模经济效应，分流了大城市的人口，带来中小城市人口规模的增长，从而使得城市体系结构扁平化（李松林、刘修岩，2017）。朱丽霞（2009）指出随着大都市外部不经济的增加，弹性生产方式逐步替代大规模生产的福特制以及交通通信的快速发展使得交通成本的比重越来越低，这些变化使得外部经济在空间上也发生了变化，不再囿于单个大城市，而是扩散到整个城市体系形成网络外部性，使得位于城市外部空间的小企业可以因为“借用规模”而共享大都市的外部经济。这种企业区位的选择带来就业人口的增加，从而使得中小城市人口规模增长，促进城镇结构体系扁平化。

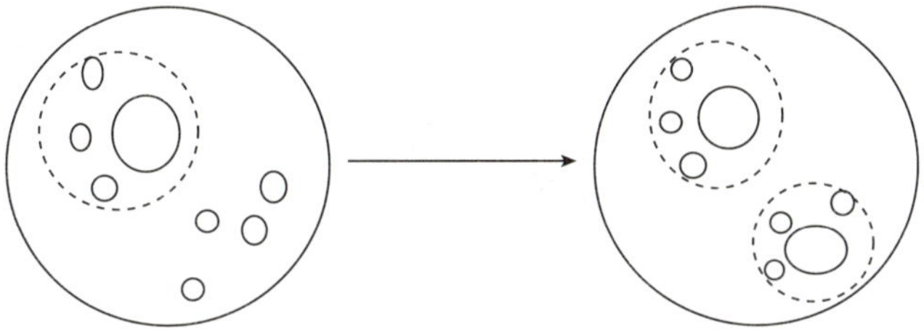

图3-7 借用规模驱动城市体系扁平化

资料来源：刘修岩，李松林，秦蒙．城市空间结构与地区经济效率——兼论中国城镇化发展道路的模式选择［J］．管理世界，2017（1）：51-64.

结合缪尔达尔的循环累积因果原理：地区经济发展中有三种效应同时存在：一是极化效应，会使生产进一步向条件好的高梯度地区集中。二是扩展效应，会促使生产向其周围的低梯度地区扩散。三是回流效应，削弱低梯度地区，促成高梯度地区进一步发展。产业集聚同样遵循该理论，改革开放以来我国制造业集聚已经经历了极化效应阶段，目前正处在扩展效应阶段，制造业集聚的极化效应强化了大城市的吸纳就业能力，扩散效应为中小城市带来更多的就业岗位，人口吸纳能力增强。

3.3.2 产业集聚的二重性：方式与规模

讨论产业集聚对城市体系扁平化的影响，首先需要分析产业集聚的方式和产业集聚的规模之间的关系。从贝恩的“结构—行为—绩效”的范式来分析产业集聚，可以看出，产业集聚本身存在结构性，不同的集聚结构或者方式将产生不同的外部性，进而影响集聚规模。因此，产业集聚具有二重性，它是集聚方式和集聚规模的统一。集聚是按照一定方式的集聚，集聚具有规模效应特征，集聚方式决定了集聚规模。

集聚方式的不同产生不同的外部性效应，进而影响产业集聚的规模，集聚扩散效应影响着区域空间结构，具体如图3-8所示。集聚方式反映的是产业内部的结构配置问题，传统意义上，学界运用三次产业比重来表征产业内部结构。对于更为微观的领域，如非农产业领域，考察一个区域的产业结构，可采用相对专业化和多样化指标来测度，相对多样化指标可以细分为相关多样化和无关多样化，一般而言，多样化程度越高的区域将会产生明显较高的非农产业区位熵，非农产业集聚指数较高。进一步细分，对于制造业而言，其产业相关多样化程度越高可能会发挥更大的集聚效应，而无关多样化程度越高，可能发挥的集聚规模效应将可能越弱，进而对城市体系扁平化的影响就存在差异。

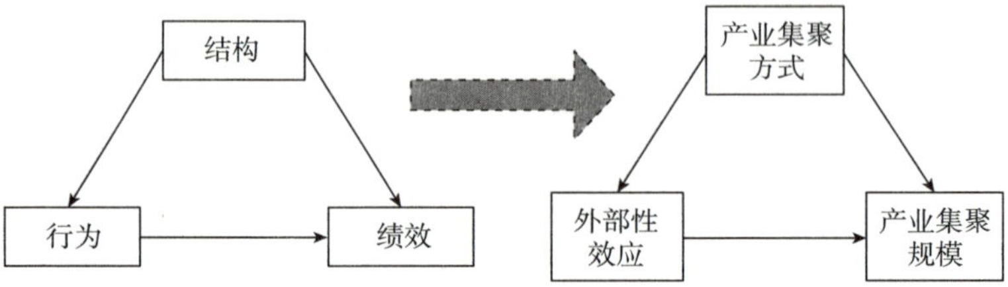

图3－8 "结构—行为—绩效"范式下的产业集聚方式—外部性效应—产业集聚规模

3.3.3 产业集聚与城市体系扁平化

（1）产业集聚方式—产业集聚规模—城市体系扁平化。前面简要分析了产业集聚方式与产业集聚规模的关系，在此基础上，构建了产业集聚方式、规模与城市体系扁平化三者之间的关系，具体如图3－9所示，即产业集聚方式通过影响产业集聚规模影响城市体系扁平化，产业集聚规模是产业集聚方式影响城市体系扁平的中介机制。

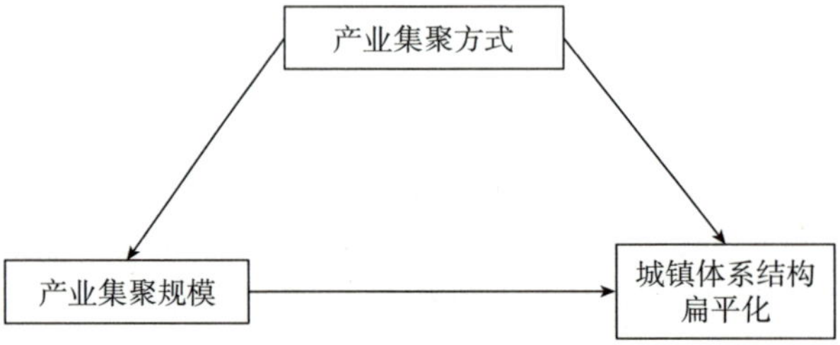

图3－9 产业集聚方式、规模与区域城市体系结构

（2）产业集聚的空间不均衡分布与城市体系扁平化。集聚与空间结构按照"中心—外围"理论与"空间组织结构"理论，在集聚与扩散效应的作用下大致可以分为单中心和多中心两种空间组织结构。将集聚落在空间上，集中型集聚和分散型集聚分别是单中心和多中心在空间地域上的表征。而单中心与多中心又不是相互孤立的，基于集聚经济理论，在市场作用下，单中心将逐步向多中心演化。因此，整个空间结构在集聚经济的效应下实现相对多中心与空间一体化。同时，基于区域经济的理论传统，空间集聚是推动城镇化进程的根本经济动因，而集聚是有空间结构特征的，并存在一定的异质性，在集聚的初期主要表现为集中化集聚，而当集中型集聚发展到一定阶段时，在“涓滴效应”的作用下形成分散化集聚，对应的在特定区域的空间结构上则呈现出单中心和多中心特征，按照集聚—扩散的基本规律，单中心将逐步向多中心转换，实现空间结构扁平化格局，而单中心向多中心的转换本身是拓展区域发展新空间的模式转换问题。因此，集聚与城市化的关系问题转换成了城镇空间结构扁平化与城市化的关系问题，具体如图3-10所示。城镇结构背后是资源要素在空间的配置问题，不同的城市体系模式将形成不同的城市化效应，是资源在城镇结构配置中的平均主义还是集中化倾向将决定着空间绩效的发挥。回归本源认知，空间是经济发展过程中不可忽略的重要力量，它是生产要素在特定空间的组合配置，是各种要素有机综合而成的整体，是人类为实现自身的发展目标而实施的一系列空间建构行动及其所产生的空间关系，不同的空间结构形态导致差别化的空间经济绩效。城市化作为一种特定的空间生产，其生产水平的高低依赖于空间资源要素是否有效配置，依赖于空间组织秩序是否合理安排。对于空间区域，集聚是核心，空间发展离不开集聚，但集聚产生的拥挤效应又抑制空间发展，产生“集聚悖论”。因此，在城市化的进程中，一方面，空间资源要素的稀缺性决定了需要通过培育增长极走非平衡的发展道路驱动城市化；另一方面，空间的过度集聚需要通过支持多中心化的空间结构化解集聚的负外部性对城市化的抑制作用。

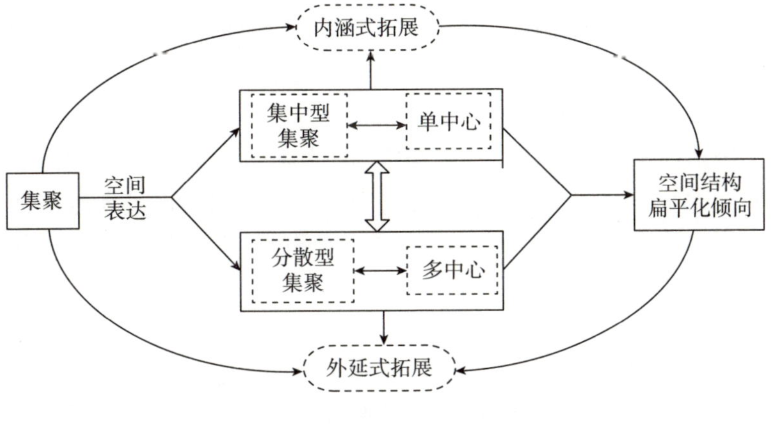

图3-10　集聚与区域空间结构

基于要素在空间集聚的异质性，集聚的空间组织结构模式可以分为单中心和多中心两种。无论是单中心还是多中心，其实质上是空间的不平衡发展方式，只是它们各自的不平衡程度有所不同。不平衡增长的“增长极”理论认为，在资源要素自由流动的情况下，经济增长将率先出现和集中在特定的区域，并形成增长极，发展到一定阶段，然后通过各种方式向外扩散，由此影响整个地区经济。缪尔达尔（Gunnar Myrdal）、弗里德曼（John Frishman）等在此基础上对经济空间和地理空间的不平衡性进行了进一步的延伸和拓展，缪尔达尔提出了“扩散效应”和“回流效应”，并用以分析增长极与腹地的关系。他认为，“回流效应”远远大于“扩散效应”，在市场力的作用下，空间异质性增强，这一过程是为了效率而一定程度上牺牲公平的过程。历史经验表明中国城市化在改革开放得以快速推进，根源于非平衡的空间发展战略，国家将发展的战略重点放在东部沿海地区，东部沿海地区成为国家三大区域经济发展的“中心”，相对而言，中西部成为“外围”，使得沿海地区的城市化进程实现了率先突破，提升了中国城市化发展的整体水平。

大城市在地区城市体系规模等级结构的演化中扮演了重要的角色。生产要素尤其是优质的要素在市场经济的作用下流向大城市，进而将次要要素资源转向了次一级的中小城市，带动中小城市的发展，要素的替代带来要素的空间重新配置和地理格局的重塑。相比小城市，基于集聚经济的优势，大城市是高新技术的主战场、发祥地和技术向外传播扩散的主要发源地，在“近水楼台先得月，向阳花木易为春”的空间优势下，大城市率先面临着技术冲击，产业发展出现了技术替代。因此，大城市的传统产业逐步被高新技术产业给替代，由于传统产业的市场份额依旧存在，为了寻求生存的空间，获得成本优势而逐步流向地价较低而需求较为旺盛的次一级城市。使得大中小城市在集聚中走向了均衡，各自实现了基于现实约束条件下的最大化收益；此外，人口向大城市集聚是基本的规律，大城市能够满足人们多样化需求的偏好。城市体系规模等级结构背后是产业支撑的差异化，如果说城市体系规模等级结构是金字塔型结构，与此相对应的产业体系则为倒金字塔型。大城市存在多样化的产业支撑和产品供给，使得大城市拥有多样化的就业和产品选择效应。基于集聚效应的天然好处，大力发展大城市是加快人口向这类空间集聚的基本方向。而相对而言，小城市更多地偏向于专业化的马歇尔外部性经济，产业结构相对单一，对人口的吸引力较弱。在积累因果循环效应的作用下中小城市相对于大城市而言在人口吸引力上要逊色一些。

空间发展的过度异质性驱动空间一体化发展。弗里德曼在其“中心—外围”理论的基础上，构建了空间一体化理论。空间一体化反映了在空间系统中“中心”与“外围”垂直的等级结构体系逐步向结构扁平化的方向转变，“中心”代表“集聚”的一方，而“外围”代表“被扩散”的一方，因此空间一体化是源于集聚条件下形成的扩散效应。集聚—扩散理论的实质是让一部分地区先增长起来，再带动周边地区增长的非平衡发展战略，是邓小平关于共同富裕思想在空间上的表现，表明集聚最终向扩散转变，某一空间内部集聚所带来的系列矛盾需要通过其他外部空间来化解。在市场经济指向下，集聚—扩散过程在空间上形成单中心—多中心的结构模式，单中心结构与多中心结构本质上是集聚经济效应的空间表现。这种空间集聚效应表现为“回流效应”和“扩散效应”，前者反映了空间的单中心结构，后者反映了空间的多中心结构。而产生单中心向多中心的空间结构转向是基于空间交易成本的因应之策，是对空间过度集聚形成拥挤效应下的规模报酬递减的理性选择。一方面，空间规模集聚受到基于空间交易成本约束的市场容量范围的限制。基础部门的规模受到市场边界的限制，当交通基础设施水平的提升和交通工具的发展的交易成本下降时，为了享受集聚的好处，集聚是必然的趋势。相反，在交通基础设施水平较低，空间交易成本较高的情况下，空间集聚经济规模受到限制，将出现相对分散化的空间发展模式。城市体系规模等级结构金字塔模式对城市化进程的增长效应具有边界效应。当经济发展到一定阶段，推进城市体系扁平化驱动城市化进程是必然选择。另一方面，空间规模过度集聚的拥挤效应带来迁移者效用的降低。城市居民的效用水平可以简单表述为“工资收入减去因为人口规模集聚带来的通勤成本”，按照经验，工资收入随着城市规模扩大呈现边际递减式增长的趋势，而通勤成本随着城市规模的扩大呈现边际递增式的上升趋势，从而使得居民的效应与城市规模呈现倒“U”形的变化趋势，图3－11右侧图进一步描述了这一事实。当人口规模在P_1时，集聚经济效应高于通勤成本增加所带来的集聚不经济，因此效用水平不断提高，然而当人口规模进一步集聚到P_3时，使得集聚的经济效应低于集聚带来的通勤成本增加所形成的规模不经济效应。这时，大城市的人口逐步流出，直到人口降到P_2为止。从城市系统的角度考虑，基于城市经济学集聚规模报酬理论，自我强化效应使得城市规模往往过大而不过小，换句话说，城市规模不能极小化，但可以极大化，这使得小城市具有不稳定性，而大城市具有相对的稳定性。仍然用图3－11右侧的图来说明一个区域的劳动力是如何在不同城市之间分配的。如果初期人口在空间上都是平均分配。如前所述，劳动力分配格局处于P_1时，为边际效用递增的阶段，则为了取得更多的效用，人口将从A城市流向城市A以外的城市，在效用最大化的利益驱动下，最终实现人口P_2的平均分配格局，实现了居民平均效用的最大化，整个城市体系实现了完全的扁平化结构，因此，当区域中存在效用水平在效用曲线为正的情况，则会在自我强化式迁移的作用下，将使小城市消失，并促进其他城市发展。同时，进一步极端假设，一个区域只存在两个城市，其规模均为P_3，当一个城市的人口向另外一个城市流动，一方面必然导致流出城市的平均效用提高，与此同时，另一方面也使得流入城市的效用降低，然而在市场的作用下，两个城市的人口规模维持在 P_3 的水平，因此，当城市规模过大时，这种自我强化机制不会出现，最终使大城市继续保持无效率状态，那么在这种情况下，需要通过新建城市来解决这种规模不经济。图 3－11 左侧图说明了不同规模等级的城市之所以存在，从理论上讲是因为这些地方城市居民获得了相同的效应水平 U^*，每个城市都处于效应曲线的负斜率部分，是一个相对理想状态下的均衡。

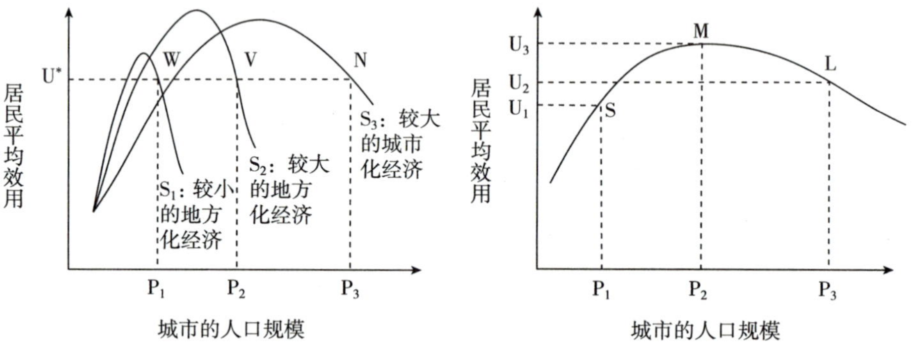

图 3－11　效用与城市规模和集聚经济与城市规模

资料来源：阿瑟·奥沙利文（著），周京奎（译）. 城市经济学［M］. 北京：北京大学出版社，2008：67，71.

（3）产业集聚与城市化发展关系理论。集聚经济为城市发展提供了直接动力（蔡孝箴，1998）。经济活动（工业企业）会在利润最大化动机的驱使下向特定区位的集聚。这种集中化倾向导致经济活动综合体的形成，这种经济综合体又带动了人口的集聚，最终将在空间形成经济和人口集聚综合体，并促进城市化水平的提高（刘艳军，2009）。城市化水平的提高带来城市生产成本的提高，高昂的土地成本是制造业外迁的主要原因。

地租的本质是超额报酬或收益。不同区位的土地由于地理位置的不同会产生差别化的地租，同一土地由于开发强度的不同也会产生差别化的地租。根据土地价值理论，城市中心是消费者最大的接近区，具有最高的土地价值，城市核心区外的地价会随着离中心城市距离增加而减少。对于企业用地来说，不同企业区位的竞价租金同样会随着离核心城市距离的增加而递减（见图 3－12）。产业对土地条件的需求能力不同，在同一土地条件下不同产业所取得的利润也不尽相同。因此，各产业支付地租的能力就有了差异（杨一平，2018）。不同类型的企业按照其支付最大租金的能力，从城市中心到城市边缘，排列组合成有规律的分布模式。如长三角城市群内部工业用地价格低于商住用地价格，在空间分布上，工业地价从浙东南向苏北呈梯度递减（苑韶峰、朱从谋等，2017）。在地租的调节的作用下，各产业用地自动调整形成合理的空间布局。

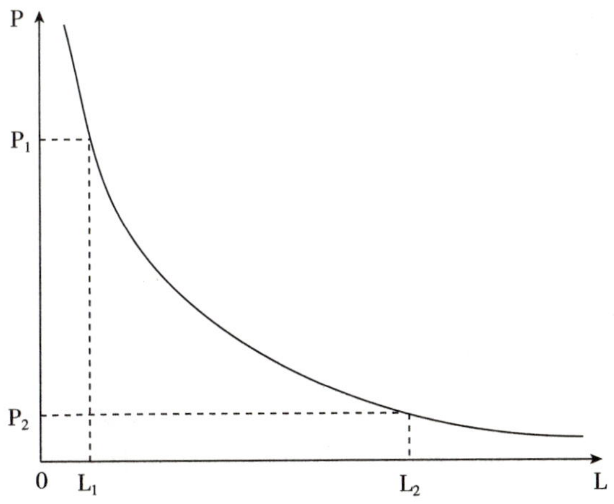

图 3－12 企业的竞价租金

各产业用地的重新布局促使城市空间结构发生变化。伴随着制造业的外迁，城市体系由单中心向多中心转变，制造业的重新选址带来次级城市就业人口的增加，次级中小城市城市化水平提高，城市体系趋于扁平化方向发展。

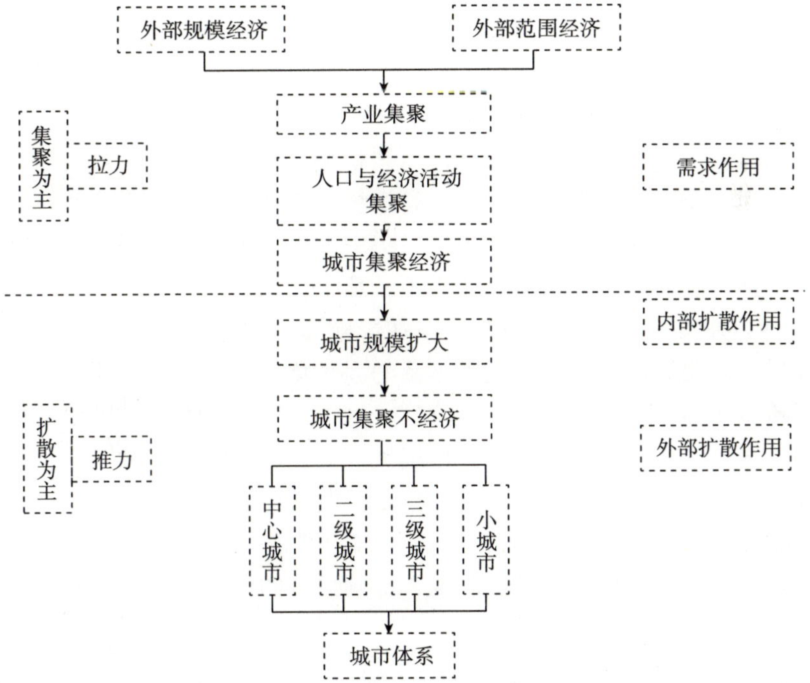

图 3－13 产业集聚与城市体系发展的分析框架

3.4 研究假说

基于本书的需要，做出如下前提假设：①企业是地价的接受者。城市地价不是单个企业可以决定的，相对单个企业而言，只能接受既定的地价，而无力改变。②企业追求利润最大化是区域行为主体，企业（尤其是制造业企业）对地价是很敏感的，决定着企业的选址。③企业可以在区域内自由的流入/流出，不存在行政壁垒。④劳动力的流动力度和方向取决于企业的流动。

3.4.1 产业集聚空间分布对城市体扁平化影响的过程性与行业异质性

（1）产业集聚空间分布对城市体系扁平化的影响具有过程性。产业集聚的空间不均衡分布总体上有助于推进城市体系扁平化，但这一作用存在阶段性、过程性和行业异质性。即非农产业集聚的空间不均衡格局会促进人口在空间上的均衡分布，但就过程来看，是先抑制扁平化后促进扁平化。产业集聚的空间不均衡分布，反映了产业在特定空间单元上的集中程度或集聚程度。按照集聚扩散经济规律，产业集聚早期在累积循环的作用下，优势要素向产业集聚较高的地区集中，进而产生规模经济效益，从空间结构上将呈现出明显的单中心结构。因此，在这一阶段，将抑制城市体系扁平化，而累积循环的不断强化，核心城市的规模不断扩大，出现了空间规模报酬递减，导致负外部性，产业将由核心城市逐步向外扩散与空间转移，进而产业向单个城市集中的趋势不断发生逆转，呈现由核心城市向外扩散为主，进而区域城市体系不断扁平化。

（2）制造业集聚的空间不均衡分布在影响城市体系扁平化方面发挥了主要作用。非农产业集聚扩散导致了城市体系的扁平化，而非农业产业的异质性决定了其对区域城市体系扁平化的影响存在一定的行业异质性。区域城市体系扁平化，反映了区域内各城市之间的相互作用关系，表明区域城市体系结构具有动态特征，而这种动态特征背后是由产业的集聚扩散效应带来的，集聚扩散表明产业的空间流动性，而非农产业内部，制造业相对于服务业具有明显的空间流动性特征，因此，本书初步提出一个理论假说，即制造业的空间不均衡分布对城市体系扁平化的影响效应呈“U”形曲线。

3.4.2 产业集聚规模对城市体系扁平化的影响具有行业异质性

前面从区域内各城市的产业不均衡分布视角提出了相关研究假说，而从区域整体的视角来看，探讨非农产业集聚规模对城市体系扁平化的影响，并进一步从非农产业内部探索不同类型的产业集聚对城市体系扁平化的影响。

制造业和服务业集聚规模对城市体系规模等级结构的影响具有异质性。区域城市体系扁平化程度的高低与首位城市紧密关联，首位城市越大，区域城镇规模等级结构的扁平化程度可能越低。基于前面的分析框架，按照产业的空间演进规律，区域首位城市（大城市）逐步由“二三一”的产业结构演变为“三二一”的产业结构，即服务业的就业比重不断提高，第二产业的就业比重不断下降，而相关研究表明服务业对劳动力具有较强的吸纳能力，可以看出，在大城市，服务业的发展会对制造业产生挤出效应。如前所述，流动性与规模不经济促使产业由集聚转向扩散。因此，服务业不可流动性或者弱流动性，以及大城市具有发展服务业尤其是生产性服务业的天然优势，使服务业规模的扩大必然带来区域大城市规模进一步扩大，从而可能抑制了区域城市体系扁平化。从“微笑曲线”角度来看，其两端分别是研发和营销，城市产业演进就是逐步将“微笑曲线”中低端产业向地价成本较低的周边中小城市转移，产业转型升级的过程也是由中低端产业向中高端产业转变的过程。而高端产业鉴于其主要为城市服务，具有较强不可贸易性，在空间上并不会向中低端产业发生迁移。这种低端产业迁移的背后是服务业对制造业的空间挤出。目前，在一些发达的地区如珠三角、长三角和京津冀内部，大都市中心区着重发展公司总部、研发、设计、培训以及营销、批发零售、商标广告管理、技术服务等环节；大都市郊区（工业园区）和其他大中城市侧重发展高新技术产业和先进制造业；周边其他城市和小城镇则专门发展一般制造业和零部件生产（魏后凯，2007），不同规模等级的城市生产不同的产品，产业结构与产品的梯度转移效应加强，城市功能分工日趋明确。

（1）生产性服务业的主要空间载体是大城市。生产业性服务业虽然依附于制造业而存在，为制造业提供相关的配套服务，但生产性服务业健康发展的保障是人力资本。生产性服务业需要多层次、专业化、高层次的人力资源，而大城市是人力资本聚集的地方，更加适合提供研发设计与其他技术的场所。大城市的现代化程度离不开货物运输、邮政快递服务、金融服务、信息服务、节能与环保服务、商务服务、生产性租赁服务以及人力资源管理与培训服务等更多的生产性服务业。如Beyers研究了美国20世纪80年代生产性服务业的集聚，发现1985年90%的生产性服务业集中在大都市区，占总就业的83%。生产性服务业空间集聚的结论在亚太地区也同样得到了证实，Connor和Hutton（1998）的研究指出，亚洲生产性服务业主要集中在大城市，或者说城市网络、城市体系中的重要节点和门户城市（顾乃华，2011）。陈建军、陈国亮、黄洁（2009）结合新古典经济学和城市经济学的理论，从新经济地理学理论角度进行研究发现知识密集度、信息技术水平、城市和政府规模对生产性服务业集聚具有显著的影响。因此，生产性服务业与城市规模联系在一起，生产性服务业的空间载体是人口集中的大城市，这样生产性服务业集聚抑制了城市体系扁平化。

（2）生产性服务业主要依赖于本地市场。生产性服务业通常具有生产和消费时空上的不可分性、非物化、不可储存的特点，其“交易”地点更多地依赖于本地市场。如国外的 Desmet 和 Fafchamps 研究表明服务业在距离集聚中心5～20 公里的集聚程度较高。周秀华（2011）研究表明中国城市生产性服务业集聚对工业的外溢效应存在区域边界，研究认为服务业在距离集聚中心 20 公里的范围内拥有较高的集聚度，而制造业则在距离集聚中心 20～70 公里的范围内拥有较高的集聚度。

3.4.3 产业集聚方式及对城市体系扁平化影响具有产业异质性

产业集聚的规模源自产业集聚方式的差异化，即产业的内部组织结构决定了产业集聚规模的大小。产业之间的正负外部性是产业内部组织结构的核心内容。这种正负外部性产生外部规模经济、内部规模经济和范围经济。

（1）产业专业化集聚与多样化集聚对城市体系扁平化的影响。集聚是资源、要素和经济活动等在地理空间上集中的趋向与过程。产业集聚产生主要有两方面的原因：一是亚当·斯密（A. Smith）、马歇尔（A. Marshall）和阿林·扬（A. Young）提出的规模报酬递增理论，分工和专业化是导致规模报酬递增的主要原因。分工和专业化使得制造业在城市中心不断扩大生产。二是马歇尔（A. Marshall）提出的外部性理论，即产业集聚受到中间投入品生产的规模经济、劳动力市场的共享以及知识外溢三方面因素的作用，制造业也由此不断向大城市集聚。

任何区域都是产业专业化与多样化的并存。产业因集聚而产生额外的经济利益为集聚经济。集聚经济包括地方化经济和城市化经济两种类型，地方化经济是指由于集聚后的企业彼此之间距离较近，使行业中某个企业的生产成本随着行业总量的提高而降低，城市化经济是指当单个企业生产成本随着城市地区总产量的上升而下降。制造业的集聚可分为两种集聚方式：一种是“专业化”集聚，另一种是“多样化”集聚（刘志彪，2015）。基于某种产品导向的相关产业在空间上的集聚称为“专业化”集聚，基于多行业领域的企业在同一空间上的集聚称为“多样化”集聚，它们的一个共同特征就是形成规模效应。但是，这种规模效应所产生的外部性存在差异，对于专业化集聚所产生的效应称为马歇尔外部性（Marshall－externality）即“地方化经济效应”，对于多样化集聚所带来的效应称为雅各布斯外部性（Jacobs－externality）（钟顺昌、任媛，2017）。多样化是相对于专业化而言，往往具有两面性：一方面是针对区域而言的，是表征地方追求“大而全、小而全”产业体系的程度，如果产业的多样化程度高，说明分工不充分，尚未形成良好的分工格局，也说明不同产业之间协作效果有待提高；另一方面是建立在专业化基础上的多样化，主要是针对规模较大的城市而言，众多产业在一个大城市的集聚，有利于促进知识和技术的扩散，从而导致知识溢出，这就是雅各布斯的“城市化经济效应”（安树伟、闫程莉，2017）。从专业化与多样化集聚的时间角度分析，产业集聚的专业化是建立在分工与合作的基础上，而中心城市内部企业间竞争往往较大，分工与合作的诉求也较高，因此专业化集聚程度会提升，中心城市的人口集聚程度会加大。随着城市内部专业化程度的提高，建立专业化基础上的多样化程度提高，多样化集聚更有利于促进知识和技术的扩散，因此，随着城市的发展，产业集聚会逐渐由专业化集聚为主转向多样化集聚。

第一，制造业专业化集聚与多样化集聚促进城市体系扁平化。一个区域制造业多样化程度越高表明经济活动越活跃，区域经济发展的生命力越强。制造业专业化反映了一个区域的产业增长极能力，一般而言，区域产业专业化程度越高，表明其产业在全国的相对地位就越高。考虑到制造业的流动性，制造业的专业化与多样化都将有助于推进城市体系扁平化。

第二，服务业专业化集聚与多样化集聚抑制城市体系扁平化。如前所述，服务业具有明显的大城市指向，服务业的空间不可转移性决定了服务业的专业化和多样化都不利于城市体系扁平化。大城市是服务业专业化与多样化并存的地理单元，是空间功能增长极，因此服务业专业化与多样化程度越高，表征大城市的规模将越大，城市体系扁平化程度将越低。

（2）产业的相关多样化集聚与无关多样化集聚对城市体系扁平化的影响。第一，制造业相关多样化与无关多样化集聚对城市体系扁平化的影响具有异质性。Frenken（2007）利用熵指标的方法将产业集聚的多样化分解为相关多样化与无关多样化两种集聚方式，并指出产业相关多样化集聚能够产生 Jacobs 外部性，促进地区经济增长，而产业集聚的无关多样化主要产生投资组合效应来促进经济稳定，相关多样化是一系列存在较强经济技术联系的产业在特定地区分布的产业格局；无关多样化是没有明显技术经济联系的产业在特定地区分布的产业格局（孙晓华、柴玲玲，2012）。与此同时，国外学者 Boschma 等（2009）和国内学者孙晓华、柴玲玲（2012）以及魏玮、郑延平（2013）也得出了相似的结论，根据弗里德曼（1964）的区域空间组织结构演化理论，空间组织结构随着经济增长而推进，并从低水平空间均衡到单中心增长极再到高水平多中心均衡的演化过程，基于产业集聚与经济增长正相关关系，以及制造业的空间流动性，尤其是制造业相关多样化集聚，产生较强的技术溢出效应和规模效应，进而使得制造业相关多样化为制造业的集聚扩散效应提供了组织基础，基于此，可以得出如下假设：制造业相关多样化集聚通过促进经济增长带来城市体系扁平化，制造业无关多样化集聚对区域城市体系扁平化的作用将不明显，整体上制造业多样化有助于城市体系扁平化。

第二，服务业相关多样化与无关多样化对城市体系扁平化的作用存在异质性。与制造业不同的是服务业具有较弱的空间流动性，即它在很大程度上服务于本地市场以及服务于制造业的发展。而服务业的相关多样化反映的是服务性质相似产业内部的均衡程度，反映的是组内均衡程度，而服务业无关多样化，反映的是服务业性质不同产业之间的均衡程度，体现的是组间均衡程度。一般而言，区域服务业无关多样化程度越高，表明区域内制造业多样化程度越高，反之越低。与此同时，如果服务业的相关多样化程度越高，表明区域内制造业对服务业的多样化需求越低，表明制造业发展越缓慢。因此，可以得出如下结论：服务业的无关多样化有助于城市体系扁平化，而服务业相关多样化对城市体系扁平化的影响不明显，考虑到服务业的不可流动性，因此，整体上服务业多样化对城市体系扁平化的影响不明显。

3.4.4 城市地价与城市化是推动城市体系扁平化的重要传导机制

（1）城市地价是制造业产业转移实现城市体系扁平化的重要微观机制。产业转移扩散的过程是区域城市体系扁平化的过程。资源的稀缺性决定了当产业集聚超过了一定的限度就会对经济活动产生负面作用，如过度集聚导致本地区的基础设施即社会服务供不应求，生活费用和生产成本大幅度上升，同时，环境问题也将日益突出，面对这些问题，价格机制将引导部分制造企业从原来的集聚地区迁移出去，与此同时，地价呈现出由中心城市向外围区域逐步下降的趋势（阿朗索，1964），企业的竞价租金将随着距离的增加而递减。租金曲线为制造业空间转移提供了价格基础和转移方向，因此，城市经济活动的集聚将会导致对土地需求的上升，从而提高土地使用价格，对产业集聚造成了反作用，鉴于土地租金与距离的关系，企业逐渐向外部扩散。因此，总体上看，制造业在城市中的扩散主要是源于土地租金的上升和纯粹的外部不经济（魏后凯，2011），价格机制成为驱动制造业转移扩散，实现城市体系扁平化的重要微观机制路径。其转移类似于威尔伯、汤普逊提出的“工业区位选择向下层渗透”现象，由高梯度区域向低梯度区域转移，进而使得中小城市规模扩大化。

产业集聚具有明显的空间维度和增长极的基本性质，因此产业集聚是在特定空间单元小范围的集聚。一般而言，产业集聚主要考察的是制造业，制造业具有明显的流动性和集聚的可能性。而随着集聚规模的扩大，地价上涨，将部分附加值较低且难以承受日益上涨的地价成本的中低端制造业将从中心城市向外围城市流动集聚，原中心城市被诸如研发设计售后服务业等生产性服务业占据，进而制造业集聚呈现由集中化集聚向分散化集聚转变，进而可能对城市体系规模等级结构产生影响。

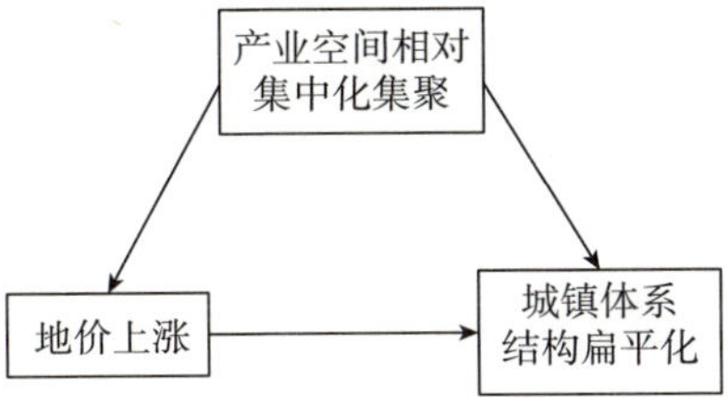

图3－14　区域产业集中化集聚、地价与产业分散化集聚

（2）城市化进程加快是产业集聚驱动区域城市体系扁平化的另一重要路径机制。城市体系扁平化表明中小城市的人口规模不断提高，与大城市的人口规模差距不断缩小，而中小城市人口规模扩大，依赖于城市化水平的提高。作为产业扩散的源头制造业较早都主要集中于大城市，大城市的产业多样化特征，作为双重身份的消费者和劳动者，基于就业“安全”考虑和需求偏好多样性诉求决定了其偏好流入大城市，并具有路径依赖和路径锁定。这使得部分中低端制造业从中心城市迁移到外围中小城市时，原来从事制造生产活动那部分劳动力大部分留在了大城市，并转移到其他行业，如本地的新兴制造业和服务业。因而，当产业（尤其是制造业）逐步地从中心城市向外围城市转移之后，会更多地吸纳外围城市本地的农业人口转化为城镇人口，促进了外围城市人口规模的扩大，进而实现了区域城市体系扁平化，这是产业集聚促进区域城市体系扁平化的另一机制路径。

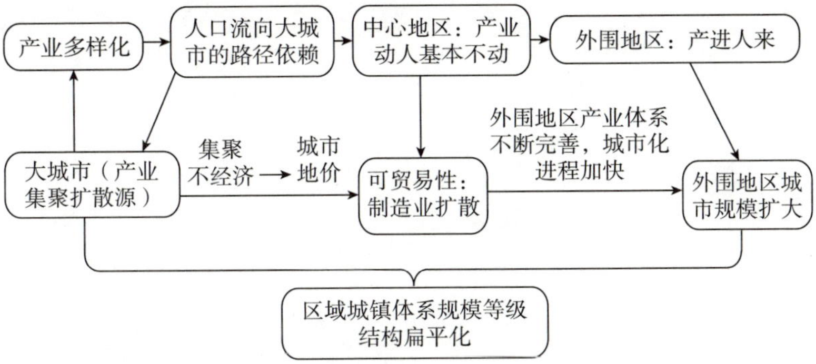

图3－15　区域城市体系扁平化的机制路径

综上所述，在交通基础设施水平一定的情况下，地价是影响企业尤其是制造企业迁移，改变“中心—外围”格局，促进城市体系扁平化的微观机制。制造业的流动性使得对于那些难以承受高额地价的中低端产业不断从中心城市向外围城市转移，进一步完善当地产业体系，促进了外围城市的城市化发展进程，城市人口规模的扩大，进而实现了区域城市体系扁平化。

第4章　产业集聚空间分布与城市体系扁平化

产业集聚扩散的结果是产业在省域空间内部的重新布局。直观来看，省域单元的城市体系扁平化与产业在省域城市空间不均衡分布存在密切的关系，即产业集聚的空间不均衡分布模式可能直接影响城市体系规模等级结构，基于此，本章将主要讨论集聚的空间不均衡分布情况对城市体系扁平化的影响，从总体上探讨二者之间的因果关系。本章首先借助上一章非参数方法测度城市体系扁平化的方法来测度产业集聚的空间不均衡分布格局。然后，实证检验省域产业集聚空间不均衡分布对城市体系扁平化影响的过程性和行业异质性。

4.1　引　言

区域空间结构问题是区域经济学讨论的核心议题之一，它反映的是一定时期内各种经济活动在特定区域内的空间分布状态及空间组合形式，不仅是经济关系在地域空间中的反映，而且更是各经济要素的空间组合形式。区域空间结构决定了空间结构的诸多要素的异质性问题。基于我国国情，行政区与经济区一般都重叠，因此对于省域单元而言，市域单元是省域单元的一个点。增长极理论表明产业集聚强度在区域上存在异质性，区域经济的非均衡发展在区域空间上形成“中心—外围”二元结构。产业以空间为依托，并形成产业集聚的中心—外围结构，继而产生了产业集聚的空间不平衡分布的问题。因此，区域中心—外围空间结构的实质是产业集聚的空间不平衡分布。

在城市与区域发展过程中，人口与产业紧密联系，城市体系扁平化背后反映的是产业在空间分布上的均衡化程度。城市体系扁平化表现为人口分布由不平衡走向平衡的过程。而集聚经济规律是城市与区域发展的基本规律，基于人口视角下的城市体系扁平化，离不开集聚经济的基本规律，因此，城市体系扁平化的过程是产业集聚分布的扁平化的过程。

无论“点”以何种形式存在，都是区域内人口、产业、经济组织和社会组织的相对集中地。一般而言，“点”即为区域经济发展中的“增长极”，其已有的经济规模和发展潜力都要较周边区域相对突出，并具有较强的极化、扩散效应，从而带动周边区域发展。

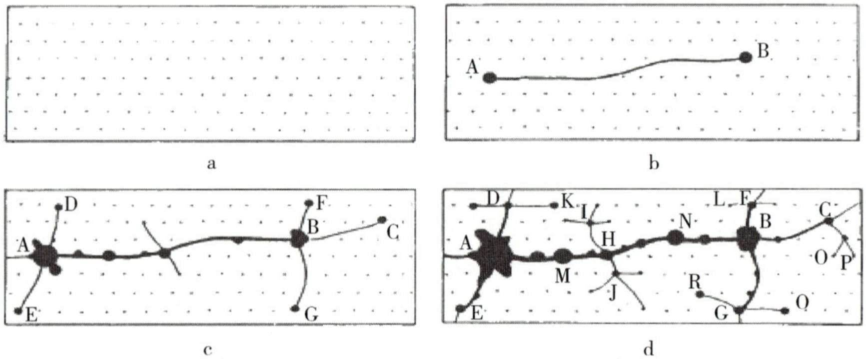

图4-1 “点—轴”空间结构系统的形成过程

资料来源：陆大道．区域发展及其空间结构［M］．北京：科学出版社，1995.

4.2 产业集聚的空间不平衡性测度

4.2.1 测度方法

本章关于产业集聚的空间不均衡分布主要采用基于赫芬达尔指数（HHI）的非参数估计方法，关于 HHI 的含义及数学含义如前所述。式（4-1）中，HHI_{Aggl}表示基于省域单元制造业在市域空间分布的赫芬达尔指数，$Aggl_i$表示省域内某一城市 i 的制造业就业规模，n 表示 i 城市所在省域共有 n 个城市，因此 $\sum_{i=1}^{i=n} Aggl_i$ 为 i 城市所在省域的城市总制造业就业规模。

$$HHI_{Aggl} = \sum \left(\frac{Aggl_i}{\sum_{i=1}^{i=n} Aggl_i} \right)^2 \qquad (4-1)$$

4.2.2　测度结果

表4-1是我国23个省域空间单元制造业集聚的空间不平衡分布指数HHI。可以看出，省域空间单元制造业集聚的空间不平衡分布态势呈现明显的空间异质性特征。2006~2015年制造业集聚空间不分布指数下降的有河北、山西、内蒙古、吉林、黑龙江、浙江、福建、江西、山东、湖北、广西、四川、贵州、云南、陕西和甘肃共16个省份，而制造业集聚空间不分布指数上升的有辽宁、江苏、安徽、河南、湖南、广东和宁夏共7个省份，因此我国制造业集聚逐渐向均衡化方向发展。此外，省域制造业分布不均衡指数较高地集中在西部的贵州、云南、陕西、甘肃、宁夏、内蒙古、四川，东北的吉林和黑龙江，东部的福建省，可以看出这一空间格局与上一章的人口空间不均衡分布有着一定的耦合协同性。

表4-1　2006~2015年制造业集聚的空间不平衡分布格局

id	省份	2006年	2007年	2008年	2009年	2010年	2011年	2012年	2013年	2014年	2015年
1	河北	0.130	0.132	0.131	0.132	0.129	0.124	0.127	0.118	0.120	0.120
2	山西	0.162	0.160	0.157	0.161	0.176	0.166	0.176	0.149	0.152	0.152
3	内蒙古	0.211	0.182	0.193	0.183	0.210	0.236	0.225	0.205	0.204	0.177
4	辽宁	0.145	0.147	0.151	0.155	0.152	0.149	0.148	0.162	0.158	0.156
5	吉林	0.300	0.306	0.314	0.297	0.313	0.300	0.292	0.293	0.293	0.292
6	黑龙江	0.287	0.280	0.312	0.331	0.281	0.239	0.235	0.240	0.236	0.225
7	江苏	0.137	0.143	0.134	0.130	0.134	0.130	0.125	0.166	0.171	0.168
8	浙江	0.156	0.152	0.148	0.145	0.144	0.148	0.148	0.145	0.140	0.140
9	安徽	0.088	0.095	0.097	0.096	0.108	0.120	0.124	0.113	0.133	0.117
10	福建	0.217	0.218	0.232	0.237	0.234	0.253	0.233	0.223	0.218	0.206
11	江西	0.124	0.124	0.125	0.132	0.133	0.151	0.148	0.123	0.123	0.116
12	山东	0.100	0.099	0.096	0.095	0.093	0.093	0.090	0.081	0.082	0.081
13	河南	0.076	0.077	0.075	0.076	0.076	0.091	0.111	0.093	0.089	0.086
14	湖北	0.143	0.133	0.135	0.136	0.127	0.131	0.129	0.127	0.124	0.120
15	湖南	0.116	0.115	0.116	0.130	0.140	0.140	0.141	0.142	0.145	0.147
16	广东	0.122	0.122	0.124	0.128	0.134	0.137	0.132	0.137	0.137	0.135
17	广西	0.132	0.131	0.129	0.133	0.132	0.132	0.137	0.122	0.123	0.122
18	四川	0.135	0.135	0.155	0.166	0.176	0.205	0.209	0.254	0.165	0.278
19	贵州	0.404	0.413	0.457	0.435	0.410	0.361	0.315	0.307	0.303	0.294
20	云南	0.328	0.286	0.288	0.282	0.300	0.294	0.266	0.264	0.219	0.241
21	陕西	0.318	0.320	0.332	0.320	0.318	0.323	0.340	0.241	0.238	0.247
22	甘肃	0.211	0.209	0.191	0.198	0.192	0.180	0.200	0.166	0.159	0.160
23	宁夏	0.232	0.298	0.325	0.323	0.327	0.323	0.299	0.291	0.370	0.404

从四大区域来看，西部地区的制造业空间不均衡分布指数最高，东北次之，即西部地区和东北地区的制造业主要集中在中心城市，而中部地区最低，表明中部地区的制造业呈现分散化集聚，东部地区的不平衡分布指数略高于中部地区，即东部的制造业集聚也呈现相对均衡状态（见图4－2）。

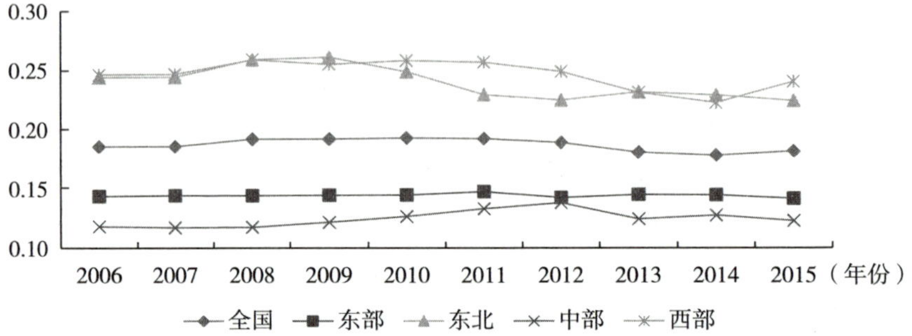

图4－2　2006～2015年全国平均和四大区域制造业集聚的空间不平衡分布指数

此外，基于统计学的聚类分析方法，较为准确地考察了在2006年、2008年、2010年和2013年制造业集聚的空间不均衡分布格局情况，分别如图4－3和图4－4所示，按照距离等于0.1划分，其中2006年和2008年可以划分为五类；2010年与2013年可以划分为四类，具体如图4－3和图4－4和表4－2所示①。

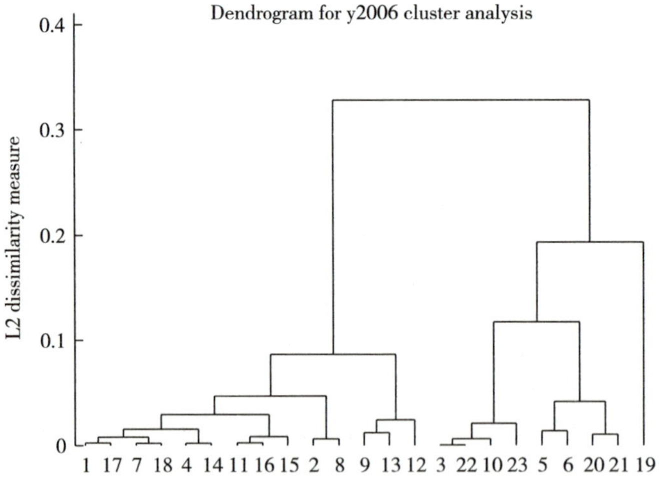

图4－3　2006年与2008年制造业集聚的空间不均衡分布的聚类分析

① 聚类分析呈现的图4－3和图4－4中的序号1，2，…，23为省份编号，编号所指代的省份如表4－1的id所示。

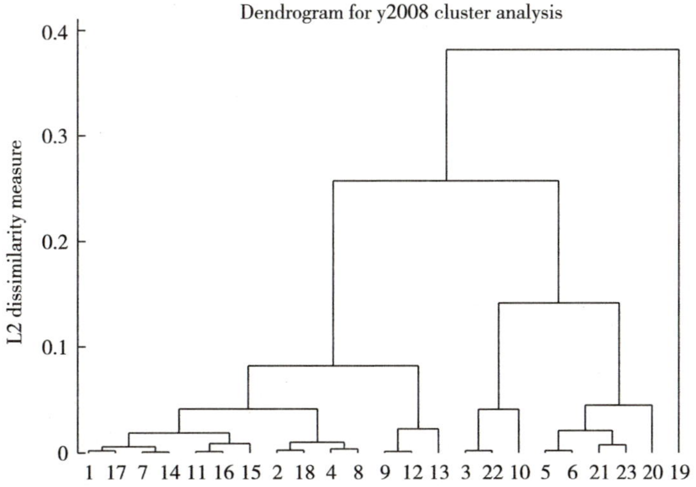

图 4－3　2006 年与 2008 年制造业集聚的空间不均衡分布的聚类分析（续）

可以看出，贵州、吉林、宁夏、云南、陕西和黑龙江的制造业空间分布较为不均衡。其中，2006 年贵州制造业空间不均衡指数 HHI 达到 0. 404，表明贵州的制造业空间分布较为集中，而且统计数据表明 2006 年贵州全省 57. 41% 的制造业主要集中在贵阳市①，贵州制造业空间不平衡分布格局在所考察的 23 个省域空间单元排名第 1 位，尽管到 2015 年有所下降但依然较高，不均衡指数 HHI 达到 0. 294，贵阳市的制造业份额占到全省的 48. 14%。制造业空间不均衡指数 HHI 偏

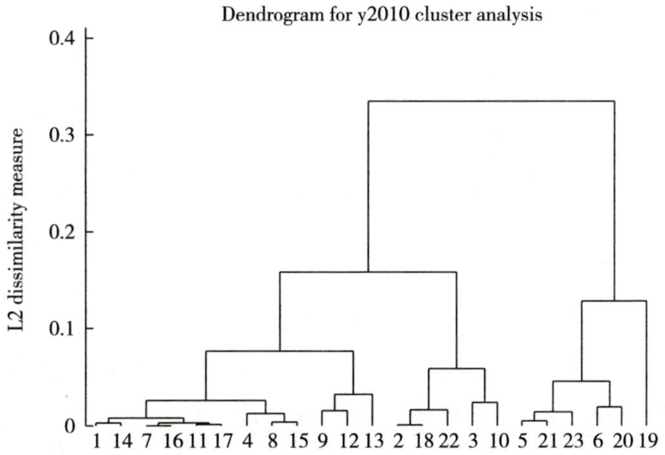

图 4－4　2010 年与 2013 年制造业集聚的空间不均衡分布的聚类分析

① 源自《中国城市统计年鉴》。

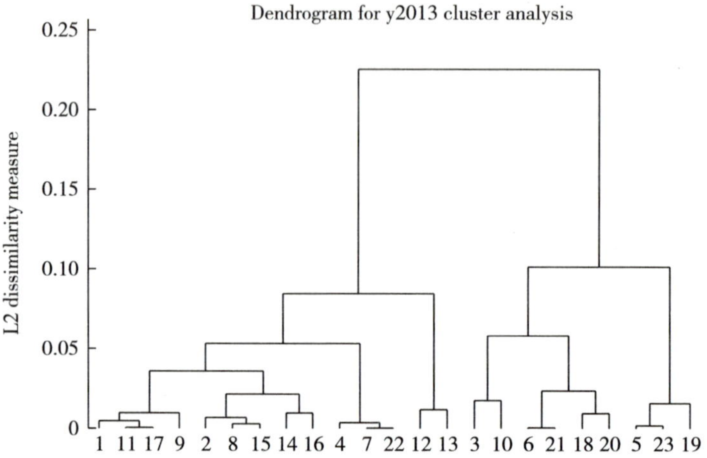

图 4-4　2010 年与 2013 年制造业集聚的空间不均衡分布的聚类分析（续）

小的省份有河北、安徽、江西、广西、山西、浙江、湖南、湖北、广东、辽宁、江苏、甘肃。

表 4-2　2006 年与 2013 年制造业集聚的空间不均衡分布格局聚类

类别	2006 年	2013 年
第 1 类	贵州	吉林、贵州、宁夏
第 2 类	吉林、黑龙江、云南、陕西	四川、云南、陕西、内蒙古、黑龙江、福建
第 3 类	内蒙古、福建、甘肃、宁夏	山东、河南
第 4 类	安徽、山东、河南	河北、安徽、江西、广西、山西、浙江、湖南、湖北、广东、辽宁、江苏、甘肃
第 5 类	河北、山西、辽宁、湖北、湖南、广东、广西、四川、江苏、浙江、江西	

与此同时，基于核密度估计考察了 2006～2015 年制造业集聚的空间不均衡格局的分布动态，具体选择了 2006 年、2008 年、2010 年和 2013 年这几个节点，具体结果如图 4-5 所示。可以看出 2013 年峰值上升，表明相比 2006 年，制造业集聚的空间不均衡分布明显增强，与此同时，其带宽呈现缩小的趋势，说明制造业集聚的空间不均衡分布的地区差距呈现出逐步缩小的趋势，通过表 4-2 也可以看出，2013 年相比 2006 年，制造业集聚的空间不均衡分布类别由五类逐步演化为四类，说明制造业集聚的空间不均衡分布的区域差异呈现收敛趋势。

从区域的角度来看，借助带宽可以看出，2013 年东部地区内部制造业空间不均格局的区域差异较为明显，从峰值来看，2013 年最小表明制造业集聚的空间

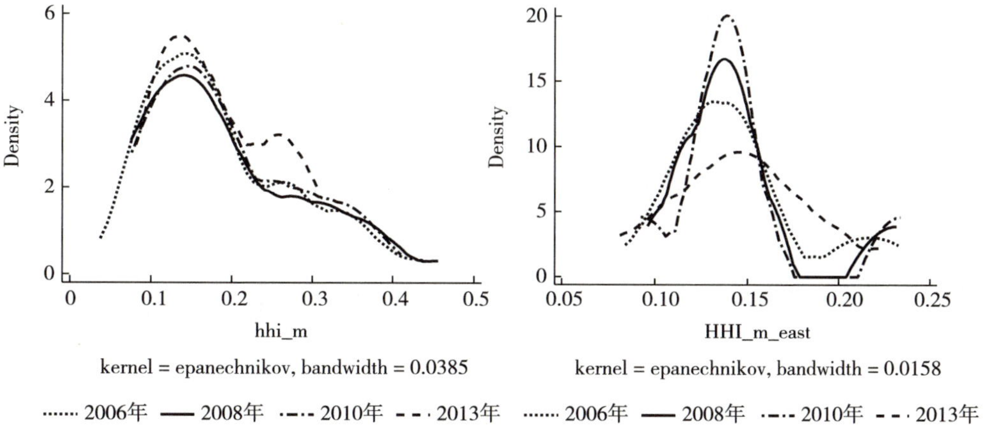

图 4 -5　全国及东部地区制造业集聚的空间不均衡格局的分布动态

不均衡程度不断降低，省域内部的均衡度增强，产业由集聚向扩散转变。与此相反的是，中西部地区在 2013 年的峰值较为突出，即中西部省域内部制造业空间不均分布明显，主要以产业向中心城市集聚为主。但就带宽来看，西部较大，即西部地区制造业空间不均衡分布的差异较大，具体如图 4 -6 所示。

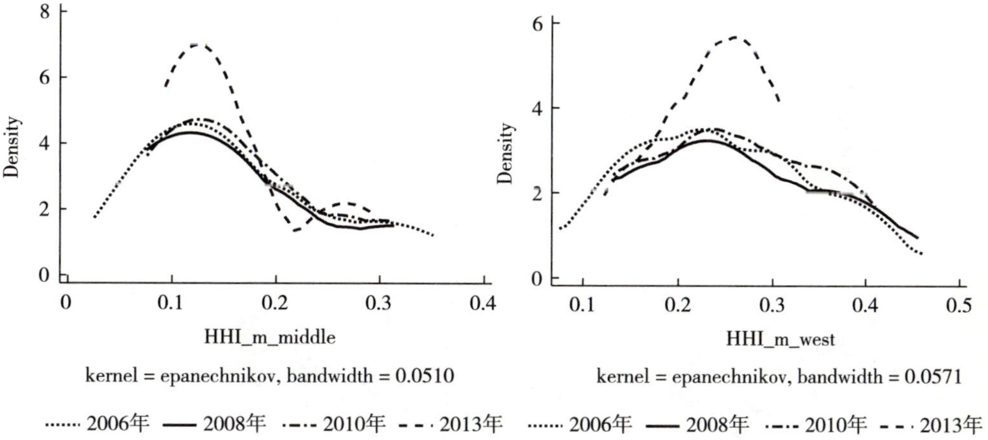

图 4 -6　中部与西部地区制造业集聚的空间不均衡格局的分部动态

图 4 -7 描述了 2006 ~2015 年省域制造业集聚的空间平衡分布指数的年均增长率，其中，四川、贵州、云南、陕西、宁夏、甘肃和黑龙江波动幅度较大。就波动性质来看，四川和宁夏的产业集聚空间不均衡分布处于不断加强的趋势，即产业向省域大城市集中；而贵州、云南、陕西、甘肃与黑龙江处于由中心城市向外扩散的阶段，产业集聚的空间分布不断趋向均等化。

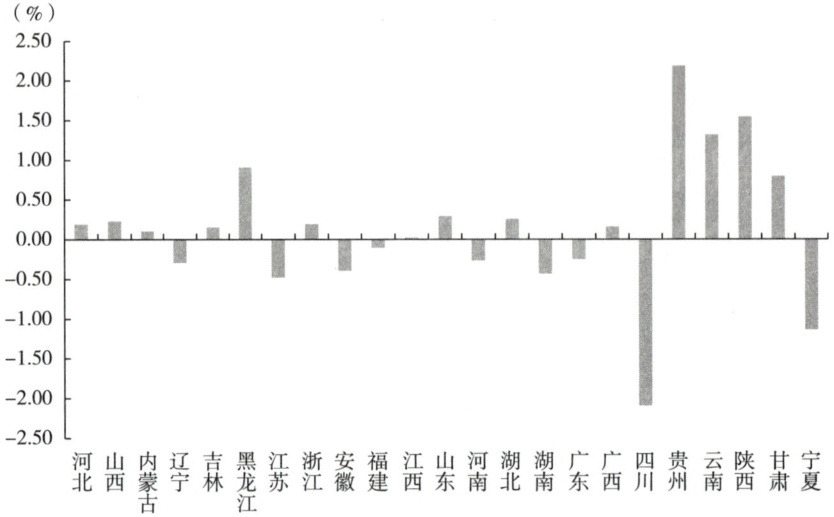

图 4-7　制造业集聚的空间平衡分布指数的年均增长率

图 4-8 描绘了省域空间制造业不均衡分布格局与城市体系扁平化之间的关系，可以看出，无论是基于参数估计的齐普夫指数还是基于非参数估计的赫芬达尔指数所表征的城市体系扁平化指数都与制造业的不均衡分布正相关，即制造业越是不均衡分布，则城市体系规模等级结构规模结构越是不均衡。

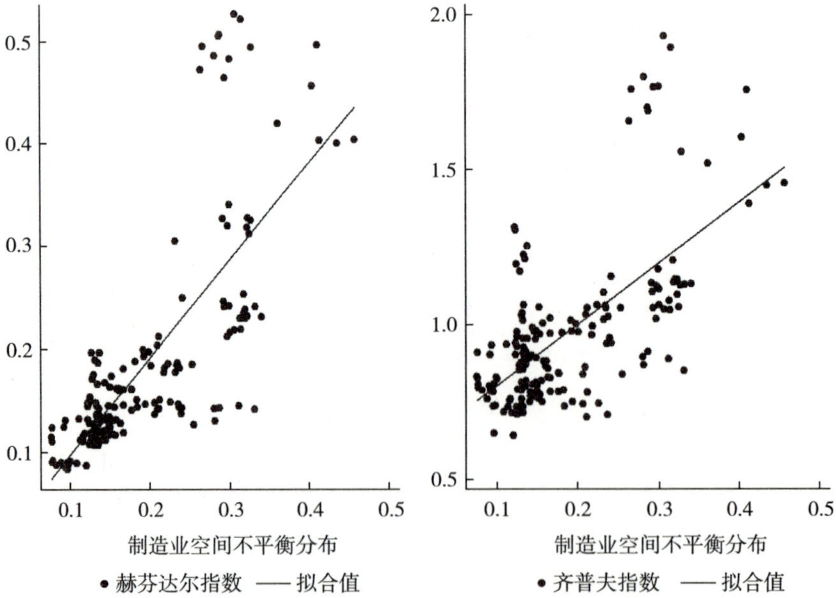

图 4-8　省域制造业空间分布不均衡与人口分布不均衡的关系

图4-8为产业集聚的空间不均衡分布和人口的不均衡分布两变量的相关关系提供了直观了解，而两者之间的因果关系具体如何需要进一步实证经验估计。

4.3 模型方法、变量选取与数据说明

4.3.1 模型设定

根据经验，为了克服由于不可观测的个体特征异质性形成的遗漏变量而引发的内生性问题，本章先构建静态面板数据模型（4-2）：

$$Y_{it} = \gamma HHI_{it} + \varphi HHI^2_{it} + \sum_{i=1}^{k} \beta_i C_{it} + \alpha_i + \varepsilon_{it} \quad (4-2)$$

式（4-2）是一个基本的静态面板数据模型，i是截面个体，为本书的中国大陆除去北京、天津、上海、重庆、西藏、新疆、海南和青海的23个省（自治区）。t是时间，基于数据的可获得性，本书选取的时间段为2006~2013年，共计8年。Y_{it}是本书的被解释变量城市体系规模结构扁平化指数，具体测算，稍后给予说明；制造业具有明显的空间可转移性（可贸易性），因此，本书部分解释变量HHI将着重考察省域制造业的空间分布不均衡性，基于集聚扩散的基本规律，考虑了制造业空间分布不均衡性的二次项HHI^2。C_{it}为模型的控制变量，本书基于相关文献，考虑选择城市化率（urb）、外商直接投资（fdi）、对外开放程度（open）、交通基础设施（infra）和地区教育水平（edu），值得一提的是，为了较少模型的潜在内生性问题，在实际模型估计中，会将解释变量的滞后项作为自身的工具变量，变量选择的具体依据，稍后将给予阐述。α_i为本书的样本个体不随时间而变化的不可观测特征，ε_{it}是除上述解释变量和α_i之外的不可观测的随机扰动项或者外部冲击。其中，由于α_i与ε_{it}共同的不可观测性，构成整个模型系统的负荷扰动项。

由于α_i具有不可观测性，使得模型（4-2）不可估计，基于此，需要消除不可观测的个体特征α_i，基于此，我们考虑模型（4-2）的组内i在t时间段的样本均值方程，具体如模型（4-3）所示：

$$\overline{Y}_1 = \gamma \overline{HHI}_1 + \varphi \overline{HHI}^2_{it} + \sum_{i=1}^{k} \beta_i \overline{C}_{1t} + \alpha_i + \overline{\varepsilon}_{1t} \quad (4-3)$$

通过式（4-2）、式（4-3）消除了个体不可观测因素α_i，从而得到差分方程（4-4）：

$$\Delta Y_{it} = \gamma \Delta HHI_{it} + \varphi \Delta HHI^2_{it} + \sum_{i=1}^{k} \beta_i \Delta C_{it} + \Delta \varepsilon_{it} \quad (4-4)$$

模型（4－4）是本部分进行参数估计的方程。根据 Cameron 和 Trivedi（2005）的证明，模型（4－4）与模型（4－2）是完全等价的。

在实践中可以看到，在一定时间内，省域城市规模体系结构特征存在自强化特质，即城市体系规模等级结构演化有一定的惯性，即本期的城市体系规模等级结构特征会明显受到上期的影响，基于此，本部分将构建动态面板数据模型①，具体如式（4－5）所示：

$$Y_{it} = \rho Y_{it-1} + \gamma HHI_{it} + \varphi HHI^2_{it} + \sum_{i=1}^{k} \beta_i C_{it} + \alpha_i + \varepsilon_{it} \tag{4-5}$$

式（4－5）是一个基本的动态面板数据模型，i 是个体，为本书的中国大陆除去北京、天津、上海、重庆、西藏、新疆、海南和青海的 23 个省（自治区）。t 是时间，基于数据的可获得性，本书选取的时间段为 2006～2013 年，共计 8 年。Y_{it}是本书的被解释变量城市体系规模结构扁平化指数，具体测算，稍后给予说明；Y_{it-1}是被解释变量的滞后一期项，值得一提的是，在实际的 GMM 估计中，如果Y_{it-1}的系数 ρ 显著为 0，那么，说明本期的城市体系规模等级结构特征不会受到上期的影响，城市体系规模等级结构演化没有惯性作用力，那么本模型就应该退化为静态面板数据模型。HHI_{it}为本部分的核心解释变量，在具体的实证研究过程中，将该变量按照产业的属性分为制造业集聚的空间不均衡分布、服务业集聚的空间不均衡分布。

4.3.2 变量选取

（1）核心变量。城市体系扁平化为本书的被解释变量。根据前面的文献评述，现有文献关于城市体系扁平化的测度包括参数估计和非参数估计两种方法，以参数估计方法获得的扁平化指数作为初始被解释变量，为了考察结论的稳健性，将非参数估计方法获得扁平化指数作为稳健性估计中的被解释变量。产业集聚的空间不平衡分布为本书核心解释变量。

（2）控制变量。城市化率（urb）。城市化率反映了农业人口流向城市的水平，城市化水平越高，说明城镇人口规模越大，计算公式为 $urb = P_i/P$。P 表示地区总人口，P_i表示在城市生活半年及以上的人口。按照经济学的基本假定，人都是理性的，都会率先选择流入大城市，因为大城市能够满足个体多样化的产品需求，在这样的情况下，企业也会率先选择大城市，因为大城市除了有消费者多样化的产品需求外，大城市是重要的劳动力蓄水池，与此同时还是区域的技术创新中心和交通枢纽，这大大降低了企业的生产运行成本。但随着时间的迁移，大

① 为了平衡章节内容，关于估计方法将在本书第 6 章做进一步详细说明。

城市逐步饱和，并产生了挤出效应，大城市的生活成本提高，同时伴随着大城市的生产成本提高，迫使一些生产技术日益成熟的企业流向次一级城市，与此同时一部分在大城市生活压力较大的劳动者跟着企业流向次一级城市，进而为区域城市体系扁平化提供前提基础。因此，在挤出效应的作用下，预期城市化率与城市体系扁平化指数呈现负相关性，即城市化水平的提高将有助于推进城市体系扁平化。

外商直接投资（fdi）。外商直接投资驱动产业发展，促进新增就业人口，为城市体系扁平化提供条件。其对城市体系扁平化的影响渠道机制路径有两条：一是当外商直接投资投向大城市，将可能随着时间的推移挤出一部分技术成熟的企业流向中小城市，进而带来地区城市规模结构的扁平化；二是当外商直接投资投向中小城市，将一方面带动中小城市的城市化，与此同时吸引大城市的一部分劳动力，由此推断区域大中小城市规模等级体系的演变。第一条路径是间接推动了区域城市体系扁平化；第二条路径相比第一条路径更加直接。关于外商直接投资的测度，首先对当年以美元计价的外商直接投资的原始数据通过当年中美汇率折合成人民币的价格，然后以人民币折合后的外商直接投资除以当年国内生产总值（GDP），以此表征省域单元的外商直接投资水平。

对外开放程度（open）。本部分用“地区进出口总额/地区国内生产总值”衡量对外开放程度。当然进出口总额以美元计算，同外商直接投资一样需要转化为人民币价格。一般而言，对外开放程度越高，经济越活跃，经济规模越大，越有利于产业在区域内扩散。

交通基础设施（railway）。本书以高速公路里程数作为交通基础设施水平代理变量。交通基础设施是区域“中心—外围”城市体系的重要媒介渠道，是实现区域间时空压缩和区域内一体化发展的重要助推器。交通基础设施的改善将大大缩小区域内各城市之间的空间交易成本。交通基础设施对城镇规模等级结构有着怎样的影响需要分情况讨论。在区域发展早期，交通基础设施促进了资源向优势区位的集中，带来城市体系规模等级结构的垂直化，随着交通水平的提升、交通成本的下降、城市生产成本的提高，将有助于中心城市的产业企业从中心通过交通基础设施流向外围城市，进而缩小中心与外围之间的差距，垂直规模等级结构逐步变得扁平化。

地区教育水平（edu）。教育水平反映了区域的创新能力和人口流向城市的能力。教育水平对城市体系结构的影响通过如下几种渠道：一方面教育水平促进人口迁移流动的能力；另一方面作为消费者（劳动者）个体，为了后代的考虑，倾向于选择教育水平较高的地区，因此，区域整体的教育水平越高，则城市体系将越处于扁平化，此外教育水平影响企业、外商直接投资的区位选择，尤其是对于技术密集型制造业而言，需要技术和创新作保障，先进的教育水平能为高端技术产业提供智力支持。这两方面的因素综合起来影响城市体系等级结构。衡量地区教育水平的方法是各个阶段的教育人数与教育年限相乘求和然后除以总教育人数，在此设定小学的教育年限为6年，初中为9年，高中为12年，大学平均15年，研究生平均为19年。

4.3.3 变量的数据来源与统计性描述

城市人口数据为历年《中国城市建设统计年鉴》中的城区人口和城区暂住人口之和，城市制造业就业规模数据来自历年《中国城市统计年鉴》，其他控制变量城市化、外商直接投资、对外开放程度、交通基础设施和地区教育水平来自历年《中国统计年鉴》和各省份统计年鉴。表4-3为本章实证研究所需变量的基本统计量。

表4-3 变量基本统计量

变量	变量指代	样本量	均值	标准误	最小值	最大值
人口分布赫芬达尔指数	hhi	184	0.1811	0.1044	0.0819	0.5255
人口分布齐普夫指数	q	184	0.9802	0.2604	0.6415	1.9317
非农产业分布赫芬达尔指数	hhi_fn	184	0.1548	0.0702	0.0704	0.3687
制造业分布赫芬达尔指数	hhi_m	184	0.1889	0.0845	0.0750	0.4565
制造业分布赫芬达尔指数二次项	hhi_m^2	184	0.0428	0.0392	0.0056	0.2084
服务业分布赫芬达尔指数	hhi_s	184	0.1556	0.0690	0.0722	0.3494
生产性服务业分布赫芬达尔指数	hhi_scx	184	0.2764	0.1293	0.0991	0.6421
城镇化进程	urb	184	0.4762	0.0953	0.2746	0.6876
交通基础设施	railway	184	0.3385	0.1578	0.0800	1.0200
对外开放程度	open	184	0.1648	0.2024	0.0204	0.9900
外商直接投资	fdi	184	30.2103	25.0177	6.0778	118.9060
教育水平	edu	184	0.2075	0.0505	0.0910	0.3305

表4-4报告了所选择变量的相关系数。可以看出制造业空间不均衡分布指数hhi_m与人口分布的不均衡指数hhi和q高度正相关，对于相关控制变量而言，可以看出城市化urb与教育水平edu高度相关达到了0.794，以及外商直接投资fdi和开放度open相关系数达到了0.828。在后面的回归中，为了防止多重

共线问题，将这两组变量选择其中之一放入模型。

表 4－4　变量相关系数

变量	hhi	q	hhi_m	urb	railway	open	fdi	edu
hhi	1							
q	0.8932	1						
hhi_m	0.768	0.6404	1					
urb	-0.4052	-0.2632	-0.1704	1				
railway	-0.3162	-0.4149	-0.0869	0.2014	1			
open	-0.2546	0.0592	-0.2518	0.6322	-0.3259	1		
fdi	-0.2595	-0.0622	-0.2257	0.5729	-0.3359	0.8281	1	
edu	-0.396	-0.3531	-0.1521	0.7938	0.3102	0.26	0.2408	1

4.4　实证结果及分析

4.4.1　非农产业集聚空间分布对城市体扁平化的影响

表 4－5 报告了基于静态面板数据模型考察了产业集聚的空间分布与城市体系等级结构的影响，为了检验产业集聚的空间不平衡分布对城市体系结构的影响，模型 1 仅仅考察了两者之间的关系，可以看出，产业集聚的空间不均衡分布（hhi_fn）对城市体系扁平化具有明显的促进作用，通过了 99% 的显著性检验，within_ R^2 为 0.13，系数 γ 的绝对值为 0.167。在此基础上，基于城市体系等级结构理论的点—轴开发理论，考虑把作为轴的交通基础设施（railway）纳入模型 2，进一步发现，产业集聚的空间不均衡分布对城市体系扁平化的影响依旧在 1% 的水平下显著，与此同时，将其他控制变量纳入模型 3，尽管系数 γ 的绝对值下降为 0.147，但产业集聚的空间不均衡分布对城市体系扁平化的影响依旧在 1% 的水平下显著。与此同时，为了检验这一结论的稳健性，将基于参数估计的城市体系扁平化（q）作为被解释变量，模型 4、模型 5 和模型 6 均表明产业集聚的空间不均衡分布有助于城市体系的扁平化，只是有所差异的是交通基础设施对城市体系扁平化的促进作用在 5% 的水平下显著。

表 4 -5　产业集聚的空间不均衡分布对城市体系扁平化的影响

模型 变量	基于非参数估计 hhi			基于参数估计 q		
	模型 1	模型 2	模型 3	模型 4	模型 5	模型 6
hhi_fn	-0.167 *** (-3.42)	-0.164 *** (-3.35)	-0.147 *** (-3.12)	-0.862 *** (-4.16)	-0.832 *** (-4.05)	-0.776 *** (-3.82)
railway		-0.038 (-1.06)	-0.039 (-1.13)		-0.320 ** (-2.13)	-0.343 ** (-2.29)
open			0.008 (0.27)			-0.082 (-0.60)
urb			-0.021 (-0.20)			0.144 (0.32)
lnrjgdp			0.084 *** (3.53)			0.253 ** (2.48)
_cons	0.205 *** (26.76)	0.215 *** (16.96)	0.053 (1.02)	1.114 *** (34.36)	1.205 *** (22.62)	0.647 *** (2.90)
时间	Yes	Yes	Yes	Yes	Yes	Yes
N	184	184	184	184	184	184
r2_w	0.131	0.138	0.224	0.145	0.170	0.213

t statistics in parentheses

* $p < 0.1$，** $p < 0.05$，*** $p < 0.01$

4.4.2　制造业集聚空间分布对城市体系扁平化的影响

考虑到行业的异质性，相比较服务业，制造业具有明显的可贸易性，初步认为制造业可能对城市体系扁平化产生重要的影响。基于此，本节进一步从非农产业中分离出制造业，考察其空间不均衡分布对城市体系扁平化的影响，表 4 -6 报告具体的参数估计结果。结果显示：无论是否考虑其他控制变量，制造业空间不均衡分布都将有助于城市体系的扁平化，并在 1% 的水平下显著。表明产业集聚的空间不均衡分布对城市体系扁平化有促进作用，制造业的空间不均衡分布发挥了重要的作用。为了证明这一结论的可靠性，考虑将被解释变量的一阶滞后纳入模型，发现依然没改变这一结论。

表 4-6　制造业集聚的空间不均衡对城市体系扁平化的影响

模型 变量	(1) 模型 1	(2) 模型 2	(3) 模型 3	(4) 模型 4	(5) 模型 5	(6) 模型 6
L. hhi				0.184 ** (2.09)	0.184 ** (2.09)	0.178 ** (2.04)
hhi_m	-0.195 *** (-3.83)	-0.190 *** (-3.63)	-0.181 *** (-3.60)	-0.220 *** (-3.88)	-0.218 *** (-3.83)	-0.223 *** (-3.93)
railway		-0.019 (-0.52)	-0.022 (-0.63)	-0.013 (-0.33)	-0.012 (-0.32)	-0.012 (-0.31)
open			0.003 (0.11)	-0.013 (-0.38)	-0.015 (-0.43)	
urb			-0.002 (-0.02)	0.019 (0.16)		
lnrjgdp			0.086 *** (3.68)	0.092 *** (3.24)	0.094 *** (3.59)	0.091 *** (3.69)
edu					-0.011 (-0.13)	-0.005 (-0.05)
fdi						-0.000 (-0.41)
_cons	0.217 *** (21.91)	0.221 *** (16.73)	0.048 (0.94)	-0.004 (-0.06)	0.002 (0.04)	0.008 (0.14)
时间固定	Yes	Yes	Yes	Yes	Yes	Yes
N	184	184	184	161	161	161
r2_w	0.146	0.148	0.240	0.330	0.330	0.330

t statistics in parentheses

* $p<0.1$, ** $p<0.05$, *** $p<0.01$

4.4.3　制造业、服务业集聚空间分布对城市体系扁平化的影响

在上面论证的基础上，进一步同时考察制造业、服务业集聚的空间不均衡分布对城市体系扁平化的影响，以便更好地解释各自在重塑空间组织结构方面的地位和功能，表 4-7 报告了这一估计结果。可以看出，在不考虑控制变量、仅考虑制造业和服务业集聚空间不均衡分布的情况下，发现制造业对城市体系扁平化具有显著的促进作用，并通过了 99% 的显著性检验，这一结论与上文的结论高

度吻合，与此同时，服务业集聚的空间不均衡分布有助于城市体系扁平化，但仅仅在10%的水平上显著，这表明，相对而言，制造业空间不均衡分布对城市体系扁平化的影响更明显。在此基础上，考虑将相关控制变量纳入模型，发现服务业集聚的空间不均衡分布对城市体系扁平化的促进作用在统计上不再显著，而制造业依然通过了99%的显著性检验。与此同时，模型将被解释变量hhi的一阶滞后纳入模型，发现这一结论依然成立。

表4-7 制造业与服务业空间不均衡分布与城市体系扁平化

模型 变量	(1)	(2)	(3)	(4)	(5)	(6)
	模型1	模型2	模型3	模型4	模型5	模型6
L. hhi				0.163 *	0.159 *	0.152 *
				(1.79)	(1.74)	(1.68)
hhi_m	-0.154 ***	-0.149 ***	-0.156 ***	-0.204 ***	-0.198 ***	-0.202 ***
	(-2.80)	(-2.66)	(-2.88)	(-3.43)	(-3.26)	(-3.34)
hhi_s	-0.065 *	-0.064 *	-0.040	-0.032	-0.035	-0.037
	(-1.92)	(-1.91)	(-1.22)	(-0.93)	(-0.99)	(-1.04)
railway		-0.017	-0.021	-0.012	-0.012	-0.011
		(-0.48)	(-0.60)	(-0.31)	(-0.30)	(-0.30)
open			0.005	-0.011	-0.014	
			(0.15)	(-0.30)	(-0.40)	
urb			-0.002	0.021		
			(-0.02)	(0.17)		
lnrjgdp			0.081 ***	0.088 ***	0.090 ***	0.088 ***
			(3.41)	(3.08)	(3.42)	(3.55)
edu					-0.034	-0.028
					(-0.38)	(-0.32)
fdi						-0.000
						(-0.49)
_cons	0.218 ***	0.222 ***	0.058	0.007	0.019	0.025
	(22.19)	(16.94)	(1.13)	(0.12)	(0.32)	(0.43)
N	184	184	184	161	161	161
r2_w	0.167	0.168	0.247	0.335	0.335	0.336

t statistics in parentheses

* $p < 0.1$, ** $p < 0.05$, *** $p < 0.01$

上面的结论表明，通过将制造业和服务业纳入模型考察其对城市体系扁平化的影响，仅仅制造业通过了模型检验，而服务业空间不均衡分布对城市体系扁平化的影响并不显著，基于此，将直接服务于制造业的生产性服务业从服务业中剥离出来，来考察生产性服务业和制造业集聚的空间不均衡分布对城市体系扁平化的影响，表4－8报告了这一结果。结果表明：无论是否有其他控制变量，生产性服务业的空间不均衡布局对城市体系扁平化的促进作用均未通过显著性检验，而仅仅制造业空间不均衡分布通过了99%的显著性检验。综合表4－6、表4－7和表4－8，表明制造业空间不均衡分布是影响城市体系扁平化的主导力量。

表4－8　制造业与生产性服务业空间不均衡分布与城市体系扁平化

模型 变量	(1) 模型1	(2) 模型2	(3) 模型3	(4) 模型4	(5) 模型5	(6) 模型6
hhi_m	−0.168*** (−3.01)	−0.164*** (−2.88)	−0.174*** (−3.17)	−0.215*** (−3.57)	−0.211*** (−3.48)	−0.216*** (−3.61)
hhi_scx	−0.036 (−1.20)	−0.036 (−1.17)	−0.008 (−0.28)	−0.009 (−0.30)	−0.011 (−0.34)	−0.011 (−0.35)
railway		−0.017 (−0.46)	−0.021 (−0.61)	−0.012 (−0.31)	−0.012 (−0.30)	−0.011 (−0.29)
open			0.002 (0.06)	−0.014 (−0.41)	−0.017 (−0.47)	
urb			−0.006 (−0.06)	0.015 (0.13)		
lnrjgdp			0.085*** (3.62)	0.091*** (3.17)	0.092*** (3.47)	0.090*** (3.54)
L. hhi				0.181** (2.04)	0.180** (2.02)	0.173* (1.95)
edu					−0.017 (−0.19)	−0.010 (−0.11)
fdi						−0.000 (−0.46)
_cons	0.219*** (21.78)	0.223*** (16.77)	0.051 (0.97)	0.001 (0.02)	0.008 (0.14)	0.014 (0.24)
N	184	184	184	161	161	161
r2_w	0.154	0.155	0.240	0.330	0.331	0.331

t statistics in parentheses

* $p < 0.1$, ** $p < 0.05$, *** $p < 0.01$

4.4.4 进一步讨论

前面的研究均指向一个结论：产业集聚的空间不均衡将显著地促进城市体系的扁平化，而这其中制造业的空间不均衡分布发挥了主导作用。根据集聚经济理论，制造业的空间不均衡分布反映了制造业在空间上的集聚，即集中化集聚，集聚经济最初会导致地区间差距的扩大（范建勇，2004），在空间上表现为极化效应，这标志着集聚最初带来城市体系的高度非扁平化，即扁平化指数 HHI 较高，而当集聚的不经济产生，集中化集聚将从分散化集聚转变，即“集聚为主导”向“扩散为主导”转变，进而集聚经济将导致地区差距缩小，这与本书上部分的结论相一致，表明制造业集聚的空间不均衡分布最终会促进城市体系的扁平化，这背后源于集聚的扩散效应。而关于集聚对空间结构的阶段过程效应尚未得到检验，基于此，本小节在前面的基础上，检验产业集聚的空间不均衡分布对城市体系扁平化的影响过程检验。将产业集聚的空间不均衡分布的二次项 HHI_{it}^2 纳入模型，通过加入该变量，将更加清晰地检验该变量对城市体系扁平化的过程效应。具体模型解释同式（4－2）。

表 4－9 和表 4－10 报告了非农产业的空间不均衡分布对城市体系规模等级结构扁平化的影响过程，与此同时，考虑了固定效应模型和动面板模型两种估计方法。先考察基于非参数估计的城市体系扁平化指数，在固定效应模型中，先考察个体固定效应模型，在模型 2 中，不考虑控制变量，仅仅将非农产业空间不均衡分布（HHI）及其二次项纳入模型，结果表明非农产业空间不均衡分布与城市体系扁平化呈现先抑制后促进的作用过程，即非农产业的空间不均衡分布先是加剧了城市体系的不均衡分布格局。但这种集聚的空间不均分布格局会通过空间扩散效应促进城市体系的扁平化，中心城市的优势资源向外围城市迁移，进而推动外围城市的发展。另外，进一步将控制变量纳入模型 3 中，结果表明这一结论依然成立。然后，考虑到时间趋势对城市体系扁平化的影响，接着基于双向固定效应模型 4、模型 5 来检验非农产业的空间不均衡分布对城市体系扁平化的影响过程，结果发现结论具有高度的稳定性，此外，利用动态面板模型考察它们两者的关系，结论仍然是稳健的。表 4－10 是基于参数估计的省域城市体系扁平化指数，结果表明，无论是静态面板模型还是动态面板模型，是否考虑时间效应，都表明非农产业的空间不均衡分布对城市体系扁平化的影响先抑制后促进，并通过了计量上 95% 以上的显著性检验。

表 4－11 和表 4－12 报告了制造业空间不平衡分布对城市体系扁平化的影响

表4-9 非农业空间不平衡分布对城市体系扁平化的影响过程

模型 变量	固定效应模型						动态面板模型					
	模型1	模型2	模型3	模型4	模型5	模型6	模型1	模型2	模型3	模型4	模型5	模型6
hhi	-0.103** (-2.28)	0.493*** (3.94)	0.385*** (2.82)	-0.167*** (-3.42)	0.367** (2.50)	0.316** (2.19)	-0.109*** (-49.81)	0.546*** (83.36)	-0.153*** (-9.37)	-0.259*** (-12.62)	0.258*** (4.42)	0.193** (2.57)
hhi_2		-1.462*** (-5.06)	-1.211*** (-3.97)		-1.231*** (-3.85)	-1.071*** (-3.39)		-1.716*** (-88.47)			-1.220*** (-13.55)	-0.934*** (-6.07)
railway			-0.021 (-0.64)			-0.029 (-0.86)			-0.059*** (-6.03)			-0.031* (-1.76)
urb			-0.041 (-0.57)			-0.062 (-0.62)			0.183*** (12.67)			0.001 (0.01)
open			0.009 (0.34)			0.001 (0.04)			0.047*** (4.52)			0.023 (0.76)
lnrjgdp			0.053** (2.60)			0.079*** (3.43)			0.022*** (2.92)			0.056*** (2.75)
L.hhi							0.119*** (44.83)	-0.206*** (-206.17)	-0.053*** (-6.89)	-0.144*** (-5.66)	-0.267*** (-14.50)	-0.240*** (-11.34)
_cons	0.197*** (27.89)	0.147*** (12.38)	0.069*** (2.75)	0.205*** (26.76)	0.158*** (11.24)	0.039 (0.77)	0.164*** (28.06)	0.179*** (56.86)	0.069*** (6.69)	0.254*** (26.43)	0.223*** (22.20)	0.089 (1.63)
时间	No	No	No	Yes	Yes	Yes	No	No	No	Yes	Yes	Yes
N	184	184	184	184	184	184	138	138	138	138	138	138
r2_w	0.032	0.166	0.228	0.131	0.208	0.280						

t statistics in parentheses

* p < 0.1, ** p < 0.05, *** p < 0.01

表 4－10　非农产业空间不平衡分布对城市体系扁平化的影响过程：稳健性检验

模型	固定效应模型						动态面板模型					
变量	模型 1	模型 2	模型 3	模型 4	模型 5	模型 6	模型 1	模型 2	模型 3	模型 4	模型 5	模型 6
hhi	−0.577***	1.874***	1.617***	−0.862***	1.268**	1.099*	−0.246***	2.253***	−0.412***	−0.713***	1.567***	0.924**
	(−3.03)	(3.53)	(2.74)	(−4.16)	(2.03)	(1.76)	(−9.89)	(15.37)	(−8.73)	(−5.52)	(4.89)	(2.05)
hhi_2		−6.017***	−5.359***		−4.907***	−4.336***		−6.716***			−5.710***	−3.496***
		(−4.90)	(−4.06)		(−3.59)	(−3.17)		(−22.50)			(−8.91)	(−3.31)
railway			−0.246*			−0.300**			−0.033			−0.052
			(−1.72)			(−2.06)			(−0.76)			(−0.53)
urb			0.111			−0.023			0.123			−0.598
			(0.35)			(−0.05)			(1.39)			(−0.89)
open			−0.068			−0.111			−0.061***			−0.779***
			(−0.56)			(−0.83)			(−2.96)			(−3.57)
lnrjgdp			0.109			0.234**			0.118***			0.420***
			(1.24)			(2.35)			(4.97)			(4.16)
L. q							0.325***	−0.102***	0.240***	0.250***	0.005	−0.000
							(152.46)	(−9.60)	(7.48)	(4.27)	(0.35)	(−0.00)
_cons	1.070***	0.864***	0.693***	1.114***	0.930***	0.590***	0.694***	0.918***	0.473***	0.847***	0.880***	0.351
	(35.82)	(17.13)	(6.36)	(34.36)	(15.47)	(2.71)	(50.69)	(48.98)	(6.90)	(9.38)	(15.41)	(0.86)
时间	No	No	No	Yes	Yes	Yes	No	No	No	Yes	Yes	Yes
N	184	184	184	184	184	184	138	138	138	138	138	138
r2_w	0.054	0.178	0.209	0.145	0.212	0.263						

t statistics in parentheses

* p < 0.1，** p < 0.05，*** p < 0.01

表 4－11　制造业空间不平衡分布对城市体系扁平化的影响过程

模型	(1)	(2)	(3)	(4)	(5)	(6)	(7)	(8)	(9)	(10)	(11)	(12)
变量	模型 1	模型 2	模型 3	模型 4	模型 5	模型 6	模型 1	模型 2	模型 3	模型 4	模型 5	模型 6
hhi_m	−0.201***	0.859***	0.763***	−0.195***	0.859***	0.751***	−0.394***	0.794***	−0.320***	−0.317***	0.810***	0.728***
	(−3.98)	(5.89)	(4.77)	(−3.83)	(5.47)	(4.56)	(−50.78)	(51.52)	(−41.72)	(−22.67)	(8.12)	(4.24)
hhi_m^2		−1.938***	−1.761***		−1.936***	−1.721***		−2.074***			−2.017***	−1.792***
		(−7.61)	(−6.22)		(−7.00)	(−5.88)		(−74.04)			(−14.77)	(−7.27)
railw			−0.000			−0.003			−0.067***			−0.023
			(−0.01)			(−0.09)			(−10.07)			(−1.47)
urb			−0.070			−0.068			0.093**			0.109
			(−1.09)			(−0.73)			(2.17)			(1.01)
open			0.006			−0.002			0.038***			0.030
			(0.24)			(−0.06)			(3.04)			(0.86)
lnrjgdp			0.037*			0.055**			0.043***			0.024
			(1.96)			(2.51)			(3.00)			(1.15)
L. hhi							−0.096***	−0.377***	−0.150***	−0.085***	−0.345***	−0.317***
							(−75.53)	(−819.16)	(−17.14)	(−6.63)	(−29.45)	(−12.81)
_cons	0.219***	0.102***	0.066***	0.217***	0.102***	0.034	0.263***	0.169***	0.128***	0.251***	0.157***	0.048
	(22.86)	(5.83)	(2.67)	(21.91)	(5.50)	(0.73)	(36.02)	(23.52)	(8.97)	(27.50)	(9.93)	(1.47)
时间	No	No	No	Yes	Yes	Yes	No	No	No	Yes	Yes	Yes
N	184	184	184	184	184	184	138	138	138	138	138	138
r2_w	0.090	0.333	0.352	0.146	0.355	0.384						

t statistics in parentheses

$*p < 0.1$, $**p < 0.05$, $***p < 0.01$

表4-12 制造业空间不平衡分布对城市体系扁平化的影响过程：稳健性检验

模型 变量	固定效应模型						动态面板模型					
	模型1	模型2	模型3	模型4	模型5	模型6	模型1	模型2	模型3	模型4	模型5	模型6
hhi_m	−0.932*** (−4.36)	3.654*** (5.96)	3.771*** (5.57)	−0.881*** (−4.02)	3.882*** (5.86)	3.704*** (5.28)	−0.843*** (−17.58)	4.376*** (12.86)	−0.710*** (−9.87)	−0.968*** (−14.53)	4.819*** (6.44)	5.847*** (5.97)
hhi_m^2		−8.389*** (−7.83)	−8.550*** (−7.14)		−8.746*** (−7.50)	−8.299*** (−6.66)		−9.393*** (−18.98)			−10.323*** (−9.47)	−11.832*** (−6.96)
railway			−0.151 (−1.17)			−0.182 (−1.34)			−0.140*** (−3.04)			−0.025 (−0.27)
urb			−0.061 (−0.22)			−0.099 (−0.25)			−0.035 (−0.27)			0.550 (0.75)
open			−0.092 (−0.85)			−0.135 (−1.11)			−0.125*** (−4.19)			0.025 (0.17)
lnrjgdp			0.035 (0.44)			0.119 (1.28)			0.240*** (7.67)			0.100 (0.84)
L. q							0.228*** (54.31)	−0.174*** (−42.59)	0.166*** (16.03)	0.275*** (7.59)	−0.150*** (−2.67)	−0.135*** (−2.59)
_cons	1.156*** (28.47)	0.649*** (8.83)	0.655*** (6.21)	1.152*** (27.15)	0.634*** (8.12)	0.530*** (2.70)	0.911*** (56.57)	0.694*** (16.52)	0.501*** (8.92)	0.874*** (16.80)	0.619*** (10.29)	−0.014 (−0.07)
时间	No	No	No	Yes	Yes	Yes	No	No	No	Yes	Yes	Yes
N	184	184	184	184	184	184	138	138	138	138	138	138
r2_w	0.106	0.355	0.366	0.139	0.372	0.388						

t statistics in parentheses

* $p < 0.1$，** $p < 0.05$，*** $p < 0.01$

过程检验[①]。与此同时，考虑了固定效应模型和动态面板模型两种估计方法。先考察基于非参数估计的城市体系扁平化指数，在固定效应模型中，先考察个体固定效应模型，模型2仅考虑制造业空间不平衡分布与城市体系不均衡的关系，可以看出制造业空间不平衡的一次项与城市体系不平衡分布正相关，在1%的水平通过了检验，表明制造业空间不平衡分布加剧了人口的不平衡分布，而二次项与城市体系不平衡分布负相关，在1%的水平通过了检验。在此基础上，将相关控制变量纳入模型，结果发现制造业空间不平衡分布依然对城市体系不平衡分布有着显著的倒"U"形关系，并通过了99%的显著性检验。与此同时，考虑了双向固定效应模型，这一结论依然稳健，在动态面板模型中，不论是考虑时间效应，还是考虑在表4-12上反映的基于参数估计的城市体系扁平化指数q的估计结果，都表明制造业空间不均衡分布对城市体系扁平化的影响是"先抑制后促进"的过程。对这一结论的解释是：如前文分析，制造业具有较强的可贸易性即流动性。制造业在空间上的不平衡分布超过一定程度产生集聚不经济会发生扩散，使得制造业集聚的空间发生变迁，之前集中在大城市中心逐步向次一级城市中心转移扩散，城市体系结构由单中心演变为双中心或者多中心，原中心城市的服务业快速发展将制造业挤出到周边的次一级城市，使得城市制造业空间分布进一步在次一级城市集中，城市体系变得更加扁平化。

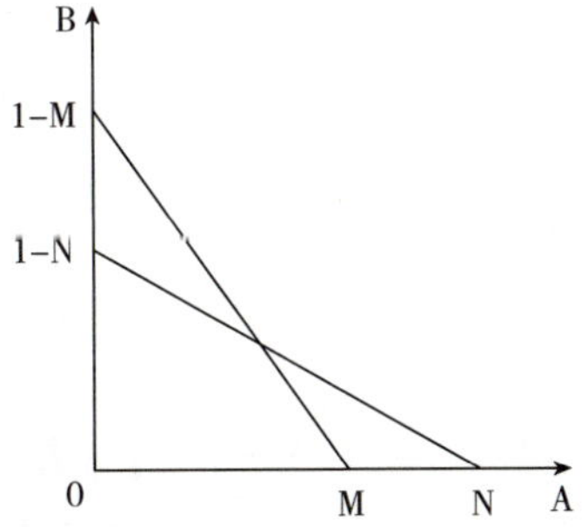

图4-9 基于制造业可贸易性的区域空间结构演变

假设一个区域I只有两个城市A和B，A城市为中心城市，B城市为外围城市，区域I的制造业具有可贸易性，假定在经济发展早期，区域I的制造业集中在城市A的份额为N，则城市B的份额为(1-N)，区域I的制造业空间不均指

① 前面的研究结论表明，制造业集聚的空间不均衡分布对城镇体系结构的影响显著，因此，本部分将重点考察制造业对城镇体系结构扁平化的影响过程。

数为各自份额的平方之和，即$HHI_0 = N^2 + (1-N)^2 = 2N^2 - 2N + 1$。随着时代的变迁、产业结构的升级，中心城市A的产业结构逐步服务化和高级化，A城市的制造业份额在区域中的比重下降到M，即$M < N$，则B城市的制造业份额为$(1-M)$，此时，有表达式$(1-M) > (1-N)$，且区域I的制造业空间不均指数为$HHI_1 = M^2 + (1-M)^2 = 2M^2 - 2M + 1$，可以看出$HHI_1 > HHI_0$。与此同时，原来外围城市规模不断扩大，区域内城市体系也日趋扁平化。

4.5 本章小结

城市体系等级结构反映了区域内城镇规模大小的异质性问题，而背后的实质是产业集聚在空间上的异质性问题。基于此，本章从产业集聚空间分布的视角考察了其对城市体系扁平化的影响。在具体的实证研究中，首先从非农产业集聚整体的空间不均衡分布的视角考察其对城市体系扁平化的影响；然后分制造业和服务业的空间不均衡分布的角度考察其对城市体系扁平化的影响。最后进一步考察了产业集聚的空间不均分布对城市体系变化的影响过程，得出了如下结论：

（1）非农产业集聚的空间不均衡分布对城市体系的扁平化具有显著的促进作用，通过了99%的显著性检验。

（2）就分行业来看，制造业集聚的空间不均衡分布对城市体系扁平化具有显著的促进作用，并通过了99%的显著性检验，而服务业以及其细分的生产性服务业集聚的空间不均衡分布对城市体系扁平化的作用没有通过统计学检验。因此，非农产业集聚空间不均衡分布对城市体系的影响主要源自制造业集聚的空间不均衡分布。

（3）就制造业集聚的空间不均衡分布对城市体系扁平化是“先抑制后促进”的影响过程。对于这一现象的解释体现在产业集聚扩散基本规律在空间结构上的表现和制造业的可贸易性上，早期制造业在空间的集聚驱动了区域单中心向多中心的演变，即早期制造业主要集中在区域大城市（一般而言省域单元的省会城市），制造业的空间不均衡分布明显。随着时代的发展，区域首位城市的影响力扩大，服务业尤其是生产性服务业发展，房价的上升将挤出对地价敏感的制造业，进而使得原首位城市的制造业比重下降，而制造业从首位城市迁移到次一级城市，进一步使得制造业空间不均衡分布增强，区域城市空间结构更加均衡。

第5章 产业集聚方式与城市体系扁平化

基于前面分析框架的论述，产业集聚方式或者集聚结构的差异会通过外部性效应导致集聚规模的差异性，进而影响城市体系结构。因此，本章主要考察产业集聚方式对城市体系扁平化的影响，在学术界，关于产业集聚方式有两组并行的研究：一是产业的多样化与专业化；二是相关多样化与无关多样化。相比较而言，围绕产业的多样化与专业化的相关研究较为成熟。本章将分别讨论其与城市体系扁平化之间的关系。

5.1 引 言

在上一部分，讨论了产业集聚空间不均衡格局对城市体系扁平化的影响，在本质上反映了产业增长极在塑造区域城市体系的功能作用。产业增长极理论提出区域主导产业的概念，主导产业的一个重要特征即产业关联性问题，产业关联即反映的是产业内部关联特征。产业类似于生物组织体一样，是一个伴随着组织体中各部分的机能分化（企业内的分工和社会分工）和组织各部分之间紧密联系和联合（企业的兼并和准兼并）的社会组织体。省域产业集聚的组织方式将可能影响其集聚效应，进而影响省域城市体系结构。产业集聚的组织方式之所以可能影响集聚效应源于外部性问题。即不同的组织方式产生的外部性是存在差异的，进而影响集聚效应。近年来，越来越多的学者运用产业专业化和多样化这两个指标来研究产业集聚的外部性机制，发现外部性机制在产业集聚中发挥了重要的作用（石灵云、殷醒民、刘修岩，2007）。从空间上来看，多样化是大城市的主要空间表征，专业化是中小城市的主要特征。因此，基于空间属性的专业化、多样化将对城市体系结构产生重要的影响。有关产业专业化与多样化的集聚结构问题历来受城市和产业经济学家的高度关注。其中，在产业集聚结构领域中，关于马歇尔专业化（Marshall - specialization）和雅各布斯多样化（Jacobs - variety）在地区发展中的地位和作用问题是一直倍受关注。前者强调地方化经济集聚形式，后者强调城市化经济集聚形式。随着工业化进入中后期和城镇化加速发展，由注重纵向联系的产业专业化向注重横向联系的产业多样化转变，将是一种审时度势的战略选择（葛立成，2004）。那么，这样的产业集聚方式对城市体系结构将产生怎样的影响？

近年来，学者们对多样化集聚所产生的外部性效应提出了质疑，正如迈克尔·波特（Michael E. Porter）教授所指出的，Jacobs 所定义的多样化和外部性这两个概念是一个不精确的，两个完全性质不同的产业在同一空间上集中，可能难以产生知识溢出与正外部性效应，因此应强调相关产业之间的外部性的重要性，据此提出了产业集群的概念。随后演化经济地理学基于 Jacobs 等的研究，Frenken（2007）提出将产业多样化（Variety）并将其分解为产业相关多样化（Related Variety）和产业无关多样化（Unrelated Variety），从此，有关专业化和多样化的争论逐步被相关多样化和无关多样化给取代了。从发展伦理学的角度讲，产业多样化是一种产业发展均等化问题，即产业间是否均衡协调发展的问题，由此进一步引申两类情况：①产业在不同类别之间是否是均衡发展；②在同一类别又是否是均衡发展的问题。因此，这也使我们进一步考虑是产业相关多样化还是无关多样化抑或是两种力量共同在驱动城市体系扁平化？无独有偶的是，相类似的研究在企业管理领域也同样存在，即企业的产品多元化经营战略被分解为“相关多元化产品战略”和“无关多元化产品战略”，何种多元化战略占据主导地位，将直接影响着企业运行绩效、风险指数和发展前景。与此同时，学术界认为，相关多元化战略可以提升企业业绩，非相关多元化战略是一种极其危险的多元化战略，通常被业界称为“陷阱”（指多元化战略）中的“陷阱”（张卫国、姜继良、罗军，2007）。随着产业相关多样化和无关多样化的提出，进一步解开了产业多样化这一“黑箱”，国内外学术界对产业相关多样化和无关多样化以及经济社会发展的影响开展了大量相关实证研究。

在国外，Frenken（2007）基于荷兰的数据研究表明，产业相关多样化促进了就业的增长，产业无关多样化抑制了失业的增长。Boschma 和 Iammarino（2009）利用意大利的数据发现相关多样化促进地区经济增长，但无关多样化对经济增长的没有促进作用。因此，有必要将多样化区分相关多样化和无关多样化。M. Sotarauta（2012）利用芬兰 1993 ~ 2006 年的面板数据，实证研究发现相关多样化对区域就业增长的影响受到涉及地方部门技术强度的制约。C. Castaldi、K. Frenken 和 B. Los（2015）利用美国各州在 1977 ~ 1999 年的专利数据和相关的引用数据，研究发现相关多样性将会增进创新，非相关多样性能够增进技术突破。F. V. Oort、S. D. Geus 和 T. Dogaru（2015）使用2000年的欧洲区域的205个欧洲地区的横截面数据发现，相关多样化与就业增长有显著相关性，但没有发现无关多样化和失业增长之间有着明显的关系。J. Aarstad、O. A. Kvitastein 和 S. E. Jakobsen（2016）利用挪威数据分析发现相关产业多样化是企业创新的正面驱动力，无关产业多样化是企业生产力的负面驱动力，使得高水平的相关多样化和低水平的无关多样化优化企业绩效。

在国内，孙晓华和柴玲玲（2012）、魏玮和郑延平（2013）、张辽和杨成林（2016）以及周国富、徐莹莹和高会珍（2016）分别从地级市、省际和城市群的层面，并基于三次产业的角度分别讨论了产业的相关多样化与无关多样化对城市经济增长和经济发展的稳定性的影响，结论表明，相关多元化有利于地区经济增长，无关多样化不利于经济增长，但在维持地方经济稳定方面存在争论。李福柱、厉梦泉（2013）从外部性效应的视角考察了工业部门的相关多元化和无关多元化对工业劳动生产率的影响，实证研究发现相关多样化程度高的地区比无关多样化程度高的地区具有更强的工业生产率外部性，无关多样化对地区工业劳动生产率增长不能形成直接有效的外部性。然而上述研究面临着一个重要的问题，即产业分类过粗，缺乏相应的科学依据。苏红键、赵坚（2012）借鉴了潘文卿、李子奈和李强（2011）的工业相似聚类研究成果，将35个工业部门划分为四类，在此基础上考察了工业的相关多元化和无关多元化对地区工业发展的影响，实证研究发现降低无关多样化程度并提高相关多样化水平对地区工业发展有明显的促进作用。魏玮、周晓博和牛林祥（2015）以长三角和中原城市群为例，实证研究发现大城市相关多样化的外部性发挥需要较高职能专业化水平作为支撑。周国富、叶亚珂和彭星（2016）以京津冀城市群为例，实证研究发现产业的相关多样化和无关多样化分别对区域一体化发展存在显著的促进作用和抑制作用。王俊松（2015，2016）基于中国城市工业企业统计数据研究发现，产业相关多样化能显著促进城市创新，而无关性多样化难以促进创新能力增长，并在此基础上进一步实证研究发现城市经济增长受益于相关多元化。黎斌、贺灿飞和周沂（2016）研究发现相关多样化显著促进了企业进入和增长并显著减少了企业退出和衰退。袁化宏（2016）考察了产业的相关多样化和无关多样化对城乡的收入分配效应问题，研究发现，产业相关多样化对缩小城乡收入差距具有显著的促进作用，相反，产业无关多样化将导致城乡收入差距进一步拉大，比较而言，产业相关多样化能够显著地促进城镇居民收入水平的提高，而产业无关多样化对城镇居民收入的抑制作用更大。

上述研究，还没有相关研究考察产业相关多样化和无关多样化与城市体系的直接关系，但研究发现产业相关多样化和无关多样化与区域就业增长、区域创新、区域经济增长和工业劳动生产率有一定程度的影响，从某种意义上讲，这对认知产业相关多样化和无关多样化对城市体系的影响具有重要的启发。非农产业内部的工业和服务业由于产业属性本身的差异性，它们各自不同的产业专业化、相关多样化和无关多样化对城市体系扁平化会产生怎样的影响，需要通过实证检验发现。产业多样化是一种产业发展均等化问题，即产业间是否均衡协调发展的问题，由此引申出以下两种情况：①产业在不同类别之间是否是均衡发展；②在同一类别又是否是均衡发展的问题。那么产业发展的均等化对城市体系结构将产生怎样的影响？换言之，地区产业多样化内部的无关多样化与相关多样化对城市体系影响机制是什么，尚无相关研究。基于此，本节首先简要分析专业化和多样化及其分解相关多样化和无关多样化对城市体系扁平化影响的机理；然后借鉴产业多元化的分解方法和行业分类原则，利用2006~2013年的我国省级面板数据，基于计量模型考察非农产业整体及其工业和服务业的多样化以及相关和无关多样化对城市体系的影响。

5.2 产业集聚的专业化、多样化与城市体系扁平化

产业专业化程度越强，尤其是制造业，则反映了某区域具有独特的区位优势，进而带动相关产业发展形成产业集群之势，在空间上形成合理的产业分工格局，以及优化区域产业的空间布局。多样化程度越高，产业扩散的动力源就越足；产业多样化程度越高，才能产生空间不经济，形成明显的空间负外部性，导致空间交易成本提高，在利润的驱使下，促使那些难以承担较高空间交易成本的制造业被迫发生空间转移，为区域城市体系扁平化创造产业基础。否则，就变成了无源之水、无本之木，难以形成产业的扩散之势，尽管产业集聚扩散是一个矛盾的统一体，但产业集聚在前，而产业集聚依赖产业的多样化集聚结构。

5.2.1 模型构建

本书基于理论分析和大量文献研究基础上，拟运用动态面板计量模型实证检验产业多样化和专业化对城市体系扁平化的影响效应，为城市体系优化提供经验证据。其模型如式（5-1）所示：

$$HHI_{it} = \rho\, HHI_{it-1} + \gamma\, div_{it} + \varphi\, sp_{it} + \sum_{i=1}^{k} \beta_i C_{it} + \alpha_i + \varepsilon_{it} \quad (5-1)$$

其中，HHI_{it}是本书的被解释变量，代表我国第 t 年第 i 个省（自治区）的城市

体系扁平化指数。产业多样化集聚(div)和产业相对专业化(sp)是本书重点考察的解释变量。C_{it}是基于文献而引入的控制变量包括：教育水平(edu)、外商投资水平(fdi)、交通基础设施(railway)、城市化水平(urb)。各变量的含义和测度方法，将在后面进一步阐述。

5.2.2 变量说明

5.2.2.1 产业专业化与多样化的测度方法

(1) 产业相对专业化集聚指数 SP。通常选用地区专业化指数衡量城市产业的专业化水平，即选择某城市 i 中就业人数最多的行业 k 作为该城市的专业化行业，用该行业的就业人数占城市总就业人数中的份额作为专业化指数：

$$ZSP = Max_i(s_{ik}) \tag{5-2}$$

为更加准确地反映某城市产业相对于全国的专业化程度，本书采用相对专业化指数，将一般的专业化指数变形为式（5-3）：

$$SP_i = Max_i(s_{ik}/s_k) \tag{5-3}$$

在式（5-3）中，SP_i表示第 i 个城市的相对专业化指数，s_{ik}/s_k 代表区位熵，s_{ik}和s_k分别为 i 地区的 k 产业在 i 区域内就业比重和全国 k 产业就业人数的占总的就业人数的比重。SP_i的值越大，表示该城市专业化程度越高。

(2) 产业多样化集聚指数 DIV。考虑到一个区域相对于全国其产业多样化程度越高，越助于促进产业的区域内扩散，一个区域的份额相对全国而言越大，则说明在产业生命周期规律的指引下，将有助于区内产业的扩散，基于上述简要分析，考虑相对产业多样化集聚（RDI_i）。基于文献，本书选择 Duranton（2000）在研究中所采用的相对多样化指数来衡量某地区的多样化水平，以各行业的就业份额为经济指标进行计算。该方法是在赫芬达尔指数（HHI）的基础上衍生出来的，常用其倒数来衡量多样化，计算公式如式（5-4）所示：

$$RDI_i = \frac{1}{\sum_{k=1}^{n} S_{ik}^2} \tag{5-4}$$

其中，RDI_i表示地区 i 中的产业多样化集聚指数，$1 \leqslant RDI_i \leqslant n$，其中，$S_{ik}$的含义同上，为方便地区间横向对比，宜采用相对多样化集聚指标，其具体形式如式（5-5）所示：

$$Div_i = \frac{1}{\sum_{k=1}^{n} |S_{ik} - S_k|} \tag{5-5}$$

其中，Div_i表示城市 i 的相对多样化指数，该值越大，说明该城市的产业种类越多且均衡。S_{ik}表示 i 地区产业 k 在地区 i 产业中的份额，n 表示 i 地区共有 n 个门类的产业，S_k表示全国产业 k 的份额。在实际的模型中包含制造业多样化集聚指数(div_m)和服务业多样化集聚指数(div_s)。一般来讲，地区产业的多样化可以获得范围经济，促进地区经济增长，并减少经济增长的波动性，区域多样化水平越高，区域乘数越大。在一个产业多样化的区域中，建立新的专业化部门比较容易，由此产生的影响也较大。

（3）样本选取与产业细分。本书研究对象是除北京、天津、上海、重庆、西藏、新疆、海南和青海等以外的中国大陆23个省（自治区）。各地区历年的服务业行业就业数据来源于历年《中国区域经济统计年鉴》。工业细分行业的就业数据来自《中国工业统计年鉴》，其中，2012年的工业细分行业数据源自《中国经济普查统计》。其中制造业主要包括25个子行业；采矿业主要包括5个子行业；服务业主要包括14个子行业。

5.2.2.2 产业专业化、多样化测度结果

表5-1报告了我国分省份在2006年与2015年的制造业、服务业与整体的非农行业的专业化集聚与多样化集聚特征。从空间分布来看，制造业多样化集聚程度较高的主要集中在东部和中部地区，而制造业专业化集聚则主要集中在西部地区。2006年制造业的专业化集聚强度最高的地区是云南，其次是山西。制造业多样化程度排名前六的省份有安徽、福建、江苏、江西、陕西和湖北，排名后六位的有甘肃、吉林、宁夏、贵州、山西、云南；2015年这一格局变化不大。服务业的多样化与专业化特征的空间分异特征不明显，2015年服务业多样化集聚程度较高的省份如江苏、福建、广东和浙江，较低的如贵州、甘肃和广西等。而服务业专业化集聚空间异质性不明显，所观察的省份除了四川略高外，其余省份都在1.5左右波动。此外，相比2006年，2015年东部地区和西部地区的制造业多样化集聚程度有所下降，而中部地区的制造业多样化集聚程度有所上升，服务业变化的趋势不明显。

表5-1 2006年、2015年行业集聚的专业化与多样化特征

地区	2006年						2015年					
	制造业		服务业		非农		制造业		服务业		非农	
	Div	sp	Div	sp	Div	sp	Div	sp	Div	sp	Div	sp
河北	2.53	3.56	5.64	1.18	3.39	5.30	2.28	4.34	3.11	1.38	2.56	5.99
山西	1.28	11.6	7.83	1.19	1.79	7.05	1.30	11.25	3.10	1.43	1.31	9.51
内蒙古	1.45	3.49	5.93	1.57	2.18	3.60	1.10	6.05	3.10	1.69	1.57	5.44
辽宁	2.38	2.64	6.28	1.48	3.47	3.18	1.87	3.72	4.10	1.78	2.63	5.64
吉林	1.34	3.98	7.84	1.5	2.23	3.72	1.21	4.28	3.12	1.75	1.80	4.87
黑龙江	1.77	5.13	5.51	2.72	2.02	4.89	1.36	6.28	3.95	1.56	1.60	8.70

续表

地区	2006年						2015年					
	制造业		服务业		非农		制造业		服务业		非农	
	Div	sp	Div	sp	Div	sp	Div	sp	Div	sp	Div	sp
江苏	3.05	1.95	8.05	1.23	2.06	2.98	2.71	2.84	8.65	1.41	1.97	4.13
浙江	2.13	2.04	5.77	1.83	1.77	3.20	2.03	3.25	7.20	1.52	2.18	4.25
安徽	3.81	2.59	5.49	1.24	3.22	2.27	3.92	2.18	4.61	1.61	4.14	2.04
福建	3.18	2.43	9.03	1.55	3.51	3.00	1.93	4.54	7.73	1.31	2.19	6.04
江西	2.71	2.84	5.81	1.19	2.90	3.20	2.62	2.73	2.87	1.47	2.61	2.99
山东	2.56	2.35	6.22	1.22	2.56	3.07	2.91	2.03	4.56	1.28	2.93	2.50
河南	2.26	1.92	5.67	1.36	2.96	2.08	3.19	1.89	3.74	1.43	3.21	2.13
湖北	2.59	2.25	13.9	1.2	3.25	2.18	2.53	2.33	4.42	1.46	3.31	2.33
湖南	2.23	2.79	5.16	1.27	2.75	2.95	2.20	2.19	3.50	1.34	2.58	2.21
广东	1.49	2.78	6.61	1.94	1.77	4.09	1.63	2.29	7.40	1.60	1.81	3.13
广西	1.55	2.7	6.79	1.25	2.21	1.87	1.82	5.49	2.40	1.54	1.97	4.58
四川	2.50	3.16	5.77	1.19	3.38	2.51	2.82	3.79	3.64	2.21	2.88	3.13
贵州	1.29	8.76	3.83	1.26	1.94	4.40	1.35	6.33	2.76	1.55	1.55	7.80
云南	1.25	17.2	4.96	1.23	1.90	8.87	1.12	31.16	5.22	1.35	1.77	18.67
陕西	2.70	2.58	7.45	1.68	2.65	3.53	2.02	4.36	5.33	1.43	2.11	6.74
甘肃	1.39	6.7	5.67	1.25	2.21	4.46	1.12	8.19	2.57	1.49	1.43	3.95
宁夏	1.33	4.62	6.2	1.96	2.02	2.96	1.15	9.24	2.97	1.66	1.45	4.10

5.2.2.3 主要变量的基本统计量

表5-2是本小节实证研究所涉及的主要变量的基本统计量。

表5-2 变量符号表示、含义与描述性统计量

变量	变量指代	样本量	均值	标准差	最小值	最大值
赫芬达尔指数	hhi	184	0.1811	0.1044	0.0819	0.5255
齐普夫指数	q	184	0.9802	0.2604	0.6415	1.9317
非农产业多样化集聚	div_fn	184	0.8895	0.2856	0.4878	1.5225
非农产业专业化集聚	sp_fn	184	1.2704	0.3739	0.5719	2.2790
制造业多样化集聚	div_m	184	0.7052	0.3632	0.1170	1.5389
制造业专业化集聚	sp_m	184	1.3076	0.5992	0.3732	3.0741
服务业专业化集聚	sp_s	184	0.3578	0.2136	0.1362	1.2347

续表

变量	变量指代	样本量	均值	标准差	最小值	最大值
服务业多样化集聚	div_s	184	1.7547	0.2536	1.1206	2.6361
交通基础设施水平	railway	184	0.3385	0.1578	0.0800	1.0200
对外开放程度	open	184	0.1719	0.2074	0.0204	1.1550

5.2.3 实证结果及分析

5.2.3.1 非农产业整体的专业化、多样化集聚对城市体系扁平化的影响

表5-3报告了基于动态面板模型的非农产业的多样化集聚对城市体系扁平化影响的系统GMM估计结果，在模型中，为了尽可能弱化潜在的内生性，对解释变量考虑1阶滞后项。可以看出，无论是基于参数估计的扁平化指数还是基于非参数估计的扁平化指数的模型，其被解释变量的滞后一期的系数ρ（L.q、L.hhi）通过了99%的显著性水平，表明选择动态面板是合适的，而且ρ大于0，表明扁平化指数呈现自我强化的惯性，模型通过了sargan检验和序列相关abond检验，此外，考虑到被解释变量的惯性特征，模型控制了时间变化趋势。

接下来，在基于参数估计的扁平化指数模型中，模型1先单独考察了非农产业多样化对城市体系结构的影响，结果表明，工业服务业的多样化集聚方式有助于城市体系的扁平化①，即省域工业服务业多样化集聚指数每增加1个单位，将会带来省域城市体系的集中度指数下降4.0个百分点，为了更加准确估计非农产业多样化集聚对城市体系的影响，模型2和模型3加入了基于点—轴系统的交通基础设施“railway”和表征区域对外开放的指标“open”，结果显示非农产业多样化依然在99%的显著水平上对城市体系扁平化有促进作用，当然，通过模型3可以看出，在本模型中，区域对外开放，对城市体系扁平化有较为显著的关系，使得产业多样化集聚方式对城市体系的影响力相比模型1下降了0.8个百分点。与此同时，表征区域对外开放的指标“open”对省域城市体系扁平化具有促进作用，但在本模型中没有通过统计检验。为什么非农产业多样化集聚最终带来了城市体系的扁平化，基于集聚经济的基本规律，集聚经济有边界，即有边际收益递减的性质，当集聚的边际收益小于集聚的边际成本，这种集聚行为将消失，与此同时为了减少这种由于市场盲目集聚的不经济，将会出现扩散。此外，还进行了基于非参数的扁平化指数模型参数估计，可以看出，无论考虑控制变量与否，非农产业多样化集聚对城市体系扁平化的促进作用达到了99%的显著性水平。相

① 根据齐普夫法则，q越小城镇体系结构扁平化越强。

比较参数估计的城市体系扁平化模型而言，对外开放指标“open”对城市体系扁平化的促进作用通过了99%的统计显著性检验。

表5-3　非农产业集聚的多样化集聚对城市体系扁平化的影响

模型变量	参数估计			模型变量	非参数估计		
	模型1	模型2	模型3		模型1	模型2	模型3
L. q	0.468*** (33.08)	0.367*** (21.15)	0.365*** (4.96)	L. hhi	0.099*** (7.35)	0.108*** (4.60)	0.071*** (3.17)
div_fn	-0.040*** (-5.83)	-0.032*** (-6.18)	-0.032*** (-4.53)	div_fn	-0.022*** (-4.47)	-0.018*** (-3.67)	-0.022*** (-4.72)
railway		-0.410*** (-3.47)	-0.401*** (-2.70)	railway		-0.065*** (-5.74)	-0.064*** (-5.63)
open			-0.216 (-1.06)	open			0.042*** (2.80)
_cons	0.573*** (26.01)	0.782*** (25.19)	0.823*** (8.24)	_cons	0.209*** (15.33)	0.220*** (12.39)	0.223*** (13.60)
时间	控制	控制	控制	时间	控制	控制	控制
N	138	138	138	N	138	138	138
sargan	8.699	6.851	7.308	sargan	17.686	17.989	18.106
sarganp	0.991	0.998	0.997	sarganp	0.669	0.650	0.642
arm1	-1.465	-1.400	-1.359	arm1	-1.198	-1.260	-1.226
arm2	1.140	1.102	1.089	arm2	1.127	1.179	1.157
ar1p	0.143	0.161	0.174	ar1p	0.231	0.208	0.220
ar2p	0.246	0.229	0.224	ar2p	0.240	0.262	0.253
N_g	23.000	23.000	23.000	N_g	23.000	23.000	23.000

t statistics in parentheses

* $p < 0.1$, ** $p < 0.05$, *** $p < 0.01$

表5-4同时报告了非农产业多样化、专业化集聚方式对城市体系扁平化的影响结果，其中被解释变量为非参数估计的HHI。在不考虑其他变量的情况下，通过模型2可以看出，专业化集聚与多样化集聚一样能够促进城市体系的扁平化，但相比较而言，专业化在降低城市规模集中度的力度上要小于多样化，模型3同时将专业化集聚与多样化集聚纳入模型，基本结论保持不变，专业化与多样化对城市体系扁平化的促进作用在1%水平上显著①。与此同时，考虑了对外开

① 需要说明的是，模型中报告的是非农产业多样化与专业化集聚滞后2期的估计结果，本书对滞后1期、滞后3期也进行了回归估计，但相比较而言，滞后2期结果最好。后面也存在类似的情况。

放程度与交通基础设施等控制变量，结论依然成立。可以解释这一情况，在一个区域中，大城市具有很强的 Jacobs 外部性，根据程中华、于斌斌（2014）的研究结论，Jacobs 外部性促进了地区工资的提高，那么，将在很大程度上提高了企业的劳动力成本，使得企业流向劳动力成本较低的区域，与此同时，MAR 外部性会抑制地区工资水平的提升，而对于小城市而言，其 MAR 外部性较为明显，那么大城市的企业流向了小城市成为必然。

表 5－4　非农产业的多样化、专业化集聚与城市体系扁平化

模型 变量	(1)	(2)	(3)	(4)	(5)
	模型 1	模型 2	模型 3	模型 4	模型 5
L. hhi	0.099*** (7.35)	0.131*** (8.11)	0.081*** (3.32)	0.093*** (3.37)	0.048* (1.94)
div_fn	−0.022*** (−4.47)		−0.019*** (−3.13)	−0.015*** (−2.58)	−0.018*** (−3.01)
sp_fn		−0.002*** (−3.44)	−0.003*** (−4.71)	−0.004*** (−2.65)	−0.003*** (−3.15)
railway				−0.034 (−1.62)	−0.050*** (−2.89)
open					0.036** (2.30)
_cons	0.209*** (15.33)	0.160*** (32.56)	0.221*** (13.79)	0.220*** (10.34)	0.232*** (12.50)
时间	控制	控制	控制	控制	控制
N	138	138	138	138	138
sargan	17.686	19.413	16.455	15.731	15.049
sarganp	0.669	0.559	0.744	0.785	0.820
arm1	−1.198	−1.195	−1.167	−1.200	−1.161
arm2	1.127	1.093	1.115	1.140	1.113
ar1p	0.231	0.232	0.243	0.230	0.246
ar2p	0.240	0.226	0.235	0.246	0.234
N_g	23.000	23.000	23.000	23.000	23.000

t statistics in parentheses

$*p < 0.1$，$**p < 0.05$，$***p < 0.01$

为了进行稳健性测试，表 5－5 同时报告了被解释变量为参数估计 q 的非农产业多样化、专业化集聚方式对城市体系扁平化的影响结果。模型通过了 sargan 检验和序列相关 abond 检验，表明模型选择适当。与此同时。可以看出，无论考虑控制变量与否，非农产业的专业化和多样化集聚对城市体系扁平化的促进作用通过了99%的显著性检验，而且非农产业专业化集聚对城市体系扁平化的影响要小于非农产业多样化，因此，其结论稳健。

表5-5　非农产业的多样化、专业化集聚与城市体系扁平化

模型 变量	(1) 模型1	(2) 模型2	(3) 模型3	(4) 模型4	(5) 模型5
L. q	0.468*** (33.08)	0.407*** (22.31)	0.470*** (10.34)	0.374*** (8.29)	0.373*** (8.40)
div_fn	-0.040*** (-5.83)		-0.059*** (-8.22)	-0.047*** (-5.41)	-0.046*** (-4.50)
sp_fn		-0.016*** (-3.17)	-0.025*** (-7.36)	-0.019*** (-3.30)	-0.020*** (-3.39)
railway				-0.445*** (-3.48)	-0.429*** (-3.18)
open					-0.012 (-0.02)
_cons	0.573*** (26.01)	0.641*** (20.59)	0.705*** (12.15)	0.890*** (11.73)	0.891*** (8.83)
时间	控制	控制	控制	控制	控制
N	138	138	138	138	138
sargan	8.699	18.850	11.962	11.063	11.690
sarganp	0.991	0.595	0.941	0.962	0.948
arm1	-1.465	-1.541	-1.611	-1.503	-1.499
arm2	1.140	1.168	1.192	1.152	1.148
ar1p	0.143	0.123	0.107	0.133	0.134
ar2p	0.246	0.257	0.267	0.251	0.249
N_g	23.000	23.000	23.000	23.000	23.000

t statistics in parentheses

* $p < 0.1$, ** $p < 0.05$, *** $p < 0.01$

为了进一步更加准确地考察非农产业中的制造业和服务业对城市体系扁平化影响效果的大小，下面将分行业对此进行考察。

5.2.3.2　制造业多样化、专业化集聚对城市体系扁平化的结果检验

表5-6报告了制造业多样化集聚对城市体系扁平化影响的差分GMM参数估计结果，同上，为了控制时间趋势对城市体系扁平化的影响，在模型中加入了时

间虚拟变量，模型通过了 sargan 检验和序列相关 abond 检验。无论是被解释变量为非参数 HHI 的模型，还是被解释变量为参数 q 的模型，无论模型是否考虑控制变量，都表明制造业多样化在 99% 的置信区间显著地促进了城市体系扁平化。而且值得一提的是，在制造业分析框架下，交通基础设施对城市体系扁平化具有明显的促进作用，置信度为 99%，表明交通基础设施的改善，降低了空间流通成本，其在促进制造业空间流动的同时，对省域空间规模等级结构扁平化方面发挥了重要作用。

表 5-6　制造业多样化集聚对城市体系扁平化的影响

模型 变量	非参数估计 HHI			模型 变量	参数估计 q		
	模型 1	模型 2	模型 3		模型 1	模型 2	模型 3
L. hhi	0. 136 *** (8. 47)	0. 111 *** (6. 94)	0. 112 *** (6. 50)	L. q	0. 384 *** (22. 97)	0. 319 *** (13. 86)	0. 341 *** (16. 23)
div_m	-0. 023 *** (-3. 72)	-0. 021 *** (-3. 90)	-0. 019 *** (-3. 03)	div_m	-0. 040 *** (-8. 62)	-0. 042 *** (-8. 04)	-0. 028 *** (-2. 92)
railway		-0. 093 *** (-4. 52)	-0. 087 *** (-4. 19)	railway		-0. 435 *** (-3. 45)	-0. 423 *** (-3. 28)
open			0. 031 * (1. 83)	open			-0. 427 * (-1. 81)
_cons	0. 197 *** (15. 60)	0. 225 *** (12. 93)	0. 210 *** (9. 77)	_cons	0. 685 *** (25. 51)	0. 904 *** (14. 01)	0. 901 *** (13. 50)
时间	控制	控制	控制	时间	控制	控制	控制
N	138	138	138	N	138	138	138
sargan	18. 290	18. 486	17. 419	sargan	16. 561	8. 910	8. 555
sarganp	0. 631	0. 618	0. 685	sarganp	0. 737	0. 990	0. 992
arm1	-1. 204	-1. 181	-1. 235	arm1	-1. 450	-1. 448	-1. 408
arm2	1. 087	1. 100	1. 133	arm2	1. 157	1. 161	1. 171
ar1p	0. 229	0. 238	0. 217	ar1p	0. 147	0. 148	0. 159
ar2p	0. 323	0. 329	0. 343	ar2p	0. 353	0. 354	0. 358
N_g	23. 000	23. 000	23. 000	N_g	23. 000	23. 000	23. 000

t statistics in parentheses

$* p < 0.1$，$** p < 0.05$，$*** p < 0.01$

在分析了制造业多样化对城市体系扁平化的影响效应之后，表 5-7 进一步对比分析了制造业多样化与专业化对城市体系扁平化的影响。结果表明制造业专业化对城市体系扁平化也具有显著的促进作用，在不控制其他变量的情况下，制造业专业化和多样化每增加 1 个单位，将会使得省域城市体系集中度指数分别下降 0. 1 个和 2. 3 个百分点，相比较而言，制造业多样化在推动城市体系扁平化方面的力度更大。与此同时，考虑控制变量“交通基础设施”和“对外开放程度”发现，制造业多样化和专业化的系数并没有降低，反而还有所上升，且在1%的水平上显著。进一步表明，交通基础设施是促进制造业空间转移实现区域城市空间结构扁平化的润滑剂。交通基础设施产生的时空压缩效应，打破了交通基础设施较弱背景下的集中化集聚格局，进而使得制造业集聚在空间上的集聚模式由集中化集聚演化为分散化集聚。

表5-7 制造业多样化与专业化集聚对城市体系扁平化的影响

模型	(1)	(2)	(3)	(4)	(5)
变量	模型1	模型2	模型3	模型4	模型5
L. hhi	0.136*** (8.47)	0.128*** (10.39)	0.110*** (5.26)	0.111*** (6.01)	0.085*** (3.61)
div_m	-0.023*** (-3.72)		-0.025*** (-2.69)	-0.032*** (-4.14)	-0.023** (-2.51)
sp_m		-0.001*** (-3.14)	-0.003*** (-3.56)	-0.003*** (-4.60)	-0.003*** (-5.18)
railway				-0.099*** (-3.95)	-0.097*** (-3.64)
open					0.031* (1.73)
_cons	0.197*** (15.60)	0.165*** (30.32)	0.214*** (11.57)	0.262*** (11.30)	0.231*** (8.03)
时间效应	控制	控制	控制	控制	控制
N	138	138	138	138	138
sargan	18.290	18.679	17.844	17.891	15.227
sarganp	0.631	0.606	0.659	0.656	0.781
arm1	-1.204	-1.239	-1.198	-1.232	-1.234
arm2	1.087	1.094	1.057	1.090	1.077
ar1p	0.229	0.215	0.231	0.218	0.217
ar2p	0.223	0.226	0.209	0.224	0.219
N_g	23.000	23.000	23.000	23.000	23.000

t statistics in parentheses

$* p < 0.1$, $** p < 0.05$, $*** p < 0.01$

表5-8是关于制造业多样化与专业化集聚对城市体系扁平化影响的稳健性检验报告结果。其中，被解释变量为齐普夫指数q，估计方法为FD-GMM估计，同上，在模型中加入了时间虚拟变量，以控制被解释变量的时间趋势，模型通过了sargan检验和序列相关abond检验。可以看出，无论考虑控制变量与否，制造业专业化和多样化都在1%的水平上与城市体系扁平化指数呈反向关系，即制造

业专业化和多样化显著地促进了城市体系扁平化。此外，随着交通基础设施等重要控制变量的引入，提高了制造业多样化促进区域城市体系扁平化作用力。整体来讲，制造业多样化对城市体系扁平化的驱动力超过了制造业专业化。

表 5-8 制造业多样化与专业化集聚对城市体系扁平化的影响

模型 变量	(1) 模型 1	(2) 模型 2	(3) 模型 3	(4) 模型 4	(5) 模型 5
L. q	0.474 *** (25.42)	0.446 *** (12.61)	0.487 *** (12.78)	0.400 *** (9.36)	0.444 *** (6.56)
div_m	-0.028 *** (-5.38)		-0.041 *** (-5.99)	-0.036 *** (-3.84)	-0.027 *** (-4.28)
sp_m		-0.012 *** (-17.09)	-0.011 *** (-10.10)	-0.011 *** (-8.16)	-0.011 *** (-8.28)
railway				-0.374 *** (-3.07)	-0.346 *** (-2.59)
open					-0.253 *** (-3.01)
_cons	0.528 *** (18.79)	0.585 *** (16.77)	0.608 *** (12.45)	0.833 *** (11.50)	0.801 *** (8.28)
时间	控制	控制	控制	控制	控制
N	138	138	138	138	138
sargan	10.901	16.372	9.809	9.569	9.496
sarganp	0.945	0.748	0.961	0.974	0.975
arm1	-1.500	-1.690	-1.694	-1.577	-1.735
arm2	1.162	1.212	1.197	1.131	1.280
ar1p	0.134	0.091	0.090	0.115	0.083
ar2p	0.255	0.274	0.269	0.242	0.299
N_g	23.000	23.000	23.000	23.000	23.000

t statistics in parentheses

$* p < 0.1$, $** p < 0.05$, $*** p < 0.01$

5.2.3.3 服务业多样化集聚对城市体系扁平化的结果检验

表 5-9 左侧报告了服务业相对多样集聚化对城市体系扁平化影响，其中被解释变量为 HHI。基于差分的动态面板模型通过了过度识别的 sargan 检验和干扰项序列相关检验，sargan 检验的概率 sarganp 值大于 0.1，二阶序列相关检验的概率 ar2p 也大于 0.1，表明模型设定正确，工具变量选择合适。可以看出无论是基于参数估计的扁平化指数方程还是基于非参数估计的扁平化指数方程，服务业的相对多样化集聚基本上在 5% 的水平上对城市体系扁平化的影响存在抑制作用，

具体如模型1～模型3所示。在实践中，可以看到，大城市越大多中心程度越低，即在一定时间段，大城市的发展是抑制扁平化发展的，在省域城市体系中，服务业的种类规模也率先在省会（首位）城市成长发展，随着时间的推移，省会城市的服务业规模扩大，因此，区域服务业对城市体系结构扁平化的抑制作用源自于大城市是服务业的活动空间载体。此外，当制造业从首位城市迁移至次一级城市，为了满足次一级城市制造业的发展，必然带来相关生产性服务业和生活性服务业以及其他服务业种类的多样化与规模的扩大。

表5－9　服务业多样化集聚对城市体系扁平化的影响

模型 变量	非参数估计			模型 变量	被参数估计		
	模型1	模型2	模型3		模型1	模型2	模型3
L. hhi	0.140 *** (7.64)	0.164 *** (7.00)	0.107 *** (5.38)	L. q	0.462 *** (35.36)	0.380 *** (17.12)	0.392 *** (14.83)
div_s	0.413 ** (1.99)	0.629 *** (2.90)	0.504 ** (2.39)	div_s	4.990 *** (4.37)	4.800 *** (3.10)	4.580 *** (3.18)
railway		−0.059 *** (−3.19)	−0.065 *** (−3.66)	railway		−0.566 *** (−5.64)	−0.511 *** (−4.66)
open			0.040 *** (4.65)	open			−0.232 *** (−2.89)
_cons	0.121 *** (5.91)	0.105 *** (4.12)	0.128 *** (6.11)	_cons	0.058 (0.51)	0.388 ** (2.41)	0.396 *** (2.75)
时间	控制	控制	控制	时间	控制	控制	控制
N	138	138	138	N	138	138	138
sargan	18.890	11.125	14.237	sargan	11.676	9.962	9.067
sarganp	0.592	0.960	0.859	sarganp	0.948	0.979	0.989
arm1	−1.172	−1.184	−1.199	arm1	−1.506	−1.482	−1.471
arm2	1.053	1.059	1.062	arm2	1.148	1.130	1.156
ar1p	0.241	0.236	0.231	ar1p	0.132	0.138	0.141
ar2p	0.208	0.210	0.212	ar2p	0.249	0.241	0.252
N_g	23.000	23.000	23.000	N_g	23.000	23.000	23.000

t statistics in parentheses

* $p < 0.1$，** $p < 0.05$，*** $p < 0.01$

表5－9右侧是关于服务业相对多样化对城市体系扁平化影响的稳健性检验，被解释变量为齐普夫指数q。结果发现，无论考虑控制变量与否，服务业多样化对城市体系扁平化的影响在1%的水平上显著，表明服务业多样化集聚对城市体系扁平化抑制作用是很稳健的，在加入交通基础设施等控制变量后，服务业多样化集聚依然对城市体系扁平化具有显著的抑制作用，而交通基础设施在1%的水

平上负相关，表明服务业在空间上的弱流动性，产生了明显的大城市空间累计循环效应，进而抑制了区域城市体系扁平化。

表 5 - 10 进一步报告了服务业多样化、专业化集聚对城市体系结构影响的估计结果。被解释变量为基于非参数估计的 HHI，不考虑控制变量的情况下，以及单独考虑服务业专业化或者多样化的情况下，结果表明无论是服务业多样化还是专业化都对城市体系扁平化有抑制作用，但服务业多样化显著地抑制了城市体系扁平化，而加入相关控制变量，同时考察服务业多样化和专业化对城市体系扁平化的影响，依然发现服务业多样化对城市体系扁平化在抑制作用方面通过了假设检验。这一结论的经济学解释是大城市的服务业多样化程度较高，而大城市的发展在一定时期尤其是自身规模还处于规模报酬递增时，就会抑制城市体系扁平化。

表 5 - 10 服务业多样化、专业化集聚与城市体系扁平化

模型 变量	非参数估计				
	模型 1	模型 2	模型 3	模型 4	模型 5
L. hhi	0. 140*** (7. 64)	0. 134*** (5. 56)	0. 155*** (7. 92)	0. 123*** (4. 60)	0. 086*** (3. 37)
div_s	0. 413** (1. 99)		0. 761*** (3. 26)	0. 703** (2. 21)	0. 643* (1. 69)
sp_s		0. 007 (0. 80)	0. 010 (1. 26)	0. 007 (0. 96)	0. 013 (1. 50)
railway				-0. 072*** (-3. 58)	-0. 059*** (-2. 59)
open					0. 032** (2. 52)
_cons	0. 121*** (5. 91)	0. 144*** (12. 06)	0. 062** (2. 36)	0. 096*** (3. 13)	0. 080* (1. 95)
时间	控制	控制	控制	控制	控制
N	138	138	138	138	138
sargan	18. 890	20. 378	18. 330	15. 276	14. 500
sarganp	0. 592	0. 497	0. 628	0. 809	0. 847
arm1	-1. 172	-1. 230	-1. 239	-1. 203	-1. 186
arm2	1. 053	1. 097	1. 077	1. 066	1. 014
ar1p	0. 241	0. 219	0. 215	0. 229	0. 236
ar2p	0. 208	0. 227	0. 219	0. 213	0. 189
N_g	23. 000	23. 000	23. 000	23. 000	23. 000

t statistics in parentheses

* $p < 0.1$， ** $p < 0.05$， *** $p < 0.01$

被解释变量为基于参数估计的齐普夫指数 q，估计方法仍旧为 FD－GMM，通过表5－11可以看出，模型通过了 sargan 检验和序列相关 abond 检验。可以看出，无论是服务业多样化集聚还是专业化集聚都依然对城市体系扁平化存在抑制作用，服务业多样化在1%的水平上显著，而且与表5－10略微不同的是服务业专业化对城市体系扁平化的抑制作用也通过了5%的显著性检验。与此同时，对城市体系扁平化的影响力，服务业多样化要大于服务业专业化。

表5－11 服务业多样化、专业化集聚与城市体系扁平化

模型 变量	非参数估计				
	模型1	模型2	模型3	模型4	模型5
L. q	0.462*** (35.36)	0.448*** (23.83)	0.547*** (13.19)	0.388*** (7.01)	0.412*** (9.96)
div_s	4.990*** (4.37)		5.939*** (2.59)	4.429** (2.09)	9.713*** (4.64)
sp_s		0.063** (2.32)	0.066** (2.44)	0.049 (1.20)	0.084** (2.15)
railway				－0.509*** (－3.78)	－0.606*** (－5.29)
open					－0.223** (－2.20)
_cons	0.058 (0.51)	0.417*** (10.34)	－0.246 (－1.24)	0.244 (1.11)	－0.234 (－1.10)
时间	控制	控制	控制	控制	控制
N	138	138	138	138	138
sargan	11.676	12.510	8.338	12.136	11.357
sarganp	0.948	0.925	0.994	0.936	0.955
arm1	－1.506	－1.531	－1.656	－1.472	－1.492
arm2	1.148	1.205	1.256	1.139	1.099
ar1p	0.132	0.126	0.098	0.141	0.136
ar2p	0.249	0.272	0.291	0.245	0.228
N_g	23.000	23.000	23.000	23.000	23.000

t statistics in parentheses

* $p < 0.1$，** $p < 0.05$，*** $p < 0.01$

5.2.3.4 制造业和服务业的多样化、专业化集聚对城市体系扁平化的结果检验

同时考虑制造业、服务业多样化集聚对城市体系扁平化的影响，通过表5-12的估计结果可以看出，制造业与服务业多样化集聚对城市体系扁平化的各自作用没有发生明显改变，在被解释变量为非参数估计的情况下，服务业多样化集聚对城市体系扁平化的影响通过了5%的显著性检验，而被解释变量为参数估计的情况下，服务业对城市体系扁平化的抑制作用没有通过检验。但总的结论表明，制造业多样化集聚在驱动城市体系扁平化的过程中发挥了重要的作用，且进一步支持了表5-7的结论。

表5-12 制造业、服务业多样化集聚对城市体系扁平化的影响

模型 变量	非参数估计			模型 变量	参数估计		
	模型1	模型2	模型3		模型1	模型2	模型3
L. hhi	0.174*** (12.43)	0.155*** (7.84)	0.124*** (6.74)	L. q	0.471*** (23.46)	0.349*** (10.40)	0.353*** (10.99)
div_m	-0.009*** (-5.36)	-0.007*** (-5.44)	-0.005*** (-2.77)	div_m	-0.028*** (-5.26)	-0.026*** (-3.14)	-0.034** (-2.39)
div_s	0.447*** (2.62)	0.380** (2.16)	0.437** (2.40)	div_s	0.985 (0.82)	0.632 (0.39)	0.040 (0.02)
railway		-0.043** (-1.99)	-0.041* (-1.72)	railway		-0.501*** (-3.77)	-0.523*** (-4.11)
open			0.043*** (3.22)	open			-0.146 (-1.56)
_cons	0.122*** (6.48)	0.134*** (6.59)	0.119*** (5.86)	_cons	0.454*** (4.38)	0.745*** (4.64)	0.844*** (4.76)
时间	控制	控制	控制	时间	控制	控制	控制
N	138	138	138	N	138	138	138
sargan	16.464	14.717	14.284	sargan	14.699	12.813	12.535
sarganp	0.743	0.837	0.857	sarganp	0.838	0.915	0.924
arm1	-1.190	-1.184	-1.161	arm1	-1.496	-1.357	-1.327
arm2	1.040	1.052	1.016	arm2	1.161	1.074	1.064
ar1p	0.234	0.236	0.246	ar1p	0.135	0.175	0.185
ar2p	0.202	0.207	0.190	ar2p	0.254	0.217	0.213
N_g	23.000	23.000	23.000	N_g	23.000	23.000	23.000

t statistics in parentheses

$*p<0.1$, $**p<0.05$, $***p<0.01$

进一步考虑制造业、服务业多样化集聚与专业化集聚对城市体系扁平化的影响，表 5－13 所报告的估计结果表明，制造业的多样化集聚和专业化集聚都显著地促进了城市体系扁平化，而服务业多样化与专业化则抑制城市体系扁平化，值得注意的是，考虑服务业专业化和其他控制变量，服务业多样化集聚对城市体系扁平化的影响在 5% 的水平上显著。

表 5－13　制造业、服务业的多样化集聚与专业化集聚对城市体系扁平化的影响

模型 变量	非参数估计			模型 变量	参数估计		
	模型 1	模型 2	模型 3		模型 1	模型 2	模型 3
L. hhi	0. 240 *** (6. 73)	0. 228 *** (5. 46)	0. 259 *** (7. 85)	L. q	0. 534 *** (13. 80)	0. 438 *** (7. 73)	0. 429 *** (7. 54)
div_m	－0. 012 *** (－8. 73)	－0. 010 *** (－8. 93)	－0. 009 *** (－6. 32)	div_m	－0. 032 ** (－2. 12)	－0. 022 ** (－2. 39)	－0. 021 ** (－2. 12)
sp_m	－0. 005 *** (－21. 27)	－0. 005 *** (－18. 26)	－0. 005 *** (－16. 70)	sp_m	－0. 012 *** (－7. 93)	－0. 012 *** (－9. 13)	－0. 012 *** (－7. 90)
div_s	0. 458 (1. 01)	0. 785 * (1. 68)	1. 267 ** (2. 48)	div_s	6. 328 * (1. 79)	7. 932 *** (3. 12)	6. 758 ** (2. 28)
sp_s	0. 010 (1. 08)	0. 011 (1. 06)	0. 012 (1. 16)	sp_s	0. 079 (1. 16)	0. 090 ** (2. 23)	0. 085 * (1. 92)
railway		－0. 035 (－1. 41)	－0. 038 (－1. 63)	railway		－0. 505 *** (－4. 89)	－0. 550 *** (－4. 33)
open			0. 027 * (1. 70)	open			－0. 061 (－0. 18)
_cons	0. 123 *** (2. 62)	0. 102 ** (2. 01)	0. 041 (0. 67)	_cons	－0. 136 (－0. 33)	－0. 019 (－0. 07)	0. 125 (0. 39)
时间	控制	控制	控制	时间	控制	控制	控制
N	138	138	138	N	138	138	138
sargan	14. 696	14. 139	12. 340	sargan	9. 937	10. 606	10. 784
sarganp	0. 838	0. 864	0. 930	sarganp	0. 980	0. 970	0. 967
arm1	－1. 188	－1. 204	－1. 325	arm1	－1. 782	－1. 678	－1. 685
arm2	0. 815	0. 820	0. 846	arm2	1. 201	1. 095	1. 125
ar1p	0. 235	0. 229	0. 185	ar1p	0. 075	0. 093	0. 092
ar2p	0. 185	0. 188	0. 203	ar2p	0. 270	0. 227	0. 239
N_g	23. 000	23. 000	23. 000	N_g	23. 000	23. 000	23. 000

t statistics in parentheses

* $p < 0.1$, ** $p < 0.05$, *** $p < 0.01$

5.3 产业相关多样化集聚、无关多样化集聚与城市体系扁平化

相关多样化本质上反映了产业间的技术临近或者关系临近。产业相关多样化是基于资源共享形成范围经济的一种产业组织模式。人以群分，物以类聚，产业相关多样化直接反映了水平等级相近、领域相似和技术邻近的产业集聚模式，这种集聚模式容易产生知识、方法、技术和模式上的溢出效应。一方面，相关产业的集聚有利于通过共享共同或相似的资源、信息和知识以降低成本，从而提升企业和行业的生产效率，以及产业集聚规模的扩大，促进产业集聚扩散的良性循环，提高地区经济发展水平和地区竞争力；另一方面，相关多样化能够充分发挥地区的比较优势，促进企业间的专业化分工协作，利用内部规模经济实现经济增长。从产业的纵向分解细化的角度看，产业的纵向分解使得产业发展的精细化程度提高，产生规模效应，呈现出以主导产业为核心的网络化发展格局，从而提高产业发展的整体水平，提高地区全要素生产率，提升区域协调发展水平，最终带来城市体系扁平化。与此同时，产业相关多样化同产业集群具有内在的一致性，产业集群本身要求相关多样化的产业和企业在空间上的集聚，而相关多样化是产业集群的基本特征，否则难以称其为产业集群，产业相关多样化更加真实而直接地反映雅各布斯外部性效应，进而促进知识溢出，激发空间创新，驱动新产业和新企业诞生。

无关多样化反映了不相关产业间的均等化发展模式。无关多样化是一种没有明显技术经济联系的产业在特定地区分布的产业格局，难以形成像产业相关多样化那样的溢出效应，而且在地区资源要素约束的背景下，对相关产业产生挤出效应，这在任何区域都存在的一种普遍现象，只是程度的差异而已，这种程度上的差异与地区发展的政策、模式紧密相关。理论上讲，具备强大的地区产业集群能力是地区发展不相关多元化的基本条件，即当地区产业集群存在边际规模收益为零的情况下，此时，地方政府发展产业无关多样化是理性的选择。在实践中，某一地区实行与主导产业不相关的多元化发展战略，需要专门化的知识技术、雄厚的资本和大量的人力资本予以支撑，否则将会在激烈的市场竞争中难以立足。产业无关多样化是一种产业横向发展方式，更重视关联性不强的行业间的均等化发展问题，使得产业间的资源共享性差，具有明显的资产专属性特征。一方面，基于地方政府的行为偏好，无关多样化偏向一种面面俱到的发展模式，可能在资源

有限的背景下，导致资源错配，造成了对相关多样化的挤出，弱化了要素的聚合功能，产业难以实现纵深发展，使得产业素质和产业竞争力难以提高，技术水平不高，降低产业间的有机联系，形成松散的、技术相似性程度低的产业组织，使得产业链条难以得到延伸，不具有地方特色鲜明的产业集群化特征，进而难以形成规模集聚经济效应，使得在吸纳人口就业方面的作用有限。另一方面，基于社会经济发展的需要和不相关产业间的协同效应，各类产业之间的协同发展是地方经济社会发展的基础，并由此产生乘数效应，因而，这类产业的协同发展表现在空间上即形成有效的产业分布格局，将有助于城市体系扁平化。从功能互补性的角度看，城市空间的健康运行需要生产性功能和生活性功能协同集聚，两者相互依托缺一不可，因此，某一主导功能的出现必将会带动另一功能的发展，支撑该功能的发展，由此形成功能协同集聚效应。

5.3.1 模型构建

本书在理论分析和大量文献研究的基础上，本书拟运用动态面板计量模型实证检验相关多样化与无关多样化对城市体系扁平化的影响效应，为城市体系优化提供经验证据。其模型如式（5-6）所示：

$$HHI_{it} = \rho HHI_{it-1} + \gamma RV_{it} + \varphi UV_{it} + \sum_{i=1}^{k} \beta_i C_{it} + \alpha_i + \varepsilon_{it} \tag{5-6}$$

其中，HHI_{it}是本书的被解释变量，代表我国第t年第i个省（自治区）的城市体系扁平化指数。产业相关多样化集聚RV和产业无关多样化集聚指标UV和产业相对专业化（SP）是本书重点考察的解释变量。C_{it}是基于文献而引入的控制变量包括：教育水平（edu）、外商投资水平（fdi）、交通基础设施（railway）、城市化水平（urb）。各变量的含义和测度方法将在后面进一步阐述。此外，在实证研究过程中，将从非农行业整体的角度考虑其相关多样化、无关多样化，然后从分行业（服务业、工业）的角度进一步考察。这两个大的核心解释变量具体包括：非农行业专业化（sp_fn）、非农行业多样化（div_fn）、非农行业相关多样化（rv_fn）、非农行业无关多样化（uv_fn）、服务业专业化（sp_s）、服务业多样化（div_s）、服务业相关多样化（rv_s）、服务业无关多样化（uv_s）、工业专业化（sp_m）、工业多样化（div_m）、工业相关多样化（rv_m）、工业无关多样化（uv_m）。上述指标的原始数据来源于《中国区域经济统计年鉴》《中国工业统计年鉴》，由于2012年《中国工业统计年鉴》没有统计地区工业分行业就业数据，因此，其数据源自2013年的《中国经济普查统计》和《中国人口和就业统计年鉴》。

5.3.2 变量说明

5.3.2.1 产业相关多样化集聚、无关多样化集聚的测度

经济学家 Frenken 利用熵值法将多样化分解为相关与无关多样化。借鉴熵值法，整个经济系统的产业多样化水平可表示为：

$$TV = \sum_{i=1}^{n} P_i \ln(1/P_i) \tag{5-7}$$

其中，TV 为熵值，代表产业多元化的程度，在这里 P_i 为某地区某产业的就业比重，如果一个地区仅有一个部门，熵值等于 0，说明产业多元化程度低，进一步表明，地区产业发展的均等化程度越低，可能主要集中在部分产业领域，使得产业系统内部的发展差距越大。相反，熵值越大，说明产业多元化程度越高，地区产业发展的不平等程度越低，产业系统内部的发展差距越小。

为了进一步说明相关多元化与无关多元化的分解过程，假定经济系统中有 s 个大类部门，s 个大类部门下又细分为 n 个小类部门（$n \geqslant s$）。对于 s 个大类部门来说，某一个大类部门就业人员比重是小类部门就业人员比重之和：

$$P_s = \sum_{i \in s} P_i \tag{5-8}$$

那么，判断一个大类部门内各细分产业的多元化程度可表示为熵指标（E_W）的形式：

$$E_W = \sum_{i \in s} (P_i/P_s) \ln(P_s/P_i) \tag{5-9}$$

在大类部门层面上，s 个部门之间的多元性熵指标，即无关多元化指数：

$$UV = \sum_{s=1}^{s} P_s \ln(1/P_s) \tag{5-10}$$

基于熵指标的特性，把式（5-7）表征的总体多元化加以分解：

$$\begin{aligned} TV &= \sum_{s=1}^{s} \sum_{i \in s}^{n} P_i \ln(1/P_i) = \sum_{s=1}^{s} \left[(P_i/P_s) P_i (\ln(P_s/P_i) + \ln(1/P_s)) \right] \\ &= \sum_{s=1}^{s} P_s \Big(\sum_{i \in s} (P_i/P_s) \ln(P_s/P_i) \Big) + \sum_{s=1}^{s} P_s \ln(1/P_s) \\ &= RV + UV \end{aligned} \tag{5-11}$$

式（5-11）中，$\sum_{s=1}^{s} P_s [\sum_{i \in s} (P_i/P_s) \ln(P_s/P_i)]$ 为一个经济系统中大类部门内的多元化熵指标（E_W）与该部门所占份额 P_s 的乘积，衡量了大类部门内存在更强投入产出联系的细分行业的多元化程度或者称技术或关系临近行业间的发展均衡度，即相关多元化（Related Variety）；UR 为系统各大类部门之间的多元化熵指标，衡量不临近行业间的发展均衡度，表征产业关联相对较弱的部门多元化水

平，即无关多元化（Unrelated Variety）。这样，用熵指标衡量的经济系统产业多元化被分解成为相关多元化与无关多元化两部分，进一步明确了经济系统内部产业发展均衡度及其来源问题。

5.3.2.2 非农产业分类

计算相关多样化与无关多样化指数之前，需要明确不同层次产业分类的标准。基于数据的可得性，在工业部门选取两位数行业，在服务业部门选取1位数行业，具体产业细分如下所示：

（1）工业部门分类。从纷繁多样的产业门类中找出关系邻近或者有明显溢出效应的产业群是研究产业集聚相关多样化与无关多样化的前提。本书直接采用潘文卿、李子奈和刘强（2011）的研究成果，基于投入产出表直接消耗系数计算出行业间的相似度并在此基础上运用多维标度法（MDS聚类）来描述产业的技术相近程度，最终基于技术相近程度得出了工业部门分类，具体分类如表5－14所示。

表5－14 工业行业的技术邻近聚类

聚集类别	行业细分
第Ⅰ类	煤炭开采和洗选业、石油和天然气开采业、黑色金属矿采选业、有色金属矿采选业、非金属矿采选业及其他采选业、非金属矿物制品业、电力、热力的生产和供应业
第Ⅱ类	农副食品加工业、食品制造业、饮料制造业、烟草制造业、纺织业、服装、鞋、帽制造业、皮革、毛皮、羽毛（绒）及其制品业、木材加工及木、竹、草等制品业、家具制造业、造纸及纸制品业、印刷业和记录媒介的复制、文教体育用品制造业、石油加工、炼焦及核燃料加工业、医药制造业、燃气生产和供应业
第Ⅲ类	化学原料及化学制品制造业，化学纤维制造业
第Ⅳ类	黑色金属冶炼及压延加工业，有色金属冶炼及压延加工业，金属制品业，通用设备制造业，专用设备制造业，交通运输设备制造业，电气机械及器材制造业，通信设备、计算机及其他电子设备制造业，仪器仪表及文化、办公用品机械制造业

（2）服务业部门分类。借鉴美国经济学家Browning和Singelman（1975）在《服务社会的兴起：美国劳动力的部门转换的人口与社会特征》一书中提出的方法，基于关系邻近，将服务业分为四类：生产性服务、消费性服务、流通性服务和社会性服务四类，具体如表5－15所示。

表 5-15 服务业关系邻近类别

关系邻近类别	行业细分
生产性	金融业、房地产业、租赁和商务服务业
消费性	住宿餐饮业、居民服务和其他服务业、文化体育和娱乐业
流通性	交通运输仓储及邮政业、信息传输计算机服务和软件业、批发和零售业
社会性	科学研究技术服务和资质勘探业、水利环境和公共设施管理业、教育、卫生社会保障和社会福利业、公共管理和社会组织

5.3.2.3 相关多样化与无关多样化测度结果

表5-16是2006年和2015年非农产业整体的相关多样化与无关多样化特征，以及工业和服务业各自的相关多样化与无关多样化特征。整体来看，2006~2015年，在非农领域无关多样化高于相关多样化，在工业和服务业领域相关多样化水平高于无关多样化水平。在东中部地区，无论是总的非农领域还是在分行业的工业领域抑或是服务业，其相关多样化整体上有所增强，而无关多样化变化趋势不明显；值得注意的是，西部的省区如贵州、云南、甘肃，其2015年工业的相关多样化和无关多样化程度相比2006年均有所下降。

表 5-16 2006 年与 2015 年各地区的产业相关多样化与无关多样化测度

年份/类型/地区	2006年						2015年					
	非农		服务业		工业		非农		服务业		工业	
	RV	UV	RV	UV	RV	UV	RV	UV	RV	UV	RV	UV
河北	1.40	1.79	1.14	0.94	1.67	1.26	1.44	1.79	1.14	0.94	1.70	1.20
山西	1.10	1.76	1.14	1.02	1.07	1.12	1.11	1.72	1.14	1.02	1.02	1.04
内蒙古	1.33	1.77	1.19	0.99	1.54	1.26	1.34	1.82	1.19	0.99	1.47	1.27
辽宁	1.53	1.85	1.21	1.09	1.81	1.22	1.52	1.83	1.22	1.10	1.82	1.15
吉林	1.33	1.79	1.23	1.00	1.50	1.30	1.37	1.84	1.24	0.99	1.48	1.27
黑龙江	1.34	1.77	1.21	1.08	1.54	1.14	1.36	1.76	1.24	1.06	1.58	1.14
江苏	1.49	1.71	1.17	1.03	1.63	1.11	1.55	1.71	1.18	1.04	1.72	1.02
浙江	1.50	1.67	1.19	1.12	1.63	1.03	1.49	1.78	1.19	1.16	1.70	1.02
安徽	1.37	1.74	1.17	0.91	1.63	1.25	1.43	1.87	1.18	0.92	1.73	1.20
福建	1.44	1.81	1.16	1.08	1.64	1.18	1.47	1.86	1.17	1.12	1.70	1.17
江西	1.39	1.75	1.18	0.91	1.70	1.29	1.43	1.80	1.17	0.90	1.65	1.25
山东	1.50	1.79	1.14	0.98	1.69	1.23	1.51	1.86	1.15	1.00	1.72	1.25
河南	1.38	1.79	1.14	0.97	1.67	1.24	1.50	1.82	1.16	0.95	1.75	1.24

续表

地区	2006年						2015年					
	非农		服务业		工业		非农		服务业		工业	
	RV	UV	RV	UV	RV	UV	RV	UV	RV	UV	RV	UV
湖北	1.40	1.78	1.21	1.00	1.68	1.25	1.44	1.86	1.19	0.99	1.70	1.20
湖南	1.34	1.76	1.17	0.93	1.60	1.33	1.40	1.85	1.18	0.96	1.60	1.31
广东	1.43	1.66	1.18	1.17	1.55	0.93	1.41	1.70	1.19	1.16	1.56	0.88
广西	1.30	1.70	1.18	0.96	1.55	1.29	1.39	1.71	1.20	0.95	1.58	1.26
四川	1.42	1.77	1.20	0.91	1.69	1.29	1.37	1.89	1.21	0.90	1.74	1.26
贵州	1.24	1.65	1.13	0.91	1.46	1.22	1.30	1.70	1.15	0.88	1.43	1.16
云南	1.29	1.64	1.17	0.90	1.58	1.31	1.33	1.77	1.17	0.95	1.52	1.30
陕西	1.40	1.73	1.20	0.97	1.74	1.23	1.45	1.79	1.21	0.97	1.76	1.21
甘肃	1.33	1.74	1.19	0.93	1.57	1.32	1.36	1.61	1.16	0.86	1.56	1.22
宁夏	1.23	1.80	1.22	0.99	1.24	1.29	1.12	1.85	1.22	0.97	1.27	1.33

从全国整体来看，非农行业的整体多样化不断上升。这其中，非农行业的无关多样化大于其相关多样化，此外，非农行业的无关多样化呈现下降的趋势，而相关多样化整体呈现上升的趋势。而工业多样化特征有略微下降的趋势，其内部工业相关多样化高于无关多样化，前者呈现出上升而后者逐步下降。而服务业的多样化呈现出不断上升的趋势。在其内部服务业相关多样化呈现出上升的趋势，而服务业无关多样化则呈现出“U”形变化趋势。

分区域来看，在总体多样化方面，东部地区的最高，中部地区略高于西部地区。从趋势来看，东部地区呈现下降的趋势，而中西部地区整体呈现上升趋势。从相关多样化角度看，东部地区最高，2008年以前中西部地区的相关多样化相近，但2008年之后中部的相关多样化程度要高于西部地区。无关多样化方面，整体上也是东部最高，中部次之，西部最低。同时，考察工业分区域发展情况，东部的工业多样化整体呈现出下降的趋势；中部与西部工业发展以2008年为界，这之前，西部工业的多样化指数要高于西部地区，而2008年过后，西部地区工业多样化程度下降，而中部逐步提高，这可能与“中部崛起”相关，国家给予工业发展的政策支持。从工业相关多样化发展来看，东部地区水平最高，中部与西部工业的相关多样化发展与总的多样化发展指数具有相似的特征。工业无关多样化方面，东部程度最低，而中西部相似，处于同步变化状态。

多样化是地区产业发展的趋势性结构特征，反映了产业组织结构系统均衡度，而产业集群是产业发展的基本要求，内在地反映了产业多样化结构特征。近年来，随着学术界对产业多样化认知的不断深入，将其分解为产业相关多样化和无关多样化，那么，基于“总量—结构—绩效”的逻辑，同样的产业多样化指数，内部不同的结构状态决定着不同集聚效应。换句话说，产业的演化本身是内生的，它作为一种组织结构，不同的组织结构安排将产生差异化的绩效，那么，从产业多样化的视角来看，到底是怎样的产业组织结构和产业组织发展方式能够最大化地有利于城市体系扁平化是一个未知的问题。与此同时，产业组织从属于供给侧，本书在“结构—行为—绩效”的逻辑范式下，从产业组织的视角考察其对城市体系的影响，这对于如何落实我国的供给侧结构性改革和有效推动区域协调发展具有重要的理论意义和实践意义。

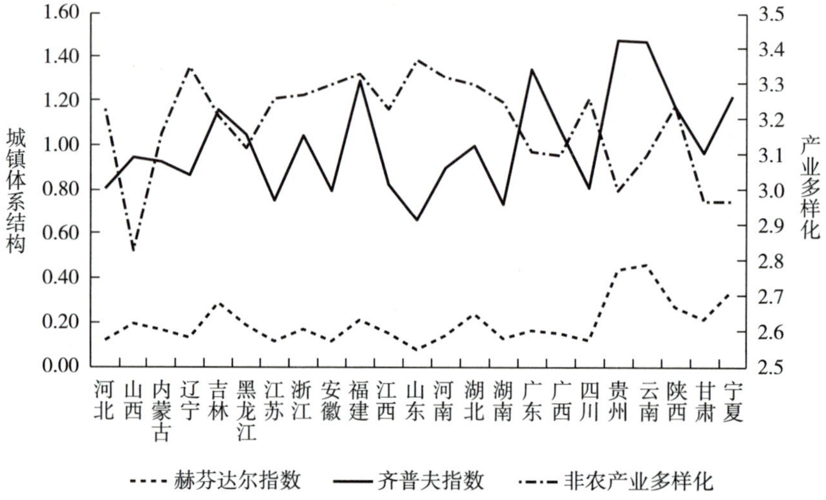

图5－1　2015年各省份非农产业多样化与城市体系结构

5.3.2.4　主要变量的基本统计量

表5－17　变量符号表示、含义与描述性统计

变量	变量符号	样本量	均值	标准差	最小值	最大值
赫芬达尔指数	hhi	184	0.1811	0.1044	0.0819	0.5255
齐普夫指数	q	184	0.9802	0.2604	0.6415	1.9317
非农行业相关多样化	rv_fn	184	1.3848	0.1058	1.0557	1.5844
非农行业无关多样化	uv_fn	184	1.7477	0.0693	1.5073	1.8678
非农业多样化	div_fn	184	3.1325	0.1419	2.7542	3.4049
服务业多样化	div_s	184	2.1976	0.0991	2.0121	2.4296
服务业相关多样化	rv_s	184	1.1964	0.0133	1.1891	1.1871

续表

变量	变量符号	样本量	均值	标准差	最小值	最大值
服务业无关多样化	uv_s	184	1.0012	0.0859	0.8230	1.2425
制造业多样化	div_m	184	2.7906	0.2121	2.0870	3.0315
制造业相关多样化	rv_m	184	1.5836	0.1781	1.0230	1.8266
制造业无关多样化	uv_m	184	1.2070	0.0986	0.8651	1.3328
交通基础设施水平	railway	184	0.3385	0.1578	0.0800	1.0200
对外开放程度	open	184	0.1719	0.2074	0.0204	1.1550

5.3.3 实证结果分析

5.3.3.1 非农产业整体相关多样化集聚、无关多样化集聚对城市体系扁平化的影响

表 5－18 报告了非农产业的多元化及其相关、无关多样化对城市体系扁平化影响的动态面板模型的 FD－GMM 估计结果，模型通过了 sargan 检验和二阶序列无关假设检验，可以进行相关分析。值得一提的是，为了减轻潜在的模型内生性，对核心解释变量进行滞后 1 期。模型结果表明，无论控制其他变量与否，非农产业的相关多元化与齐普夫指数负相关，而其无关多样化与齐普夫指数呈现正相关，并都通过了 1% 的显著性检验，表明相关多样化促进了省域城市体系扁平化，而无关多样化则抑制了城市体系扁平化。而工业服务业多样化与齐普夫指数正相关，并通过了 1% 的显著性检验。

表 5－18 非农产业的多元化及其相关、无关多样化与城市体系扁平化

变量＼模型	被解释变量：参数估计					
	模型 1	模型 2	模型 3	模型 4	模型 5	模型 6
L. q	0.396*** (11.71)	0.394*** (10.55)	0.319*** (12.20)	0.322*** (8.97)	0.318*** (10.63)	0.371*** (8.19)
div_fn	0.110*** (3.45)		0.127*** (2.69)		0.134*** (2.84)	
rv_fn		−0.463*** (−4.95)		−0.633*** (−6.47)		−0.497*** (−4.46)
uv_fn		0.219*** (3.90)		0.342*** (5.10)		0.268*** (3.58)
railway			−0.496*** (−4.64)	−0.406*** (−2.99)	−0.475*** (−3.83)	−0.368** (−2.54)

续表

变量 \ 模型	被解释变量：参数估计					
	模型 1	模型 2	模型 3	模型 4	模型 5	模型 6
open					−0.232***	−0.193**
					(−3.01)	(−2.46)
_cons	0.242***	0.875***	0.449***	1.074***	0.450***	0.980***
	(3.23)	(10.92)	(2.93)	(7.07)	(2.95)	(6.02)
时间	控制	控制	控制	控制	控制	控制
N	138	137	138	137	138	137
sargan	12.847	19.725	11.870	10.028	9.410	8.255
sarganp	0.914	0.539	0.943		0.986	0.994
arm1	−1.440	−1.441	−1.402	−1.287	−1.378	−1.390
arm2	1.131	1.224	1.108	1.133	1.105	1.205
ar1p	0.150	0.150	0.161	0.198	0.168	0.164
ar2p	0.242	0.279	0.232	0.243	0.231	0.272
N_g	23.000	23.000	23.000	23.000	23.000	23.000

t statistics in parentheses

* $p < 0.1$，** $p < 0.05$，*** $p < 0.01$

表 5－19 报告了工业服务业的多元化及其相关、无关多样化对城市体系扁平化影响的稳健性估计结果。结果发现，单独考察工业服务业的相关多元化与无关多样化与表征城市体系扁平化的赫芬达尔指数的关系，相关多样化与赫芬达尔指数负相关，无关多样化与赫芬达尔指数正相关，但并未通过统计检验，而仅仅在控制其他控制变量的情况下，相关多样化对城市体系扁平化的影响在 5% 的水平下显著，但无关多元化对城市体系扁平化的影响依旧不显著。与此同时，工业服务业对表征城市体系扁平化的赫芬达尔指数正相关，但没有通过相关检验。

表 5－19　非农产业的多元化及其相关、无关多样化与城市体系扁平化：稳健性检验

变量 \ 模型	被解释变量：参数估计					
	模型 1	模型 2	模型 3	模型 4	模型 5	模型 6
L. hhi	0.139***	0.129***	0.116***	0.108***	0.095***	0.155***
	(11.71)	(6.58)	(6.71)	(4.97)	(5.35)	(4.70)
div_fn	0.006*		0.011		0.012	
	(1.78)		(1.48)		(1.33)	

续表

变量＼模型	被解释变量：参数估计					
	模型1	模型2	模型3	模型4	模型5	模型6
rv_fn		-0.006 (-0.34)		-0.007 (-0.47)		-0.035** (-2.08)
uv_fn		0.002 (0.21)		0.007 (0.68)		0.012 (1.28)
railway			-0.073*** (-3.19)	-0.081*** (-3.49)	-0.075*** (-3.22)	-0.062*** (-2.60)
open					0.040*** (3.41)	0.004 (0.24)
_cons	0.142*** (13.89)	0.169*** (10.96)	0.151*** (5.56)	0.188*** (6.10)	0.145*** (4.40)	0.187*** (6.97)
时间	控制	控制	控制	控制	控制	控制
N	138	137	138	137	138	137
sargan	19.912	18.612	16.644	15.433	17.096	10.015
sarganp	0.527	0.610	0.732		0.705	0.979
arm1	-1.221	-1.205	-1.206	-1.196	-1.217	-1.327
arm2	1.097	1.090	1.090	1.093	1.095	1.197
ar1p	0.222	0.228	0.228	0.232	0.224	0.184
ar2p	0.227	0.224	0.224	0.226	0.227	0.269
N_g	23.000	23.000	23.000	23.000	23.000	23.000

t statistics in parentheses

* $p<0.1$，** $p<0.05$，*** $p<0.01$

综合上述来看，非农产业相关多样化有助于城市体系扁平化，而其无关多样化是抑制城市体系扁平化。工业无关多样化是一种追求贪大求洋、均等多样和全面发展的产业化发展模式，这种模式并不有利于城市体系扁平化进程的顺利推进。随着市场经济体制的建立，这种状况有所改观，但这种制度的历史路径依赖依然存在，区域经济一体化程度有待提高。在当前 GDP 政绩考核体制下，各行政区单位寻求门类齐全的工业体系，缺乏地区间的产业协作，导致资源得不到最佳的配置，因而形成“小而全，大而全”的工业经济发展模式，这在某种程度上导致了城市体系分布的两极化格局，大城市基于行政等级优势，得到较好的发展，而中小城市发展不足。

非农产业包含制造业和服务业，各自内部有其自身的组织方式，它们各自对城市体系扁平化的影响是什么值得深入探讨，下面将进一步考察制造业和服务业内部的组织方式对省域城市体系扁平化的影响。

5.3.3.2 制造业相关多样化、无关多样化与城市体系扁平化

表5－20报告了制造业的相关多样化与无关多样化对城市体系扁平化影响的动态面板系统GMM参数估计结果。在城市体系扁平化指数为参数估计的情况下，结果表明制造业相关多样化对城市体系集中度指数q有抑制作用，通过了99%的显著性水平，即制造业相关多样化促进了城市体系的扁平化，然而制造业无关多元化对城市体系扁平化的作用并不显著，这两组相反力量共同使得制造业多样化对城市体系扁平化具有显著的促进作用，通过了99%的显著性检验。

表5－20 制造业多元化及其相关、无关多样化与城市体系扁平化：基本回归结果

变量 \ 模型	被解释变量：齐普夫指数					
	模型1	模型2	模型3	模型4	模型5	模型6
L. q	0.810*** (20.09)	0.789*** (15.43)	0.557*** (11.27)	0.486*** (8.55)	0.541*** (9.49)	0.488*** (7.57)
div_m	−0.191*** (−2.91)		−0.136*** (−2.68)		−0.137*** (−3.23)	
rv_m		−0.315*** (−3.52)		−0.184** (−2.00)		−0.181** (−2.19)
uv_m		0.064 (0.45)		0.046 (0.43)		−0.019 (−0.22)
railway			−0.995*** (−5.59)	−0.879*** (−4.12)	−0.962*** (−4.79)	−0.923*** (−4.35)
open					−0.440 (−1.03)	−0.102 (−0.66)
_cons	0.727*** (3.35)	0.638*** (2.63)	1.200*** (8.21)	1.091*** (4.72)	1.287*** (10.52)	1.195*** (5.52)
时间	控制	控制	控制	控制	控制	控制
N	161	161	161	161	161	161
sargan	19.925	14.762	15.845	14.971	16.019	15.302
sarganp	0.834	0.973	0.956	0.970	0.953	0.965
arm1	−1.523	−1.626	−1.408	−1.366	−1.386	−1.386
arm2	1.280	1.334	1.217	1.155	1.203	1.182
ar1p	0.128	0.104	0.159	0.172	0.166	0.166
ar2p	0.299	0.218	0.276	0.252	0.271	0.263
N_g	23.000	23.000	23.000	23.000	23.000	23.000

t statistics in parentheses

$* p < 0.1$, $** p < 0.05$, $*** p < 0.01$

如前文所述产业多样化是一种产业发展均等化问题，即产业间是否均衡协调发展的问题。其中，无关多样化反映的是产业在不同类别之间的均衡发展；相关多样化反映的是同一类别之间均衡发展的问题。那么制造业对城市体系扁平化的影响而言，省域制造业内部同类产业的均衡协调发展程度越高将越有利于推进省域单元城市体系扁平化。即要充分发挥相关多样化的正外部性优势，促进同类产业的协调发展，促进规模壮大，强化作为“产业功能增长极”的辐射带动作用。技术临近或关系临近内部行业的均衡协调集聚优于技术或关系悬殊的行业之间的均衡协调集聚，其原因在于工业内部不同类别之间的差异较大，使得技术溢出的效应要弱于技术临近和技术关联密切的同类行业之间，从而使得无关多样化产生的整体集聚效应要弱于相关多样化。与此同时，一方面我国的工业制造业主要是劳动密集型和资金密集型，整体的水平不高，工业的产业融合程度低；另一方面工业尤其是制造业，以占据一定的城市土地资源为前提，在土地资源日益匮乏的情况下，无关多样化会造成对相关多样化在空间上的挤出，从而抑制了工业相关多样化的发展。

表 5 –21 报告了制造业多样化及其相关多样化、无关多样化与城市体系扁平化关系的稳健性估计结果，可以看出，无论考虑控制变量与否，制造业多样化集聚都在 1% 的水平上显著地促进城市体系扁平化。进一步来看，这种作用主要来自于制造业的相关多样化，并通过了 1% 的显著性检验，而制造业无关对城市体系扁平化具有一定的抑制作用。与表 5 –20 相比较，可以看出结论具有稳健性，制造业的相关多样化有助于城市体系扁平化。综合来看，制造业多样化有助于促进城市体系扁平化进程。

表 5 –21 制造业多元化及其相关、无关多样化与城市体系扁平化：稳健性检验

变量＼模型	被解释变量：赫芬达尔指数					
	模型 1	模型 2	模型 3	模型 4	模型 5	模型 6
L. hhi	0. 975 *** (129. 48)	0. 957 *** (64. 16)	0. 965 *** (89. 21)	0. 968 *** (55. 85)	0. 915 *** (68. 69)	0. 934 *** (24. 21)
div_m	–0. 033 *** (–4. 73)		–0. 028 *** (–3. 12)		–0. 051 *** (–6. 18)	
rv_m		–0. 065 *** (–6. 45)		–0. 052 *** (–4. 42)		–0. 063 *** (–3. 60)
uv_m		0. 039 ** (2. 53)		0. 040 *** (2. 58)		–0. 020 (–1. 35)
railway			–0. 038 * (–1. 77)	–0. 031 (–1. 55)	–0. 043 * (–1. 80)	–0. 031 (–1. 56)

续表

变量＼模型	被解释变量：赫芬达尔指数					
	模型 1	模型 2	模型 3	模型 4	模型 5	模型 6
open					−0.098*** (−4.49)	−0.086*** (−3.92)
_cons	0.091*** (4.43)	0.069*** (4.06)	0.095*** (3.83)	0.058** (2.44)	0.184*** (6.73)	0.166*** (5.11)
时间	控制	控制	控制	控制	控制	控制
N	161	160	161	160	161	160
sargan	19.034	13.185	16.267	13.559	14.480	12.944
sarganp	0.869	0.988	0.948	0.950	0.976	0.990
arm1	−1.306	−1.204	−1.262	−1.234	−1.239	−1.234
arm2	1.142	1.080	1.100	1.101	1.121	1.122
ar1p	0.192	0.228	0.207	0.217	0.215	0.217
ar2p	0.247	0.220	0.229	0.229	0.238	0.238
N_g	23.000	23.000	23.000	23.000	23.000	23.000

t statistics in parentheses

* $p < 0.1$, ** $p < 0.05$, *** $p < 0.01$

5.3.3.3 服务业相关多样化、无关多样化与城市体系扁平化

表 5－22 报告了服务业的相关多样化与无关多样化对城市体系扁平化影响的动态面板的系统 GMM 参数估计结果。结果表明，在城市体系扁平化指数为参数估计的情况下，无论考虑控制变量与否，服务业相关多样化都抑制了城市体系扁平化，并在 5% 的水平下显著。与此同时，服务业无关多样化对城市体系扁平化有促进作用，但并未通过统计检验。与此同时，综合来看，无论如何控制其他变量，服务业多样化都对城市体系扁平化没有明显的抑制作用。

服务业是工业发展的重要支撑，需要不同类别的服务业协同发展。不同类别的服务业的均等化发展对城市体系扁平化将产生促进作用。而且从城市经济基础部分和非基础部分的视角来看，服务业具有本地效应，在区域发展过程中基本上从属于经济活动的非基础部分，具有较强的不可贸易性，在经济发展过程中都是必不可少的，它们相互协调共同支撑地区经济社会的发展。随着城市的发展，城市经济活动的基本活动占据主导地位，实现城市内部的自我循环，进而使得服务业在吸纳就业人口方面具有先天性的优势，但这种优势的发挥依赖不同类别的服务业协同跟进，才能产生强大的人口城镇化效应。在实践中，可以发现城市人口规模越大的城市，服务业在整个 GDP 中的份额比重将越高，这在一定程度上表明大城市的自我循环依赖于强大的本地服务业市场的支撑。

表 5 – 22 服务业的多元化及其相关、无关多样化与城市体系扁平化

变量＼模型	(1)	(2)	(3)	(4)	(5)	(6)
	模型 1	模型 2	模型 3	模型 4	模型 5	模型 6
L. q	0. 462 *** (22. 90)	0. 450 *** (10. 52)	0. 334 *** (11. 46)	0. 387 *** (8. 81)	0. 346 *** (10. 98)	0. 387 *** (8. 23)
div_s	0. 261 (1. 49)		0. 243 (1. 41)		0. 178 (1. 05)	
rv_s		1. 946 *** (4. 37)		1. 249 ** (2. 46)		1. 184 ** (2. 34)
uv_s		−0. 208 (−1. 00)		−0. 328 (−0. 98)		−0. 428 (−1. 29)
railway			−0. 537 *** (−5. 61)	−0. 349 ** (−2. 26)	−0. 516 *** (−4. 51)	−0. 276 (−1. 63)
open					−0. 220 (−0. 93)	−0. 471 ** (−2. 15)
_cons	−0. 073 (−0. 18)	−1. 617 ** (−2. 44)	0. 310 (0. 77)	−0. 455 (−0. 58)	0. 463 (1. 13)	−0. 235 (−0. 31)
时间	控制	控制	控制	控制	控制	控制
N	138	137	138	137	138	137
sargan	12. 083	13. 171	10. 624	13. 397	9. 834	12. 668
sarganp	0. 937	0. 903	0. 970	0. 965	0. 981	0. 920
arm1	−1. 532	−1. 483	−1. 424	−1. 439	−1. 425	−1. 363
arm2	1. 185	1. 132	1. 124	1. 129	1. 144	1. 126
ar1p	0. 126	0. 138	0. 154	0. 150	0. 154	0. 173
ar2p	0. 264	0. 242	0. 239	0. 241	0. 248	0. 240
N_g	23. 000	23. 000	23. 000	23. 000	23. 000	23. 000

t statistics in parentheses

* $p < 0.1$, ** $p < 0.05$, *** $p < 0.01$

表 5 – 23 报告了在城市体系扁平化指数为非参数估计情况下的回归结果。无论考虑控制变量与否，服务业相关多样化对城市体系扁平化具有显著的抑制作用，并在 5% 的水平通过了检验，而服务业无关多样化对城市体系扁平化具有促进作用，当考虑对外开放程度（open）时，这一促进作用不再显著。综上表明，省域服务业内部不同部门之间的均衡协调发展是有助于城市体系均衡协调发展的。即从整体来看，生产性服务业、消费性服务业、流通性服务业和社会性服务业四大产业间的协同集聚，比这四大产业内部各自的均衡协调发展对城市体系扁平化更有效。近年来，服务业的新增就业主要集中在以餐饮、住宿、零售等为代

表的传统生活服务业，与以网络服务、物流、快递为代表的新经济下的生产服务业。然而，我国总体还处于工业化中后期加速阶段，无论是服务业的总量还是结构均比较落后，通常服务业的高级化程度依赖于生产服务业特别是以运输仓储和通信业、金融业、租赁及商业为代表的新兴生产服务业。而且服务业本身不具有工业制造业与生俱来的强大延伸性和波及效应，各类服务业的发展程度依赖工业的现代化进程，使得服务业的无关多样化集聚程度低，对城市体系扁平化的影响效应不显著。

表 5-23 服务业相关多样化与无关多样化集聚与城市体系扁平化

变量 \ 模型	(1)	(2)	(3)	(4)	(5)	(6)
	模型 1	模型 2	模型 3	模型 4	模型 5	模型 6
L. hhi	0.126*** (8.15)	0.122*** (7.28)	0.160*** (7.58)	0.119*** (6.17)	0.149*** (6.03)	0.091*** (4.61)
div_s	0.015 (0.62)		0.040 (1.20)		0.070* (1.94)	
rv_s		0.227*** (5.85)		0.222*** (3.74)		0.169** (2.36)
uv_s		-0.097*** (-3.37)		-0.070*** (-2.60)		-0.016 (-0.35)
railway			-0.048* (-1.82)	-0.100*** (-3.58)	-0.049* (-1.91)	-0.102*** (-3.70)
open					0.021 (1.39)	0.020* (1.86)
_cons	0.193*** (3.33)	-0.021 (-0.45)	0.066 (0.79)	-0.006 (-0.11)	-0.001 (-0.01)	0.004 (0.07)
时间	控制	控制	控制	控制	控制	控制
N	138	137	138	137	138	137
sargan	20.093	18.164	11.658	15.579	12.663	14.405
sarganp	0.515	0.639	0.948		0.920	0.852
arm1	-1.196	-1.188	-1.184	-1.261	-1.234	-1.252
arm2	1.085	1.079	1.055	1.160	1.077	1.136
ar1p	0.232	0.235	0.236	0.207	0.217	0.210
ar2p	0.222	0.220	0.208	0.254	0.219	0.244
N_g	23.000	23.000	23.000	23.000	23.000	23.000

t statistics in parentheses

* $p < 0.1$, ** $p < 0.05$, *** $p < 0.01$

5.3.3.4 制造业、服务业的相关多样化、无关多样化与城市体系扁平化

表5－24同时报告了制造业、服务业的相关多样化与无关多样化对城市体系扁平化影响的估计结果，无论被解释变量是基于参数估计的模型还是非参数估计的模型，估计结果都表明制造业相关多样化是显著有利于城市体系扁平化的，并通过了1%的显著性检验，与此同时，服务业无关多样化促进城市体系扁平化，同前面的结论基本一致。

表5－24 制造业、服务业的相关多样化与无关多样化集聚与城市体系扁平化

变量 \ 模型	参数估计			变量 \ 模型	非参数估计		
	模型1	模型2	模型3		模型1	模型2	模型3
L. q	0.887***	0.846***	0.844***	L. hhi	0.715***	0.599***	0.604***
	(26.34)	(27.54)	(28.13)		(14.30)	(13.98)	(13.54)
rv_m	－0.090***	－0.074***	－0.060***	rv_m	－0.410***	－0.370***	－0.291***
	(－6.34)	(－4.52)	(－3.03)		(－4.12)	(－4.61)	(－3.20)
uv_m	－0.016	－0.022	－0.005	uv_m	0.054	0.026	－0.043
	(－0.70)	(－1.07)	(－0.20)		(1.34)	(0.37)	(－0.68)
rv_s	－0.038	－0.080	－0.036	rv_s	0.775***	2.192***	2.058***
	(－0.47)	(－0.95)	(－0.42)		(4.61)	(8.67)	(7.54)
uv_s	－0.257***	－0.225***	－0.188***	uv_s	－0.911***	－1.151***	－0.529
	(－6.36)	(－4.56)	(－3.48)		(－5.84)	(－4.57)	(－1.51)
railway		－0.047*	－0.041*	railway		－0.509***	－0.652***
		(－1.94)	(－1.66)			(－4.19)	(－3.67)
open			－0.046*	open			－0.313**
			(－1.95)				(－2.25)
_cons	0.490***	0.519***	0.390***	_cons	0.835***	－0.331	－0.736*
	(4.24)	(4.08)	(2.82)		(4.07)	(－0.90)	(－1.84)
N	160	160	160	N	160	160	160
sargan	16.571	10.130	7.601	sargan	19.446	13.312	11.270
sarganp	0.941	0.999	1.000	sarganp	0.853	0.986	0.997
arm1	－1.221	－1.177	－1.183	arm1	－1.321	－1.291	－1.327
arm2	1.135	1.098	1.105	arm2	1.121	1.105	1.133
ar1p	0.222	0.239	0.237	ar1p	0.186	0.197	0.185
ar2p	0.244	0.228	0.231	ar2p	0.238	0.231	0.243
N_g	23.000	23.000	23.000	N_g	23.000	23.000	23.000

t statistics in parentheses

* $p < 0.1$， ** $p < 0.05$， *** $p < 0.01$

5.4 本章小结

本章从产业集聚方式的角度考察了其对城市体系扁平化的影响。关于产业集聚方式，主要从产业集聚的相对集中化、多样化与产业关联邻近性两大维度进行测度。首先，基于产业增长极的视角构建了产业集聚的专业化，基于产业组织复杂性的视角构建了产业集聚的多样化；其次，基于产业内部集聚均衡的视角构建了产业内均衡与行业门类产业间均衡，借鉴经济学家 Frenken 的做法，将包含工业和服务业的非农产业多样化分解为基于行业内均衡协调的相关多样化和基于行业间均衡协调无关多样化。然后基于动态面板系统 GMM 估计方法检验作为产业集聚方式的相对专业化、多样化和相关多样化、无关多样化对城市体系扁平化的影响，主要结论如下：

（1）非农产业整体的相对专业化与多样化都显著地促进了城市体系扁平化，但存在行业异质性。制造业的相对专业化和相对多样化对城市体系扁平化有显著的促进作用。但服务业的相对多样化却显著地抑制了城市体系扁平化，而服务业相对专业对城市体系扁平化的抑制作用没有通过显著性检验。而从弹性系数来看，制造业相对多样化对城市体系扁平化的影响要大于制造业相对专业化。综合将制造业、服务业的相对专业化、多样化纳入模型，上述结论依然成立。

（2）就非农行业整体来看，其相关多样化促进城市体系扁平化，而无关多样化抑制了城市体系扁平化，但分行业来看具有明显的异质性。分行业来看，制造业多样化有助于城市体系扁平化，并在 1% 的水平上显著，进一步来看，主要是制造业的相关多样化在其中发挥了重要作用，而无关多样化对省域城市体系扁平化作用不显著。服务业的多样化对城市体系扁平化存在抑制作用，但在统计上没有通过假设检验。但服务业相关多样化在 5% 的水平上显著地抑制了城市体系扁平化，而服务业无关多样化对城市体系扁平化具有促进作用，但并没有通过统计假设检验。

第6章　产业集聚规模与城市体系扁平化

基于本书的分析框架，产业集聚规模是产业集聚方式的结果，产业集聚方式对城市体系扁平化的影响通过产业集聚规模发挥作用，因此，从理论上来看产业集聚规模作为产业集聚方式影响城市体系扁平化的中介变量。如果产业集聚规模确实对城市体系规模结构产生影响，那么就可以证实产业集聚规模是产业集聚方式影响城市规模结构的中介变量。基于此，本章首先运用区位熵这一工具测度省区产业集聚规模水平，然后在此基础上论证产业集聚规模与城市体系扁平化之间的关系。

6.1 引　言

产业集聚产生外部性进而作用于空间结构。按照微观经济学的基本理论，个体具有边际收益（效用）递减的基本特征，将单个城市看成微观主体而言，城市人口规模拥有最佳边界，也存在规模边际收益递减的趋势。何为城市？即以产业为支撑促进人口在空间上集中的地域单元，产业与城市互动，城市是产业的载体，产业是城市的基础，没有产业的城市将成为“空城”，城市将“空转”，因而产业尤其是制造业是支撑城市规模的基础动力源。根据区域不平衡增长理论中的增长极理论，经济增长极不可能同时出现在所有地方，而只可能集中发生在零星的几个地方，然后在“涓滴效应”的作用下带动周边其他地区的发展。在此基础上建立了空间组织结构理论，区域的空间结构经过四大阶段的演化（见图6－1），区域由绝对均质空间结构向不均衡的空间结构演变。

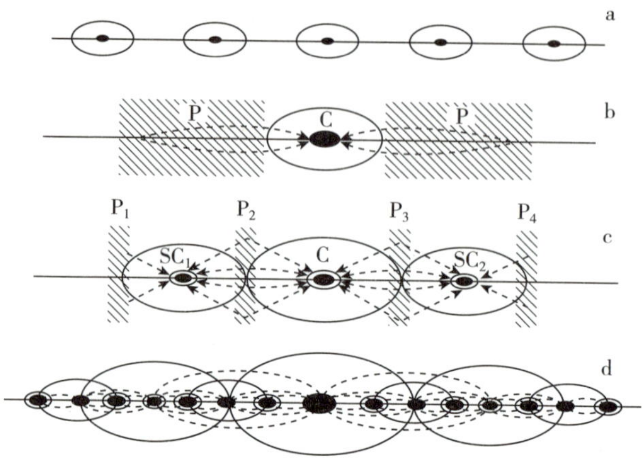

图6－1 空间结构演化过程

资料来源：陈秀山，张可云．区域经济理论［M］．北京：商务印书馆，2003.

在空间结构理论的基础上，点—轴开发理论进一步强调空间结构的要素由点与轴构成，而点反映了空间结构中的城市，更具体地说，点是承载各类产业和产业集聚的城市，而作为点承载各类产业和产业集聚的城市之间具有一定的空间异质性，由此形成特定的空间结构，在区域经济学上称为“中心—外围”结构。而轴则是交通基础设施，促进各个点有机联系的通道或者媒介桥梁，这种通道服务于点与点之间的要素流动，而要素流动的背后实质上集中反映了产业在点与点这样的空间上的重新配置，即产业的集聚和扩散。城市人口规模边际收益递减的趋势和产业集聚的空间本位性决定了集聚先于扩散发生。在区域 A，随着边际收益的递减，意味着区域 A 内产业的边际支出小于边际产出（边际产品价值），集聚不经济出现，进而决定了要素将从区域 A 流向综合成本较小的区域 B，弥补在区域 A 因不经济而产生的损失。进而改变了初期的“中心—外围”的分布格局，结构由最初的垂直转向更加扁平的趋势。因此，从理论上讲，在一定的发展阶段，区域城市体系的格局在集聚的作用下会向扁平趋势演进，而发生这一结果，可能分为两个过程：初期集聚使得要素向某一空间单元集中，使得临近区域的优势资源被自然“掠夺”，加剧了区域城市体系“中心—外围”的结构特征，呈现出“马太效应”，空间不平衡格局明显，这是以牺牲公平换取效率的阶段，形成相对垂直化的区域城市体系；然而，随着集聚不经济的产生，之前的集聚优势地区转变为成本劣势区，在市场经济的作用下，以及交通成本缓解的情况下，企业外迁至成本较低的区域，进而缓和了之前的“中心—外围”结构的不平衡发展格局，逐步呈现出均衡协调发展的区域发展态势，由此形成相对扁平化的区域城市体系。

6.2 产业集聚规模测度及其行业异质性

6.2.1 测度方法

关于衡量产业集聚水平的指标较多，目前有许多方法，例如Gini系数、Hoover指数、Ellison－Glaser指数，这些指数各有优缺点。目前国内外有很多学者选取区位熵来衡量产业集聚水平，例如Keeble等（1991）、Donoghue和Gleave（2004）、程大中（2005）、刘军和徐康宁（2010）、陈国亮和陈建军（2012）、孙浦阳等（2012）。区位熵（LQ）可以消除区域规模的差异因素，能够真实地反映地理要素的空间分布（杨仁发，2013），对于区位熵值LQ_{ij}，其值越大，表明i地区j产业的生产规模比较优势越明显（安虎森、孙久文、吴殿廷，2018），即LQ_{ij}越大表明区位意义越明显，产业j在地区i的规模将相对越大。因此，本书也沿用区位熵（LQ）来测度区域某产业集聚规模水平。产业区位熵（LQ）的具体计算公式如式（6－1）所示。基于本章的研究目的，将产业分为制造业和服务业两大类。

$$LQ_{ij} = \frac{L_{ij}/L_i}{L_j/L} \tag{6－1}$$

在式（6－1）中，LQ_{ij}表示i地区j产业的区位熵，L表示全国经济系统劳动力就业总人数，L_j为全国j产业的劳动就业人数；L_i为i地区的总就业人数，L_{ij}为i地区j产业的劳动就业人数，实际的模型中包含制造业区位熵（M_LQ）和服务业区位熵（S_LQ）。

在测度了省区制造业与服务的集聚规模指数的基础上，本书进一步测度了生产性服务业①与制造业协同集聚水平，测度方法借鉴豆建民、刘叶（2016）的做法，测度公式如式（6－2）所示。其中，$Coag_i$表示i城市生产性服务业与制造业协同集聚指数；q_{im}表示i城市制造业的区位熵；q_{is}表示i城市生产性服务业的区位熵。由式（6－2）可知，i城市的生产性服务业与制造业的区位熵指数越接近，协同集聚水平就越高，$Coag_i$值就越大。

$$Coag_i = 1 - \frac{|q_{im} - q_{is}|}{q_{im} + q_{is}} \tag{6－2}$$

① 基于文献，生产性服务业为“交通运输、仓储及邮政业（A2），信息传输、计算机服务和软件业（A3），金融业（A6），租赁和商业服务业（A8），科研、技术服务和地质勘查业（A9）”五个行业加总。

6.2.2 测度结果

表6-1报告了2006~2015年我国大陆23个省（自治区）（北京、上海、天津、重庆、西藏、新疆、海南、青海除外）的制造业集聚规模指数。可以看出年平均规模集聚指数大于1的省份主要集中在东部的江苏、浙江、福建、山东、广东以及中部的湖北；集聚规模指数整体偏低的集中于西部地区。从动态变化的角度看，2006~2015年，产业集聚规模指数提高的地区有吉林、安徽、江西、河南、湖北、湖南、广东，而河北、山西、内蒙古、辽宁、黑龙江、江苏、浙江、福建、山东、广西、四川、贵州、云南、陕西、甘肃和宁夏的产业集聚规模指数有所下降；可以看出仅仅1/3的省区的产业集聚规模指数是提高的，其他都处于下降趋势。

表6-1 2006~2015年23个省（自治区）的制造业集聚规模指数

省（自治区）	2006年	2007年	2008年	2009年	2010年	2011年	2012年	2013年	2014年	2015年
河北	0.822	0.807	0.786	0.797	0.788	0.798	0.808	0.638	0.767	0.762
山西	0.678	0.669	0.660	0.638	0.631	0.591	0.578	0.439	0.518	0.517
内蒙古	0.643	0.559	0.546	0.414	0.536	0.570	0.598	0.470	0.559	0.587
辽宁	1.016	0.985	0.987	1.004	0.966	0.990	0.992	0.745	0.866	0.860
吉林	0.802	0.762	0.780	0.814	0.821	0.832	0.976	0.760	0.922	0.943
黑龙江	0.695	0.648	0.624	0.600	0.518	0.512	0.520	0.427	0.502	0.489
江苏	1.418	1.431	1.457	1.483	1.502	1.483	1.509	1.108	1.303	1.342
浙江	1.370	1.411	1.462	1.426	1.367	1.289	1.216	0.930	1.082	1.058
安徽	0.693	0.674	0.663	0.680	0.697	0.692	0.716	0.679	0.802	0.759
福建	1.738	1.673	1.664	1.668	1.636	1.619	1.606	1.576	1.295	1.255
江西	0.788	0.773	0.830	0.828	0.829	0.874	0.942	1.322	1.043	1.034
山东	1.312	1.263	1.281	1.276	1.245	1.209	1.247	1.528	1.155	1.193
河南	0.759	0.724	0.733	0.734	0.725	0.786	0.850	1.305	1.031	1.097
湖北	1.013	1.007	1.050	1.056	1.117	1.077	1.078	1.414	1.123	1.122
湖南	0.696	0.705	0.713	0.749	0.778	0.831	0.813	1.241	0.745	0.745
广东	1.391	1.390	1.398	1.458	1.457	1.420	1.444	2.145	1.766	1.766
广西	0.688	0.669	0.687	0.695	0.697	0.693	0.719	1.169	0.671	0.666
四川	0.817	0.777	0.805	0.798	0.795	0.838	0.833	0.696	0.772	0.727
贵州	0.737	0.718	0.689	0.666	0.656	0.603	0.619	0.456	0.511	0.508
云南	0.667	0.676	0.676	0.679	0.683	0.631	0.622	0.494	0.555	0.569
陕西	0.877	0.842	0.854	0.820	0.773	0.751	0.748	0.629	0.713	0.733
甘肃	0.755	0.725	0.708	0.695	0.677	0.626	0.612	0.458	0.525	0.522
宁夏	0.661	0.659	0.641	0.645	0.626	0.614	0.595	0.530	0.472	0.460

从四大区域看，东部地区制造业集聚规模指数最高，远远高于全国平均水平。其他三大区域均低于全国的平均水平（2013 年中部地区除外），其中西部地区制造业集聚规模指数最低，中部和东北地区居中，而近年来中部地区制造业集聚规模指数略高于东北地区。从动态变化趋势看，东部地区的制造业集聚规模指数呈波浪式下降，西部地区基本呈下降态势，中部地区呈现逐渐上升趋势，而东北地区总体呈现下降态势。

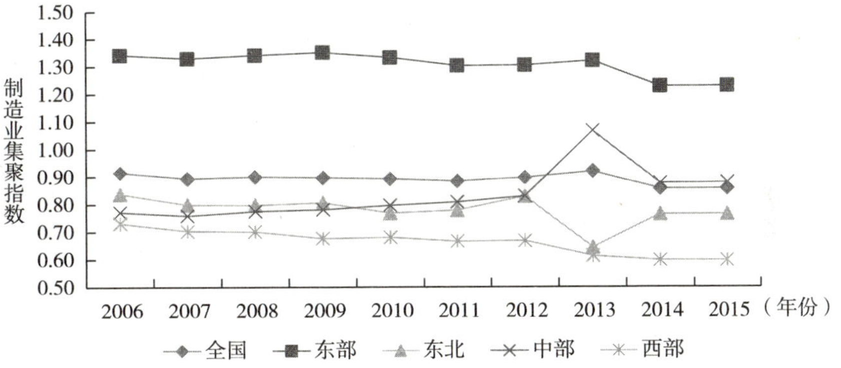

图 6－2　2006～2015 年全国及各区域制造业集聚规模指数

表 6－2 报告了 2006～2015 年我国 23 个省（自治区）的服务业集聚规模指数。整体上服务业集聚规模指数大于 1 的省（自治区）较多，与此同时，与制造业所不同的是，西部地区各省（自治区）的服务业集聚指数均大于 1，而东部地区除河北外其余省（自治区）的区位熵指数均小于 1，而且 23 个省（自治区）而言，福建的服务业集聚规模指数最低。

表 6－2　2006～2015 年 23 个省（自治区）的服务业集聚规模指数

省（自治区）	2006 年	2007 年	2008 年	2009 年	2010 年	2011 年	2012 年	2013 年	2014 年	2015 年
河北	1.120	1.139	1.135	1.145	1.144	1.141	1.092	1.508	1.168	1.161
山西	1.007	1.023	0.996	1.029	1.009	1.039	1.004	1.378	1.083	1.067
内蒙古	0.999	1.049	1.065	0.725	1.077	1.081	1.073	1.474	1.155	1.189
辽宁	0.944	0.957	0.945	0.957	0.967	0.979	0.991	1.254	1.012	1.027
吉林	1.066	1.085	1.071	1.083	1.089	1.126	1.022	1.367	1.052	1.035
黑龙江	0.817	0.835	0.848	0.871	0.911	0.961	0.976	1.405	1.089	1.068
江苏	0.912	0.894	0.886	0.884	0.858	0.873	0.882	0.817	0.654	0.656
浙江	0.789	0.767	0.737	0.729	0.727	0.725	0.724	1.004	0.782	0.782

续表

省（自治区）	2006 年	2007 年	2008 年	2009 年	2010 年	2011 年	2012 年	2013 年	2014 年	2015 年
安徽	1.094	1.109	1.099	1.088	1.068	1.130	1.119	1.323	1.017	1.124
福建	0.689	0.682	0.699	0.702	0.686	0.630	0.633	0.239	0.755	0.750
江西	0.999	1.002	1.073	1.077	1.067	1.015	0.972	0.323	0.936	0.930
山东	0.847	0.865	0.869	0.888	0.876	0.864	0.852	0.225	0.918	0.916
河南	1.085	1.092	1.073	1.075	1.063	1.028	1.008	0.268	0.926	0.910
湖北	0.966	0.938	0.915	0.918	0.889	0.918	0.954	0.326	0.919	0.933
湖南	1.112	1.097	1.082	1.087	1.063	1.066	1.085	0.229	1.147	1.115
广东	0.951	0.951	0.956	0.947	0.940	0.958	0.960	0.207	0.812	0.820
广西	1.236	1.250	1.229	1.240	1.241	1.254	1.250	0.362	1.211	1.174
四川	1.006	1.004	0.983	1.001	0.998	0.995	1.019	1.335	1.081	1.169
贵州	1.043	1.059	1.080	1.108	1.086	1.172	1.122	1.542	1.208	1.205
云南	1.216	1.123	1.124	1.139	1.126	1.106	1.061	1.450	1.179	1.160
陕西	1.121	1.122	1.113	1.154	1.163	1.193	1.185	1.480	1.186	1.161
甘肃	1.101	1.131	1.158	1.165	1.148	1.192	1.189	1.498	1.161	1.150
宁夏	1.017	1.050	1.066	1.073	1.069	1.133	1.147	1.600	1.458	1.456

从四大区域看，服务业区位熵指数，自东向西逐步提高，西部地区的区位熵指数大于1，相对而言具有明显的区位特征。

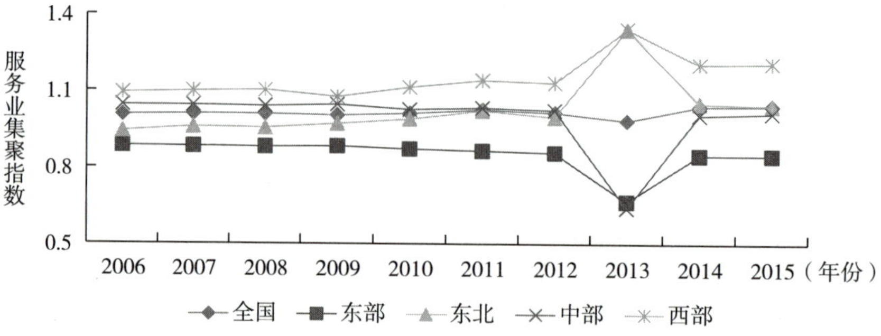

图 6－3　2006～2015 年全国及各区域服务业集聚规模指数

表 6－3 报告了 2006～2015 年我国 23 个省（自治区）的生产性服务业集聚规模指数。可以看出，整体上生产性服务业集聚指数较高的省区主要有辽宁、广东、广西和陕西。动态来看，多数省区的服务业集聚规模指数处于波动变化，难以看出明显的变化趋势。

表6－3 2006～2015年23个省（自治区）生产性服务业集聚指数

省（自治区）	2006年	2007年	2008年	2009年	2010年	2011年	2012年	2013年	2014年	2015年
河北	0.949	0.938	0.962	0.972	0.948	0.933	0.910	1.074	0.980	0.941
山西	0.992	1.017	0.877	0.901	0.866	0.907	0.902	0.899	0.956	0.918
内蒙古	0.853	0.926	0.938	0.648	0.921	0.943	0.924	1.085	0.880	0.813
辽宁	1.134	1.123	1.119	1.049	1.076	1.121	1.117	1.123	0.975	0.952
吉林	0.904	0.902	0.890	0.941	0.951	0.990	0.946	1.035	0.828	0.764
黑龙江	0.836	0.849	0.856	0.894	0.939	1.030	0.994	1.158	1.055	0.990
江苏	0.928	0.879	0.874	0.853	0.833	0.859	0.888	0.752	0.692	0.668
浙江	0.870	0.821	0.814	0.817	0.824	0.842	0.898	0.936	0.828	0.806
安徽	0.889	0.898	0.890	0.860	0.856	0.829	0.819	0.954	0.853	1.141
福建	0.645	0.630	0.687	0.678	0.688	0.584	0.579	0.430	0.737	0.710
江西	0.809	0.779	0.858	0.889	0.838	0.761	0.752	0.630	0.682	0.646
山东	0.617	0.645	0.671	0.707	0.698	0.690	0.696	0.462	0.822	0.773
河南	0.747	0.731	0.715	0.686	0.665	0.665	0.655	0.440	0.743	0.708
湖北	0.927	0.839	0.826	0.811	0.764	0.807	0.816	0.508	0.969	0.963
湖南	0.801	0.796	0.790	0.777	0.765	0.834	0.860	0.490	0.886	0.862
广东	1.048	1.022	1.030	1.027	1.033	1.085	1.105	0.525	0.919	0.886
广西	1.086	1.033	1.011	1.046	0.975	1.100	1.135	0.682	0.875	0.817
四川	0.879	0.842	0.826	0.856	0.801	0.807	0.838	1.121	0.931	1.210
贵州	0.681	0.724	0.807	0.841	0.798	0.787	0.724	0.885	0.913	0.830
云南	1.092	0.958	0.977	1.000	0.945	0.936	0.864	1.038	1.061	0.984
陕西	1.031	1.003	0.994	1.080	1.085	1.156	1.208	1.184	1.060	1.035
甘肃	0.895	0.877	0.812	0.815	0.808	0.830	0.854	0.890	0.778	0.727
宁夏	0.840	0.872	0.877	0.920	0.936	1.022	1.035	1.151	0.900	1.802

图6－4进一步报告了2006～2015年全国及各区域生产性服务业集聚指数，横向来看，东北地区的生产性服务业集聚指数最高，西部次之，中部最低；就动态变化的角度看，2006～2015年，东北地区的生产性服务业区位熵指数有所下降，西部地区的生产性服务业区位熵指数呈现出波动式上升，而东部和中部地区则呈现缓慢下滑的态势（2013年除外）。

在此基础上，表6－4报告了生产性服务业与制造业的协同集聚水平，可以看出，东部地区的协同集聚水平整体较差，如江苏年平均仅为0.7390，浙江为0.8076，广东为0.7690，山东为0.6961，福建为0.5780。而中部地区的协同集聚指数整体较高，如安徽年均为0.8812，河南为0.8811、湖北为0.8524、湖北为0.9168。

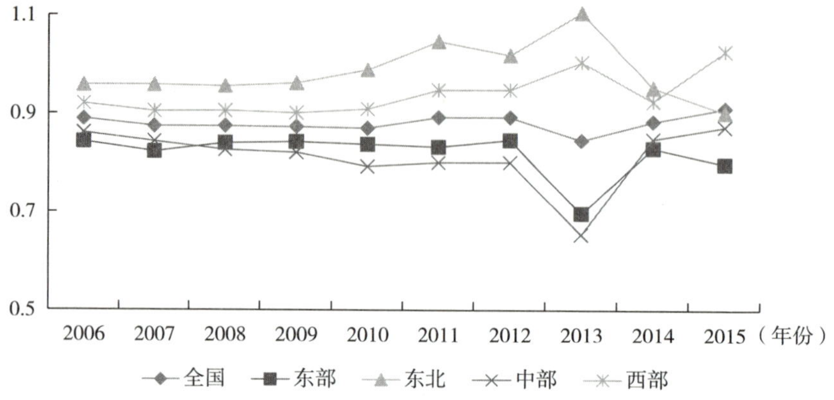

图 6-4　2006~2015 年全国及各区域生产性服务业集聚规模指数

表 6-4　2006~2015 年 23 个省（自治区）制造业与生产性服务业协同集聚水平

省（自治区）	2006 年	2007 年	2008 年	2009 年	2010 年	2011 年	2012 年	2013 年	2014 年	2015 年
河北	0.9287	0.925	0.8992	0.901	0.908	0.922	0.941	0.745	0.878	0.895
山西	0.8118	0.7935	0.8583	0.8289	0.843	0.789	0.781	0.656	0.703	0.721
内蒙古	0.8599	0.7528	0.7361	0.7796	0.736	0.754	0.785	0.605	0.777	0.838
辽宁	0.9451	0.9348	0.9375	0.9782	0.946	0.938	0.941	0.798	0.941	0.949
吉林	0.9407	0.9158	0.9338	0.9281	0.927	0.913	0.985	0.847	0.946	0.895
黑龙江	0.9074	0.866	0.8432	0.8029	0.711	0.664	0.687	0.538	0.645	0.661
江苏	0.7914	0.7612	0.7501	0.7302	0.714	0.734	0.741	0.809	0.694	0.665
浙江	0.7767	0.7355	0.715	0.7282	0.752	0.790	0.850	0.997	0.867	0.865
安徽	0.8761	0.8575	0.8535	0.8834	0.898	0.910	0.933	0.832	0.969	0.799
福建	0.5414	0.5469	0.5845	0.5779	0.592	0.530	0.530	0.429	0.725	0.723
江西	0.9868	0.9963	0.9835	0.9642	0.995	0.931	0.888	0.645	0.791	0.769
山东	0.6398	0.6761	0.6872	0.713	0.718	0.727	0.717	0.465	0.832	0.786
河南	0.9919	0.995	0.9877	0.9663	0.957	0.917	0.870	0.504	0.837	0.785
湖北	0.9557	0.9086	0.8807	0.8687	0.812	0.857	0.862	0.528	0.927	0.924
湖南	0.9301	0.9393	0.9485	0.9817	0.992	0.998	0.972	0.566	0.913	0.927
广东	0.8593	0.8476	0.8485	0.8264	0.830	0.866	0.867	0.393	0.684	0.668
广西	0.7757	0.7859	0.8093	0.7988	0.834	0.773	0.776	0.737	0.868	0.898
四川	0.9633	0.9597	0.9871	0.9646	0.996	0.981	0.997	0.766	0.906	0.751
贵州	0.9604	0.996	0.9216	0.8839	0.902	0.868	0.922	0.680	0.718	0.759
云南	0.7584	0.8275	0.8179	0.8086	0.839	0.806	0.837	0.645	0.687	0.733
陕西	0.9194	0.9126	0.9246	0.8631	0.832	0.788	0.765	0.694	0.804	0.829
甘肃	0.915	0.9055	0.9316	0.9201	0.912	0.860	0.835	0.679	0.806	0.836
宁夏	0.8805	0.8609	0.8448	0.824	0.802	0.751	0.730	0.631	0.688	0.407

6.3 模型方法、变量选取与数据说明

6.3.1 模型设定与估计方法

在实践中可以看到，在一定时间内，区域城市体系规模结构特征存在自强化特质，即城市体系演化有一定的惯性，即本期的城市体系特征会明显受到上期的影响，基于此，本部分将构建动态面板数据模型，具体如式（6-3）所示：

$$Y_{it} = \rho Y_{it-1} + \gamma Aggl_{it} + \sum_{i=1}^{k} \beta_i C_{it} + \alpha_i + \varepsilon_{it} \tag{6-3}$$

式（6-3）是一个基本的动态面板数据模型，i 是个体，为我国大陆除去北京、天津、上海、重庆、西藏、新疆、海南和青海的 23 个省（自治区）。t 是时间，基于数据的可获得性，本书选择的时间段为 2006～2013 年，共计 8 年。Y_{it} 是本书的被解释变量城市体系规模结构扁平化指数，具体测算，稍后给予说明；Y_{it-1}是被解释变量的滞后一期项，值得一提的是，在实际的 GMM 估计中，如果 Y_{it-1}的系数 ρ 显著为 0，那么，说明本期的城市体系特征不会明显受到上期的影响，城市体系演化没有惯性作用，那么本模型就应该退化为静态面板数据模型。$Aggl_{it}$为本部分的被解释变量产业集聚，在具体的实证研究过程中，本书将该变量按照产业的属性分为制造业集聚、服务业集聚。C_{it}为模型的控制变量，本书基于相关文献，考虑选择城市化率（urb）、外商直接投资（fdi）、对外开放程度（open）、交通基础设施（railway）和地区教育水平（edu），值得一提的是，为了较少模型的潜在内生性问题，在实际模型估计中，会将解释变量的滞后项作为自身的工具变量，变量选择的具体依据，稍后将给予阐述。α_i为本书的样本个体不随时间而变化的不可观测特征，ε_{it}是除上述解释变量和α_i之外的不可观测的随机扰动项或者外部冲击。其中，由于α_i与ε_{it}共同的不可观测性，构成整个模型系统的负荷扰动项。

由于α_i具有不可观测性，使得模型（6-3）不可估计，基于此，需要消除不可观测的个体特征α_i，基于此，我们考虑模型（6-3）的滞后一期，具体如模型（6-4）所示：

$$Y_{it-1} = \rho Y_{it-2} + \gamma Aggl_{it-1} + \sum_{i=1}^{k} \beta_i C_{it-1} + \alpha_i + \varepsilon_{it-1} \tag{6-4}$$

为了消除不可观测的个体特征α_i，做模型的一阶差分（First - Difference，FD），通过方程（6-3）、方程（6-4）可以得到如下的差分方程（6-5）：

$$\Delta Y_{it} = \rho\Delta Y_{it-1} + \gamma\Delta Aggl_{it} + \sum_{i=1}^{k} \beta_i \Delta C_{it} + \Delta \varepsilon_{it} \tag{6-5}$$

消除不可观测的个体因素α_i后，差分方程(6-5)即为本书实际要进行参数估计的模型，为了保证估计结果的可靠性，需要考虑该模型的解释变量与扰动项的关系问题，可以看出ΔY_{it-1}与$\Delta \varepsilon_{it}$相关①，模型存在内生性，不满足正交性的假设，即$E(\Delta Y_{it-1}\Delta \varepsilon_{it}) \neq 0$，$\Delta Y_{it-1}$为模型的内生解释变量，基于此，需要给$\Delta Y_{it-1}$找合适的工具变量Z，使得$E(\Delta Y_{it-1}Z) \neq 0$，与此同时，$E(Z\Delta \varepsilon_{it}) = 0$。按照这一要求以及动态面板数据的性质，可就地取材很容易获得ΔY_{it-1}其中的一个工具变量Y_{it-2}，根据时间序列数据的性质，得到如下表达式(6-6)：

$$\begin{cases} E(\Delta Y_{it-1}Y_{it-2}) \neq 0 \\ E(Z\Delta \varepsilon_{it}) = 0 \end{cases} \tag{6-6}$$

同理，还可以找到诸如Y_{it-3}、Y_{it-4}、…、Y_{it-k}的变量作为ΔY_{it-1}的工具变量，其中$t>k$。与此同时，还可以以Y_{it-3}、Y_{it-4}、…、Y_{it-k}为基础的线性组合作为ΔY_{it-1}的工具变量。综上，在理论上可以找到$k<t$个工具变量Z_k。针对样本而言，形成如下表达式：

$$\begin{cases} E(Z_1\Delta \varepsilon_{it}) = g_1(\hat{\beta}_1, \hat{\gamma}_1) \\ E(Z_2\Delta \varepsilon_{it}) = g_2(\hat{\beta}_2, \hat{\gamma}_2) \\ \cdots \\ E(Z_k\Delta \varepsilon_{it}) = g_k(\hat{\beta}_k, \hat{\gamma}_k) \end{cases} \tag{6-7}$$

在式(6-7)之中，$g_1(\hat{\beta}_1, \hat{\gamma}_1) \neq 0$，令$G=(g_1, g_2\cdots, g_k)$，其转置$G^\tau = (g_1, g_2, \cdots, g_k)^\tau$为了保证$g_i(\hat{\beta}_1, \hat{\gamma}_1) \cong 0$，即就$\min(G G^\tau)$，基于二次型表征距离的性质，构造权重矩阵W，使得$\min(GWG^\tau)$，在此基础上，得到最佳的参数$\hat{\beta}_i$，$\hat{\gamma}_i$。

然而，差分GMM估计有一定的缺陷，当$\rho \approx 1$时，即Y_{it}这一序列具有很强的持续性，进而导致Y_{it-2}及其他滞后项为弱工具变量，导致估计结果缺乏效率。基于此，又回归到最初的水平方程(6-3)，与此同时，运用ΔY_{it-1}及以后的滞后项作为Y_{it-1}的工具变量。得到表达式(6-8)。但要求$E(\Delta Y_{it-s}u_i) = 0$，即$Y_{it}$趋向于稳态$Y_i^*$。Blundell和Bond（1998）将差分GMM与水平GMM结合，将差分方程与水平方程作为一个方程系统进行GMM估计，俗称“系统GMM”估计

① 因为$\Delta Y_{it-1} = Y_{it-1} - Y_{it-2}$，$\Delta \varepsilon_{it} = \varepsilon_{it} - \varepsilon_{it-1}$，动态面板模型的一个重要假定：$Cov(\varepsilon_{it}, \varepsilon_{ij}) = 0$，其中，$t \neq j$，因此，$Y_{it-1}$与$\varepsilon_{it-1}$相关，从而导致$\Delta Y_{it-1}$与$\Delta \varepsilon_{it}$相关。

(system - GMM)，因此，综合来看，在满足相关假定条件的情况下①，系统 GMM 估计较差分 GMM 估计更有效率。其缺点是额外假定工具变量 ΔY_{it-s}（s = 1，2，3，…）与不随时间而变的个体特征 u_i 相关。

$$\begin{cases} E(\Delta Y_{it-1} Y_{it-1}) \neq 0 \\ E(\Delta Y_{it-s} \varepsilon_{it}) = 0 \end{cases} \tag{6-8}$$

基于此，本书认为，与西方发达国家相比，我国的经济发展水平整体还较低，我国各省域城市体系尚未达到稳态。因此，估计产业集聚与城市体系扁平化之间的关系，采取差分 GMM 的方法将更为合适。

6.3.2　变量选取及说明

城市规模等级结构扁平化依然是本章的被解释变量。根据前面的文献评述，现有文献关于城市规模等级结构扁平化的测度包括参数估计和非参数估计方法两大类，以参数估计方法获得的扁平化指数作为初始被解释变量，为了考察结论的稳健性，将非参数估计方法获得扁平化指数作为稳健性估计中的被解释变量，计算方法见第 3 章的公式（3 - 1）、公式（3 - 2）。产业集聚规模指数是本章的核心解释变量，在实际的研究过程中，为了进一步考察不同属性行业的产业集聚规模对城市体系扁平化的影响，因此，产业集聚规模这一核心解释变量包括非农产业就业规模指数（zs_fn）、制造业就业规模指数（zs_zz）、采矿业就业规模指数（zs_ck）、服务业就业规模指数（zs_fn）、生产性服务业指数（zs_scx）以及制造业和生产性服务业的协同集聚指数（coa）。此外，外商直接投资（fdi）、对外开放程度（open）、交通基础设施（railway）等是本节模型的控制变量，其计算方法及理论解释同第 4 章，此处不再赘述。

6.3.3　变量的数据来源与统计性描述

关于城市人口数据来自历年《中国城市建设统计年鉴》中的城区人口和城区暂住人口之和，制造业多样化集聚和相关多样化与无关多样化原始数据依据历年《中国工业统计年鉴》整理计算所得，服务业多样化集聚指数及其相关多样化和无关多样化依据历年《中国城市统计年鉴》整理计算所得，制造业指数和服务业指数依据《中国城市统计年鉴》整理计算所得。其他控制变量如，城市化、外商直接投资、对外开放程度、交通基础设施和地区教育水平选自历年《中国统计年鉴》和各省历年统计年鉴。表 6 - 5 为本章实证研究所需变量的基本统计量。

---

① $E(\Delta Y_{it-s} u_i) = 0$ 这一条件目前还没办法给予检验，只能依据常识判断经济变量是否趋向稳态，具体见：陈强．高级计量经济学及 stata 应用［M］．北京：高等教育出版社，2014.

表 6-5　变量的基本统计量

变量	变量指代	样本量	均值	标准误	最小值	最大值
人口分布的集中化指数	hhi	184	0.181	0.104	0.082	0.526
齐普夫指数	q	184	0.980	0.260	0.642	1.932
非农产业就业规模指数	zs_fn	184	0.995	0.043	0.819	1.036
制造业就业规模指数	zs_m	184	0.900	0.337	0.414	2.145
服务业就业规模指数	zs_s	184	1.008	0.233	0.207	1.599
采矿业就业规模指数	zs_k	184	1.263	0.999	0.266	6.316
城市化	urb	184	0.476	0.095	0.275	0.688
交通基础设施水平	railway	184	0.338	0.158	0.080	1.020
对外开放程度	open	184	0.165	0.202	0.020	0.990
外商直接投资	pfdi	184	0.003	0.002	0.000	0.012
生产性服务业指数	zs_scx	184	0.877	0.154	0.430	1.208
非农产业规模指数与交通基础设施的交互项	zs_fn_railway	184	0.3332	0.1434	0.0781	0.9546
制造业规模指数与交通基础设施的交互项	railway_zs_m	184	0.2872	0.1225	0.0513	0.7508
协同集聚指数	coag	184	0.8246	0.1283	0.3934	0.9981

表 6-6 为被解释变量和主要解释变量之间的相关系数，可以看出，通过非参数估计获得的被解释变量 HHI 与通过参数估计获得被解释变量 q 相关性程度达到 0.893，通过了 1% 的假设检验。被解释变量与其他解释变量如制造业专业化集聚、多样化集聚，制造业区位商、服务业区位商，工业服务业多样化集聚及专业化集聚都通过了 95% 的显著性水平。当然相关关系，不能代替因果关系，本章将通过具体的计量模型进一步检验变量之间的因果关系。

表 6-6　主要变量之间的相关系数矩阵

	hhi	q	sp_m	div_m	zs_m	zs_s	div_fn	sp_fn
hhi	1							
	—							
q	0.893*	1						
	(0.000)	—						
sp_m	0.699*	0.552*	1					
	(0.000)	(0.000)	—					

续表

	hhi	q	sp_m	div_m	zs_m	zs_s	div_fn	sp_fn
div_m	-0.585*	-0.529*	-0.742*	1				
	(0.000)	(0.000)	(0.000)	—				
zs_m	-0.309*	-0.071	-0.549*	0.443*	1			
	(0.000)	(0.337)	(0.000)	(0.000)	—			
zs_s	0.278*	0.157*	0.379*	-0.311*	-0.729*	1		
	(0.000)	(0.032)	(0.000)	(0.000)	(0.000)	—		
div_fn	-0.439*	-0.480*	-0.600*	0.796*	0.228*	-0.213*	1	
	(0.000)	(0.000)	(0.000)	(0.000)	(0.002)	(0.004)	—	
sp_fn	0.483*	0.400*	0.794*	-0.558*	-0.279*	0.215*	-0.554*	1
	(0.000)	(0.000)	(0.000)	(0.000)	(0.000)	(0.003)	(0.000)	—

6.4 模型参数估计

6.4.1 非农产业集聚整体对城市体系扁平化的结果检验

表6-7报告了非农产业集聚整体对城市体系影响的估计结果。在表的左半部分，被解释变量城市体系扁平化是基于参数估计取得的齐普夫指数（q）。在模型1中仅仅考虑了非农产业集聚对城市体系扁平化的影响，非农产业集聚对扁平化的促进作用在95%的水平上通过了显著性检验，其影响系数的绝对值为1.183，与此同时，sargan值为16.736，其概率为0.727，表明模型设定正确，而且AR（2）的概率值大于0.1，表明通过二阶序列无关检验。进一步讲，作为区域空间组织结构中的轴—交通基础设施对城市体系扁平化的影响，在模型2中考虑交通基础设施变量（railway），发现非农产业集聚仍旧在95%的水平上促进了城市体系扁平化，其影响系数的绝对值为1.311，表明在交通基础设施的作用下，非农产业集聚进一步驱动了省域城市体系的扁平化，与此同时，交通基础设施在99%的水平显著地促进了城市体系的扁平化；在区域空间组织结构体系中，产业集聚与交通设施可能通过交互作用影响城市体系结构，区域产业集聚的发展需要交通基础设施的跟进、交通基础设施的发展、产业的合理集聚，进而影响城市体系结构，基于此，考虑将两者的交互作用纳入模型3，结果表明，非农产业集聚

表 6-7 非农产业集聚整体对城市体系扁平化的影响效应

模型变量	被解释变量：参数估计				模型变量	被解释变量：非参数估计			
	模型 1	模型 2	模型 3	模型 4		模型 1	模型 2	模型 3	模型 4
L.q	0.422*** (10.01)	0.359*** (9.04)	0.428*** (11.06)	0.441*** (11.44)	L.hhi	0.102*** (5.51)	0.097*** (5.06)	0.095*** (3.91)	0.054* (1.86)
zs_fn	-1.183** (-2.38)	-1.311** (-2.29)	-2.277*** (-2.80)	-1.728** (-2.16)	zs_fn	-0.414*** (-6.77)	-0.380*** (-5.74)	-0.400** (-2.20)	-0.657*** (-3.42)
railway		-0.318*** (-3.43)	-7.254*** (-3.99)	-5.935*** (-3.35)	railway		-0.050 (-1.59)	-0.229 (-0.34)	-1.112 (-1.52)
zs_fn_railway			7.310*** (3.84)	5.993*** (3.21)	zs_fn_railway			0.185 (0.27)	1.089 (1.46)
open				-0.124 (-0.57)	open				0.041*** (3.60)
_cons	1.744*** (3.32)	2.050*** (3.42)	2.814*** (3.43)	2.264*** (2.78)	_cons	0.568*** (9.58)	0.555*** (8.35)	0.575*** (3.15)	0.824*** (4.33)
时间	Yes	Yes	Yes	Yes	时间	Yes	Yes	Yes	Yes
N	138	138	138	138	N	138	138	138	138
sargan	16.736	15.589	7.622	7.532	sargan	15.586	15.463	15.229	12.668
sarganp	0.727	0.792	0.997	0.997	sarganp	0.792	0.799	0.811	0.920
arm1	-1.541	-1.529	-1.532	-1.539	arm1	-1.199	-1.218	-1.190	-1.134
arm2	1.192	1.209	1.161	1.182	arm2	1.062	1.094	1.064	0.984
ar1p	0.123	0.126	0.126	0.124	ar1p	0.231	0.223	0.234	0.257
ar2p	0.267	0.273	0.254	0.263	ar2p	0.212	0.226	0.213	0.175
N_g	23.000	23.000	23.000	23.000	N_g	23.000	23.000	23.000	23.000

t statistics in parentheses

* $p < 0.1$, ** $p < 0.05$, *** $p < 0.01$

与交通基础设施的交互作用抑制了城市体系扁平化，而非农产业集聚进一步显著地推进了区域的城市体系扁平化，其影响系数的绝对值提高到 2.277。最后，进一步考虑将区域的对外开放程度（open）纳入到模型 4，非农产业集聚对城市体系扁平化促进作用这一结论依然成立，此外，对外开放程度尽管与城市体系扁平化负相关，但在统计上没有通过相关检验。为了保证结论的稳健性，表6-7的右侧部分考察了基于被解释变量城市体系扁平化是非参数估计的 hhi（赫芬达尔指数）。为了可比较性，两组模型估计方法一致，控制变量一致。可以看出除了控制变量有所差异外，本部分所讨论的核心解释变量非农产业集聚（zs_fn）对城市体系扁平化具有促进作用，其显著性水平达到99%。与此同时，模型通过了sargan检验和abond序列相关检验。综上可以看出：无论考虑控制变量与否，非农产业集聚都显著地促进了城市体系的结构扁平化。表明非农产业发展是驱动省域城市体系扁平化和优化省域单元空间组织结构的主体力量。非农产业集聚是一个"黑箱"，需要进一步挖掘产业集聚内部是何种产业集聚在主导着省域空间单元城市体系结构，基于此后面将进一步分为制造业、采掘业和服务业，分别讨论各自对城市体系结构的影响，然后综合考虑这三大产业对城市体系结构的影响。与此同时，将生产性服务业从服务业中分离出来，并考察各自对城市体系结构的影响。

6.4.2 制造业集聚对城市体系扁平化的结果检验

表6－8报告了制造业集聚的城市体系扁平化影响效应的估计结果。为了尽可能减少内生性问题，即当期制造业集聚指数与模型当期扰动项的相关性，基于此，本部分将被解释变量制造业集聚指数滞后了3期①，为了排除时间因素对被解释变量的干扰，模型控制了时间变化趋势。可以看出，无论是否考虑控制变量，制造业集聚将在统计学意义上显著推进城市体系扁平化。而且，随着相关控制变量的引入，制造业集聚对城市体系扁平化的作用系数会增强。由于制造业具有明显的可贸易性特征，制造业在集聚的过程中会发生产业的空间梯度转移扩散，而交通基础设施是重要的通道和媒介，因此，当加入交通基础设施与制造业交互作用的情况下，制造业集聚对城市体系扁平化的作用系数明显增强，进一步看，在考虑对外开放度的情况下，制造业集聚在区域空间组织结构中的作用更大，这表明对外开放提高了交通基础设施在促进产业转移扩散进而影响区域空间组织结构中的功能和地位。

表6－8 制造业集聚对城市体系扁平化的影响：基本估计结果

模型 变量	被解释变量：参数估计				
	模型1	模型2	模型3	模型4	模型5
L. q	0.439*** (22.08)	0.395*** (16.59)	0.416*** (7.33)	0.381*** (15.15)	0.383*** (5.79)
zs_m	−0.176*** (−3.91)	−0.136*** (−2.81)	−0.225* (−1.69)	−0.593*** (−3.23)	−0.575*** (−3.19)

① 相比较模型滞后1期和滞后2期，滞后3期结果最好。

续表

模型 变量	被解释变量：参数估计				
	模型 1	模型 2	模型 3	模型 4	模型 5
railway		-0.174 (-0.86)	-0.213 (-0.60)	-0.752** (-2.03)	-0.763** (-2.22)
railway_zs_m			0.156 (0.60)	0.986** (2.33)	0.997*** (2.59)
open				-0.317 (-1.18)	-0.292 (-0.51)
edu					0.224 (1.47)
_cons	0.681*** (14.71)	0.754*** (6.90)	0.783*** (4.57)	1.131*** (7.74)	1.057*** (4.55)
时间	控制	控制	控制	控制	控制
N	138	138	138	138	138
sargan	11.387	9.991	10.894	6.973	7.198
sarganp	0.955	0.979	0.965	0.998	0.998
arm1	-1.451	-1.467	-1.577	-1.423	-1.422
arm2	1.173	1.148	1.226	1.182	1.183
ar1p	0.147	0.142	0.115	0.155	0.155
ar2p	0.259	0.249	0.280	0.263	0.263
N_g	23.000	23.000	23.000	23.000	23.000

t statistics in parentheses

* $p < 0.1$, ** $p < 0.05$, *** $p < 0.01$

为了考察制造业集聚对城市体系扁平化影响效应的稳健性，将被解释变量更换为非参估计的赫芬达尔指数 hhi，表 6-9 的结果表明制造业集聚规模依然能够在 5% 的水平上显著地促进城市体系扁平化，表明结论具有稳健性。

表 6-9　制造业集聚对城市体系扁平化的影响：稳健性检验

模型 变量	被解释变量：非参数估计				
	模型 1	模型 2	模型 3	模型 4	模型 5
L. hhi	0.127*** (7.65)	0.058* (1.81)	0.104*** (4.98)	0.168*** (4.07)	0.191*** (4.41)

续表

模型 变量	被解释变量：非参数估计				
	模型 1	模型 2	模型 3	模型 4	模型 5
zs_m	-0.069*** (-4.24)	-0.053*** (-3.04)	-0.079** (-2.31)	-0.082** (-2.47)	-0.073** (-1.97)
railway		-0.103*** (-7.14)	-0.129*** (-4.04)	-0.052 (-1.22)	-0.062 (-1.53)
railway_zs_m			0.047 (0.75)	0.106* (1.87)	0.088 (1.39)
open				-0.012 (-0.55)	0.004 (0.26)
edu					0.061 (1.15)
_cons	0.218*** (11.66)	0.248*** (12.67)	0.262*** (9.16)	0.193*** (5.33)	0.175*** (4.11)
时间	控制	控制	控制	控制	控制
N	138	138	138	138	138
sargan	17.559	13.559	17.935	9.125	8.843
sarganp	0.677	0.888	0.653	0.988	0.990
arm1	-1.238	-1.164	-1.243	-1.352	-1.431
arm2	1.155	1.077	1.156	1.253	1.293
ar1p	0.216	0.244	0.214	0.176	0.152
ar2p	0.252	0.218	0.252	0.290	0.304
N_g	23.000	23.000	23.000	23.000	23.000

t statistics in parentheses

* $p < 0.1$, ** $p < 0.05$, *** $p < 0.01$

6.4.3 服务业集聚对城市体系扁平化的结果检验

表 6-10 报告了服务业集聚对城市体系扁平化的影响，被解释变量是基于参数估计的齐普夫指数。为了初步判断服务业集聚对城市体系扁平化的影响，模型 1 仅考虑了当期的服务业集聚这一核心解释变量，可以看出，当期服务业集聚对城市体系扁平化具有明显的抑制作用。为了减轻因遗漏重要变量而产生的内生性问题，模型 2 和模型 3 考虑了控制变量，发现当期服务业集聚对城市体系扁平化

依然具有抑制作用，但在统计学意义上不显著。与此同时，为了减少因为核心解释变量 zs_s 本身引发的模型内生性问题，考虑一期滞后并发现，无论加入控制变量与否，城市服务业对城市体系扁平化的影响均不显著，但服务业对城市体系扁平化仍旧是抑制的。

表 6-10　服务业集聚对城市体系扁平化的影响

模型 变量	当期			滞后一期		
	模型 1	模型 2	模型 3	模型 1	模型 2	模型 3
L. q	0. 415 *** (40. 00)	0. 418 *** (11. 27)	0. 427 *** (17. 40)	0. 488 *** (10. 78)	0. 369 *** (17. 89)	0. 378 *** (16. 75)
zs_s	0. 022 *** (4. 67)	0. 009 (1. 16)	0. 010 (1. 21)	0. 113 (0. 78)	0. 138 (0. 73)	0. 136 (0. 71)
railway		-0. 259 *** (-3. 82)	-0. 091 (-0. 78)		-0. 490 *** (-3. 66)	-0. 493 *** (-3. 18)
open			-0. 277 (-1. 33)			-0. 076 (-0. 26)
_cons	0. 529 *** (27. 56)	0. 646 *** (9. 68)	0. 610 *** (8. 07)	0. 367 *** (3. 41)	0. 654 *** (4. 19)	0. 654 *** (3. 93)
时间	控制	控制	控制	控制	控制	时间
N	138	138	138	138	138	138
sargan	10. 527	13. 625	9. 857	16. 201	13. 276	12. 520
sarganp	0. 971	0. 885	0. 981	0. 758	0. 899	0. 924
arm1	-1. 474	-1. 572	-1. 542	-1. 631	-1. 556	-1. 569
arm2	1. 173	1. 233	1. 243	1. 254	1. 226	1. 235
ar1p	0. 140	0. 116	0. 123	0. 103	0. 120	0. 117
ar2p	0. 259	0. 282	0. 286	0. 290	0. 280	0. 283
N_g	23. 000	23. 000	23. 000	23. 000	23. 000	23. 000

t statistics in parentheses

* $p < 0.1$，** $p < 0.05$，*** $p < 0.01$

为了进行稳健性检验，表 6-11 报告了基于非参数估计的被解释变量 hhi 与服务业集聚关系。采取了同样的方法，可以看出，无论是否考虑控制变量，服务业集聚都在 99% 的水平上显著地抑制了城市体系扁平化。这一结论与陆铭和向宽虎（2012）的结论是基本一致的。大城市发展服务业具有比较优势，中小城市地价低，环境污染成本小，适合发展制造业，因而大中小城市存在服务业和制造业的分工。

表 6－11 服务业集聚对城市体系扁平化的影响

变量 模型	当期			滞后一期		
	模型 1	模型 2	模型 3	模型 1	模型 2	模型 3
L. hhi	0.104*** (6.16)	0.104*** (5.43)	0.086*** (4.43)	0.147*** (6.69)	0.124*** (5.10)	0.106*** (4.39)
zs_s	0.007*** (6.87)	0.005*** (2.78)	0.006*** (4.14)	0.050*** (2.91)	0.064*** (4.18)	0.071*** (3.72)
railway		−0.076*** (−4.21)	−0.072*** (−3.80)		−0.070*** (−4.31)	−0.065*** (−3.51)
open			0.024 (1.58)			0.042*** (2.97)
_cons	0.155*** (25.23)	0.178*** (15.33)	0.171*** (13.84)	0.103*** (6.68)	0.117*** (8.81)	0.106*** (5.56)
时间	控制	控制	控制	控制	控制	时间
N	138	138	138	138	138	138
sargan	19.328	16.779	16.074	18.025	17.404	18.201
sarganp	0.564	0.724	0.765	0.647	0.686	0.636
arm1	−1.234	−1.251	−1.216	−1.254	−1.261	−1.245
arm2	1.115	1.131	1.097	1.103	1.106	1.079
ar1p	0.217	0.211	0.224	0.210	0.207	0.213
ar2p	0.235	0.242	0.228	0.230	0.231	0.220
N_g	23.000	23.000	23.000	23.000	23.000	23.000

t statistics in parentheses

$*p<0.1$，$**p<0.05$，$***p<0.01$

初步认为，大城市对于区域城市体系结构具有重要的影响，而且进一步认为大城市服务业的发展主要在于现代生产性服务业。基于此，本部分将进一步检验生产性服务业对城市体系扁平化的影响。表 6－12 报告了生产性服务业集聚对城市体系扁平化的影响，其中被解释变量为基于参数估计的齐普夫指数。结果表明，无论是生产性服务业指数是当期，还是滞后一期，不论考虑其他控制变量与否，生产性服务业指数都对城市体系扁平化有抑制作用，在统计上都很显著。

表 6-12　生产性服务业对城市体系扁平化的影响：被解释变量参数估计

模型 变量	当期			滞后一期		
	模型 1	模型 2	模型 3	模型 1	模型 2	模型 3
L. q	0.431 *** (24.45)	0.349 *** (14.68)	0.375 *** (8.28)	0.413 *** (16.22)	0.359 *** (11.96)	0.391 *** (15.27)
zs_scx	0.042 *** (2.64)	0.047 *** (2.83)	0.044 *** (2.59)	0.198 *** (7.04)	0.165 *** (4.07)	0.075 ** (2.02)
railway		-0.578 *** (-5.00)	-0.498 *** (-3.86)		-0.510 *** (-3.96)	-0.456 *** (-3.67)
open			-0.247 *** (-4.01)			-0.253 *** (-3.82)
_cons	0.503 *** (23.43)	0.792 *** (16.48)	0.773 *** (10.50)	0.405 *** (14.87)	0.667 *** (12.42)	0.709 *** (12.34)
时间	控制	控制	控制	控制	控制	时间
N	138	138	138	138	138	138
sargan	11.966	9.739	8.167	20.657	16.023	8.767
sarganp	0.941	0.982	0.994	0.480	0.768	0.991
arm1	-1.481	-1.426	-1.450	-1.485	-1.464	-1.457
arm2	1.178	1.150	1.181	1.162	1.156	1.172
ar1p	0.139	0.154	0.147	0.138	0.143	0.145
ar2p	0.261	0.250	0.262	0.255	0.252	0.259
N_g	23.000	23.000	23.000	23.000	23.000	23.000

t statistics in parentheses

* $p < 0.1$，** $p < 0.05$，*** $p < 0.01$

与此同时，表 6-13 报告了被解释变量为非参数估计情况下的模型估计结果。结果发现，当期生产性服务业对城市体系扁平化的影响并不显著，而将生产性服务业滞后 1 期发现生产性服务业对城市体系扁平化的抑制作用较为明显，当把交通基础设施和对外开放程度等控制变量加入模型时，其对城市体系结构变化的影响在 1% 的水平上显著，说明不管是基于非参数估计的被解释变量所在的模型，还是基于参数估计的被解释变量所在的模型都反映出上一期的生产性服务业对当期的城市体系扁平化具有明显的抑制作用。

表 6-13 生产性服务业对城市体系扁平化的影响：被解释变量非参数估计

模型 变量	当期			滞后一期		
	模型 1	模型 2	模型 3	模型 1	模型 2	模型 3
L. hhi	0.153 *** (12.47)	0.121 *** (7.97)	0.100 *** (6.11)	0.141 *** (9.66)	0.117 *** (7.23)	0.097 *** (5.47)
zs_scx	-0.003 (-1.01)	0.001 (0.73)	0.000 (0.07)	0.016 *** (3.41)	0.009 (1.62)	0.016 *** (2.92)
railway		-0.077 *** (-3.86)	-0.074 *** (-3.79)		-0.064 *** (-2.90)	-0.068 *** (-3.48)
open			0.028 *** (2.86)			0.031 *** (3.45)
_cons	0.155 *** (30.15)	0.182 *** (17.73)	0.179 *** (17.45)	0.145 *** (33.91)	0.177 *** (17.72)	0.164 *** (13.96)
时间	控制	控制	控制	控制	控制	时间
N	138	138	138	138	138	138
sargan	18.369	16.656	16.537	19.452	16.704	15.388
sarganp	0.626	0.732	0.739	0.556	0.729	0.803
arm1	-1.211	-1.213	-1.192	-1.208	-1.189	-1.178
arm2	1.085	1.097	1.078	1.087	1.077	1.064
ar1p	0.226	0.225	0.233	0.227	0.234	0.239
ar2p	0.222	0.228	0.219	0.223	0.219	0.213
N_g	23.000	23.000	23.000	23.000	23.000	23.000

t statistics in parentheses

* $p < 0.1$, ** $p < 0.05$, *** $p < 0.01$

6.4.4 非农产业各行业集聚对城市体系扁平化的影响

从计量经济学的角度来讲，分行业考察其对城市体系扁平化的影响，可能存在遗漏其他行业变量的情况，即考察制造业可能漏掉了服务业和采矿业，由此带来估计的不准确性，基于此，本小节将各类产业纳入同一个模型中去考察对城市体系扁平化的影响，与此同时，为了消除内生性，被解释变量为滞后变量。表 6-14报告的结果表明制造业集聚对城市体系扁平化具有显著的促进作用，服务业对城市体系扁平化的抑制作用不明显，采矿业整体上对城市体系扁平化有抑制作用，但统计上没通过显著性检验。进一步说明，大城市具有发展生产性服务业的优势，进一步拉大了大城市与周边中小城市的差距，中小城市具有从事制造业的优势，在一定程度上对城市体系扁平化具有显著的促进作用。而对于采矿业占主导的区域，由于矿产资源陷阱，不利于地区制造业的发展，进而在一定程度上拉大了与非矿业城市之间的发展差距，使得区域城市体系趋于非扁平化。

表 6-14　制造业、服务业和采矿业对城市体系扁平化的影响

模型 变量	被解释变量：参数估计			
	模型 1	模型 2	模型 3	模型 4
L. q	0. 422 *** (11. 40)	0. 367 *** (11. 21)	0. 286 *** (4. 60)	0. 286 *** (4. 78)
zs_m	-0. 193 *** (-2. 76)	-0. 231 *** (-2. 87)	-0. 229 ** (-2. 47)	-0. 263 *** (-2. 80)
zs_s	0. 171 (1. 36)	0. 248 ** (2. 19)	0. 100 (0. 69)	0. 039 (0. 26)
zs_k		0. 002 (0. 12)	0. 000 (0. 01)	0. 002 (0. 09)
railway			-0. 356 *** (-3. 30)	-0. 207 (-1. 49)
open				-1. 050 *** (-3. 17)
_cons	0. 565 *** (5. 79)	0. 550 *** (3. 99)	0. 912 *** (4. 39)	1. 101 *** (4. 66)
时间	控制	控制	控制	控制
N	138	138	138	138
sargan	13. 161	14. 313	11. 356	9. 689
sarganp	0. 903	0. 856	0. 955	0. 983
arm1	-1. 611	-1. 502	-1. 439	-1. 251
arm2	1. 237	1. 171	1. 148	1. 076
ar1p	0. 107	0. 133	0. 150	0. 211
ar2p	0. 284	0. 258	0. 249	0. 218
N_g	23. 000	23. 000	23. 000	23. 000

t statistics in parentheses

* $p < 0.1$，** $p < 0.05$，*** $p < 0.01$

表6－15报告了制造业、服务业和采矿业对城市体系扁平化影响的稳健性估计结果，无论加入控制变量与否，制造业集聚都显著地促进城市体系扁平化，同表6－14相比，结论具有稳健性。而采矿业和服务业对城市体系扁平化具有抑制作用，但随着控制变量的加入，其抑制作用变得不再显著。此外，在模型中交通基础设施显著地促进了城市体系扁平化。

表6－15　制造业、服务业和采矿业对城市体系扁平化的影响

模型 变量	被解释变量：非参数估计			
	模型1	模型2	模型3	模型4
L. hhi	0.070** (2.30)	0.065** (1.99)	0.047 (1.16)	0.091** (2.20)
zs_m	−0.072*** (−3.63)	−0.061*** (−2.78)	−0.060** (−2.54)	−0.052** (−2.25)
zs_s	0.035* (1.71)	0.033 (1.62)	0.027 (1.43)	0.016 (0.78)
zs_k		0.011** (2.20)	0.010** (2.06)	0.008 (1.46)
railway			−0.053*** (−2.61)	−0.055*** (−2.63)
open				0.027* (1.80)
_cons	0.194*** (7.47)	0.175*** (6.60)	0.197*** (6.65)	0.197*** (5.94)
时间	控制	控制	控制	控制
N	138	138	138	138
sargan	16.768	17.542	17.159	16.321
sarganp	0.725	0.678	0.701	0.751
arm1	−1.214	−1.211	−1.168	−1.349
arm2	1.139	1.154	1.116	1.262
ar1p	0.225	0.226	0.243	0.177
ar2p	0.245	0.251	0.235	0.293
N_g	23.000	23.000	23.000	23.000

t statistics in parentheses

* $p < 0.1$, ** $p < 0.05$, *** $p < 0.01$

在表6－14和表6－15的基础上，进一步将生产性服务业从服务业中分离出来，讨论其与制造业和采矿业对城市体系扁平化的影响。通过表6－16可以看出，无论考虑控制变量与否，生产性服务业集聚规模都在5%的水平上显著抑制了城市体系扁平化。采矿业抑制城市规模扁平化，但均未通过检验，而制造业的集聚规模则对城市体系扁平化具有明显的促进作用。

表6－16　制造业、生产性服务业和采矿业对城市体系扁平化的影响

模型 变量	被解释变量：非参数估计			
	模型1	模型2	模型3	模型4
L. hhi	0.074*** (4.81)	0.079*** (4.14)	0.066** (1.96)	0.061* (1.87)
zs_m	−0.060*** (−2.80)	−0.054*** (−2.65)	−0.064*** (−2.89)	−0.040* (−1.67)
zs_scx	0.025*** (3.01)	0.023*** (2.67)	0.020** (2.35)	0.019** (2.00)
zs_k		0.002 (0.41)	0.008 (1.59)	0.005 (0.89)
railway			−0.055*** (−2.62)	−0.038* (−1.81)
open				0.021 (1.50)
_cons	0.196*** (10.09)	0.181*** (10.12)	0.212*** (7.41)	0.183*** (5.95)
时间	控制	控制	控制	控制
N	138	138	138	138
sargan	14.792	13.406	16.363	12.864
sarganp	0.833	0.894	0.749	0.913
arm1	−1.232	−1.253	−1.235	−1.194
arm2	1.132	1.154	1.166	1.109
ar1p	0.218	0.210	0.217	0.232
ar2p	0.242	0.251	0.256	0.232
N_g	23.000	23.000	23.000	23.000

t statistics in parentheses

$*p < 0.1$，$**p < 0.05$，$***p < 0.01$

表6－17报告了制造业与生产性服务业协同集聚对城市体系扁平化影响的FD－GMM估计结果，模型通过了sargan检验和序列相关性检验。在基于非参数估计的城镇规模等级结构扁平化指数的模型中，首先单独考察协同集聚指数对其影响，结果发现协同集聚与表征城市体系等级结构的赫芬达尔指数（hhi）呈现正相关，并通过了1%的显著性检验，即表明协同集聚显著地抑制了城市体系扁平化，基于此，进一步将其他控制变量加入模型，发现这一结论依旧成立，在统计上通过了1%的显著性检验。为此，为了确保结论的稳健性，考虑被解释变量城市体系扁平化指数为参数估计的齐普夫指数，方程估计结果依然表明协同集聚对城市体系扁平化有显著的抑制作用。对此，本书给出的基本解释是：在省区内部首位城市是制造业和生产性服务业的协同度较高的区域，在大城市自我累积循环效应下，进而影响着整个省区城市体系扁平化进程。

表6－17 制造业与生产性服务业协同集聚对城市体系扁平化的影响

变量＼模型	被解释变量：非参数估计			变量＼模型	被解释变量：参数估计		
	模型1	模型2	模型3		模型1	模型2	模型3
L. hhi	0.147***	0.115***	0.114***	L. q	0.398***	0.397***	0.396***
	(11.78)	(5.38)	(5.84)		(22.90)	(12.60)	(12.14)
coag	0.011***	0.013***	0.019***	coag	0.097***	0.086***	0.068**
	(3.10)	(2.68)	(3.21)		(3.87)	(3.32)	(2.31)
railway		−0.062**	−0.052*	railway		−0.262***	−0.173
		(−2.35)	(−1.91)			(−3.35)	(−1.55)
open			0.041***	open			−0.522**
			(3.30)				(−2.38)
_cons	0.147***	0.177***	0.159***	_cons	0.503***	0.623***	0.680***
	(26.20)	(16.70)	(11.58)		(20.11)	(11.55)	(8.78)
时间	控制	控制	控制	时间	控制	控制	控制
N	138	138	138	N	138	138	138
sargan	18.663	17.593	16.269	sargan	10.221	12.671	11.084
sarganp	0.607	0.675	0.754	sarganp	0.976	0.920	0.961
arm1	−1.237	−1.220	−1.235	arm1	−1.420	−1.544	−1.451
arm2	1.108	1.112	1.110	arm2	1.125	1.233	1.197
ar1p	0.216	0.223	0.217	ar1p	0.156	0.123	0.147
ar2p	0.232	0.234	0.233	ar2p	0.239	0.283	0.269
N_g	23.000	23.000	23.000	N_g	23.000	23.000	23.000

t statistics in parentheses

* $p < 0.1$, ** $p < 0.05$, *** $p < 0.01$

6.5 本章小结

本章从行业集聚规模的视角，考察了非农产业整体及分行业（制造业、采矿业和服务业）产业集聚规模对城市体系扁平化的影响效应，并借助动态面板模型检验了两者之间的关系，并得出如下基本结论。

非农产业集聚推动了省域城市体系扁平化，在此基础上分行业考察对城市体系扁平化的影响，发现存在一定的行业异质性。

（1）制造业能够显著地推动城市体系扁平化。产生这一现象的重要原因在于，制造业具有明显的可贸易性和空间可流动性，这种流动性特征决定了中心城市的制造业集聚出现规模不经济时，必然转向中小城市，进而为中小城市规模扩大提供了产业基础。

（2）采掘业抑制城市体系扁平化，一个重要的原因在于采掘业容易对制造业发展产生空间挤出，引发“资源诅咒”效应。一方面采掘业投资成本的回收速度快，使得资本容易涌向采掘业，不利于制造业的发展；另一方面采掘业容易产生一定的环境污染效应，影响区域的综合竞争力，使得这些区域在制造业领域缺乏投资吸引力。而且，采掘业作为资源型产业，其本身在扩大就业规模方面的能力有限，难以成为一个省区的“产业增长极”，以及有效地延伸产业链，产生明显的产业空间扩散效应。

（3）服务业抑制城市体系扁平化，但在统计意义上不显著。进一步，将生产性服务业从服务业中分离出来考察其对城市体系扁平化的影响，结果发现生产性服务业显著地抑制了城市体系扁平化。其原因在于服务业尤其是生产性服务业主要集中于大城市，必然成为抑制城市体系扁平化的重要力量。

（4）在分行业考察的基础上，本部分实证研究最后将非农产业分行业纳入到一个模型框架下考察，结论基本保持不变。

（5）本章进一步考察了制造业与生产性服务业集聚对城市体系扁平化的影响，结果表明协同集聚抑制了城市体系扁平化，其背后的原因在于大城市（省会城市、首府城市）是产业协同集聚水平整体较高的区域，也必然会成为抑制区域城市体系扁平化的重要空间。

第7章　产业集聚影响城市体系扁平化的机制

本书第3章从理论上探讨了产业集聚的二重性及其与城市体系扁平化的关系，其核心思想是产业集聚方式通过产业集聚规模影响城市体系扁平化，即在这个框架中，产业集聚规模作为重要的中介变量存在。产业集聚规模是否作为重要的工具变量是本节关注的一个核心问题。此外，通过前面第4章至第6章的实证研究结论均表明，制造业在驱动城市体系扁平化方面发挥了重要作用。那么，制造业集聚影响城市体系扁平化的路径机制问题需要进一步探讨。一方面，产业在空间上集聚，导致地价上涨，进而使得产业在空间上的布局发生调整，并导致城镇规模等级结构扁平化格局发生变迁。另一方面，追求利润最大化的制造业企业，从大城市迁移到次一级城市，为次一级城市带来了大量的就业机会，促进了农村剩余劳动力的转移，进而促进城市体系扁平化。基于此，本章将围绕上述两大内容三个问题展开讨论。

7.1　引　言

基于上一章的研究可知，产业从集聚转向扩散，实现了城市体系的扁平化，基于中心—外围理论，即早期中心城市是制造业集聚的主要承载空间，而随着时间的推移，制造业从中心城市逐步流向了外围城市。那么是什么因素在驱动着产业集聚从A城市流向B城市。企业作为微观行为个体，其行为遵循“经济人”的基本假定，基于微观经济学的基本理论，企业为了追求利润最大化，土地成本、劳动力成本的上升，以及中国劳动力红利的不断消失，加剧了制造业的劳动力成本。为了降低劳动力成本，使得制造业从劳动力成本高的地方流向劳动力成本低的地方，而随着土地资源的稀缺，土地利用成本不断提高。图7－2是我国商品房平均销售价格。

制造业从A城市迁移到B城市，带来城市间产业份额的重新配置，使得区域的空间关系发生变化，这个过程反映了迁移的实质，而在结果上可通过产业在空间上的比例关系的变化来测度这种扩散的水平。

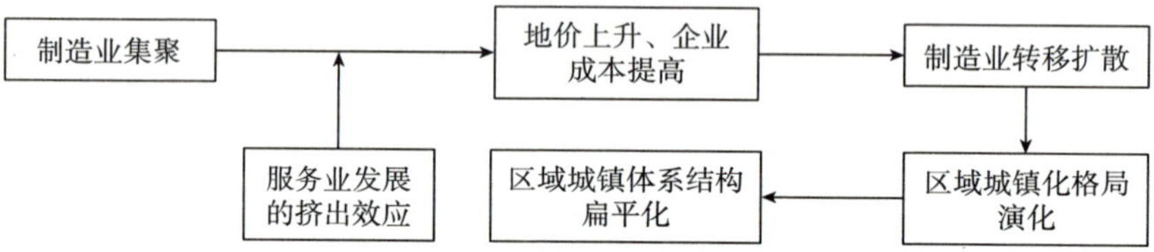

图7-1 制造业集聚影响城市体系扁平化的传导机制路径

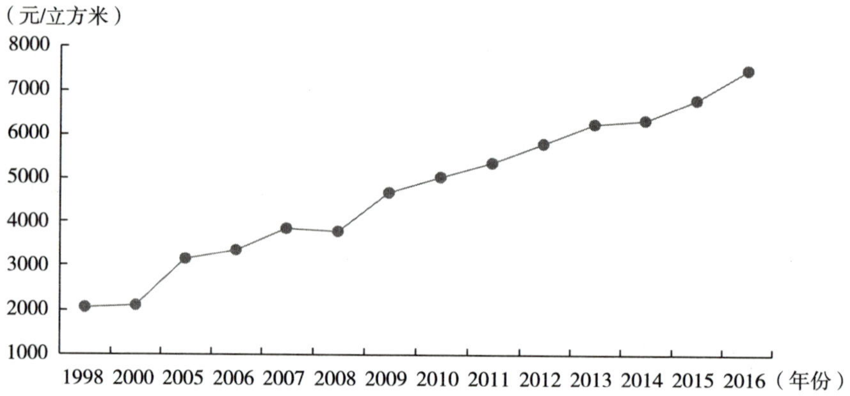

图7-2 1998~2016年我国商品房平均销售价格

资料来源：相关年份《中国统计年鉴》。

基于前面的实证研究发现，制造业在驱动区域城市体系扁平化方面发挥了重要作用，其原因在于制造业的空间转移流动性。而转移的内在机制是土地价格的上涨，增加了企业制造业的运营成本，导致利润下降，迫使制造业价值链较低端的行业部门从中心城市退出，向次一级的城市集聚。

工业产品生命周期理论认为，任何工业产品都具有一定的生命周期，即随着生产和技术的发展，产品的技术密集型程度会下降，且随着产品技术密集度的变化，产品的生产会发生区域空间转移，处在不同阶段的产品的生产优势区域不同，进而决定了区域城市体系格局。从形式与内容的角度看，城市的发展总是跟支撑城市发展的产品生命周期紧密相关。区域城市体系扁平化是在特定区域内各城市规模结构的变化，这一变化与产品生命周期紧密关联。产品生命周期变化过程反映了随着时间推移某些（类）产品在空间上的转移过程，产品生产活动在空间上的转移流动，进而带动区域城镇化格局演变，而决定产品在空间上流动的驱动力在于成本节约、技术进步。因此说，城市体系扁平化的过程是基于产品生命周期的产品生产空间转移过程，同一（类）产品在大中小城市和小城镇的转移深刻地影响着城市体系等级结构。产品的生命周期一般包括产品的研发改进、扩张和市场饱和与技术停滞三个阶段（陈秀山、张可云，2003）。

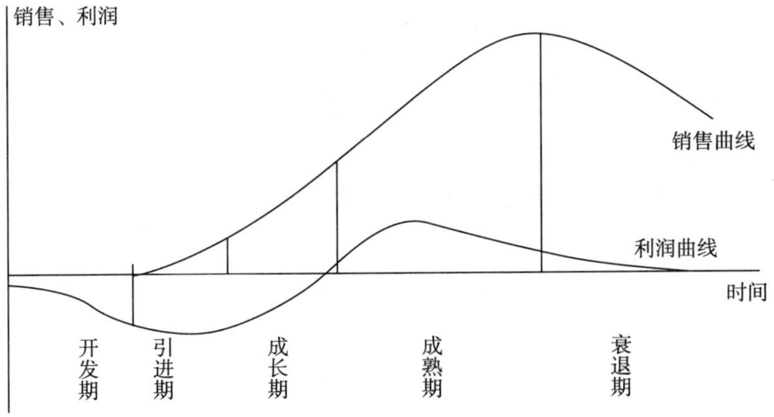

图7-3 产品生命周期示意图

资料来源：https：//baike. baidu. com/item/产品生命周期理论/246521？fr = aladdin#ref_[1]_9674。

在产品开发改进阶段，多为技术密集型产品，科学技术与集聚经济是影响技术密集型产品开发设计的重要因素，从地域空间上来看，大城市是人才集聚中心，科技研发中心、技术信息交流传播中心，具有明显的正外部性效应，无疑是满足上述两个条件的最佳区域，进而支撑新产品的研发设计。随着研发实现了新产品的问世，进入产品的小规模生产阶段，或者产品试运营和产品推广阶段，尽管大城市的成本较高，但只要有严格的专利技术保护作为支撑，大城市可以借助产品技术垄断获得高额利润，弥补大城市的高额成本。

随着新产品的研发改进成功之后，产品技术日益成熟，产品市场需求日益扩大，与此同时，同类产品的模仿者与跟随者出现，市场竞争加剧，很难通过垄断价格获得垄断利润。随着产品技术的成熟，降低了对劳动力素质的要求，使得人口整体素质不高的区域也可以从事产品生产，随着企业规模的扩张，早期产品的纵向一体化演变为横向一体化，即由外部规模经济转化为内部规模经济，产品生产将面临由少数大城市向面上扩张，这使得生产管理和投资成为影响产品扩大再生产的重要因素，而满足这类条件的城市主要是临近大城市的区域或中等规模城市。由于毗邻大城市的区域或中等城市成本较低，在产品转移的过程中，进而使得大城市的生产规模将逐步萎缩。

随着产品生产的普及，技术完全标准化，产品完全沦为劳动密集型产品，且出现了技术停滞，因此，对这类产品影响最为关键的因素是廉价的劳动力，而小城市满足这一特征，进而使得这类产品的生产活动转移到小城市。同时，这类劳动密集型产品的生产在大城市消失，取而代之的是新一轮新产品在大城市的研发改进，进而推动城市的向前发展。

7.2 产业集聚方式、集聚规模与城市体系扁平化

7.2.1 模型方法

为了进行检验产业集聚方式通过产业集聚规模这一中介变量影响城市体系扁平化，将设定模型（7－1）：

$$Y_{it} = \rho Y_{it-1} + \gamma X_{it} + \theta M_{it} + \sum_{i=1}^{k} \beta_i C_{it} + \alpha_i + \delta t + \varepsilon_{it} \qquad (7-1)$$

式（7－1）中的Y_{it}为测度城市体系扁平化的变量，同前面章节，指代各省（自治区）城市规模等级扁平化指数，用赫芬达尔指数（HHI）和齐普夫指数（q）予以表征，Y_{it-1}表征被解释变量的滞后一期项。X_{it}则表示产业集聚方式指标，本节指制造业相对多样化指数、制造业相关多样化指数和无关多样化指数。M_{it}则为中介变量，表征制造业集聚规模。C_{it}则为相关控制变量，α_i为表征不可观测的个体特征，t则表示年度虚拟变量，在模型中，控制被解释变量随时间而发生变动，ε_{it}为个体不可观测的随机扰动项。

7.2.2 变量与数据

7.2.2.1 变量说明

关于主要变量的测度方法及相关说明，在前面的章节已有说明，本部分将不再赘述。为了进一步观察本书所讨论的两个变量产业集聚方式与产业集聚规模，本书做了两者的散点图（见图7－4）。

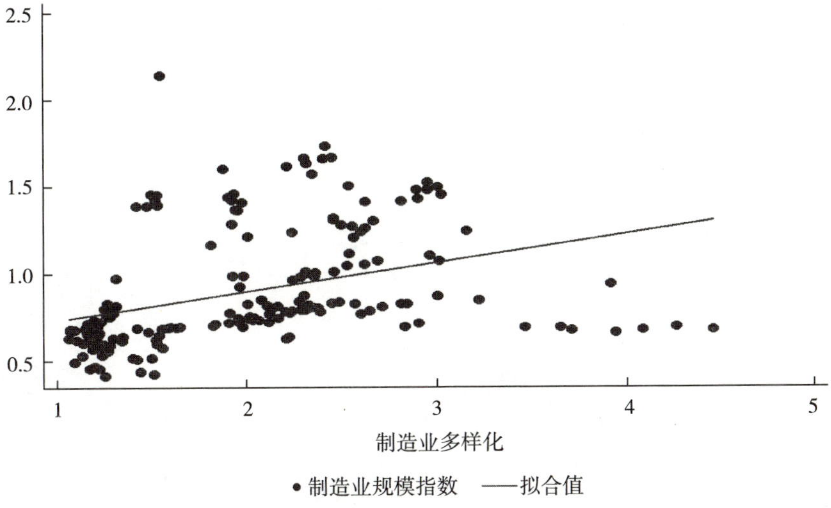

图7-4　制造业相对多样化与城市体系扁平化

7.2.2.2　数据说明

表7-1　主要变量的基本统计量

变量符号	变量符号说明	样本数	均值	标准差	最小值	最大值
hhi	赫芬达尔指数	184	0.1811	0.1044	0.0819	0.5255
q	齐普夫指数	184	0.9802	0.2604	0.6415	1.9317
rv_m	制造业相关多样化	184	1.5836	0.1781	1.0230	1.8266
uv_m	制造业无关多样化	184	1.2070	0.0986	0.8651	1.3328
div_m	制造业多样化	184	0.7052	0.3632	0.1170	1.5389
zs_m	制造业集聚指数	184	0.8997	0.3365	0.4142	2.1451
railway	交通基础设施水平	184	0.3261	0.1505	0.0800	0.9500
open	对外开放程度	184	0.1648	0.2024	0.0204	0.9900
railway_zs_m	制造业集聚指数与交通基础设施交互项	184	0.2765	0.1072	0.0513	0.5677

可以看出，制造业的相对多样化和制造业相关多样化都与制造业集聚规模正相关，制造业的无关多样化与产业集聚规模则存在负相关。那进一步说明，制造业相对多样化和相关多样化程度越高，制造业集聚的正外部效应越强，进而其规模将越大，为产业的空间转移提供基础。

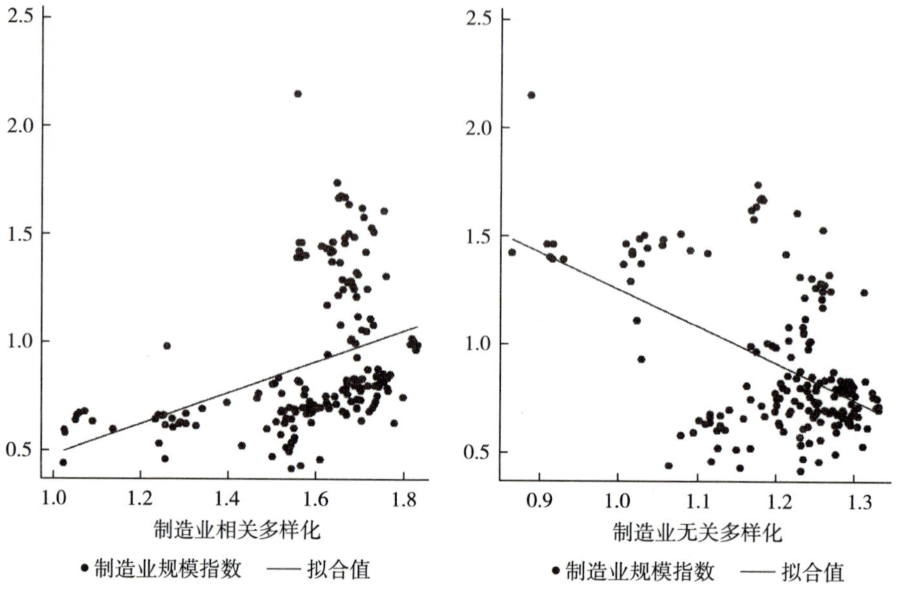

图 7-5 制造业相关多样化和无关多样化与制造业集聚规模指数

7.2.3 参数估计结果

7.2.3.1 制造业多样化、制造业集聚规模与城市体系扁平化

为了检验制造业集聚规模作为制造业多样化集聚影响城市体系扁平化的渠道机制①，将制造业集聚规模和制造业的多样化特征同时加入模型，其中被解释变量为齐普夫指数 q，对解释变量滞后 2 期和 3 期，基于 GMM-FD 估计方法，模型通过了 2 阶序列相关性检验和过度识别检验，表明模型设定正确，结果发现制造业集聚规模指数依然通过了 5% 的假设检验。与此同时，相比第 5 章的研究结论，制造业多样化对城市体系扁平化的影响不再显著，说明制造业集聚的多样化方式通过制造业的集聚规模作用于城市体系规模结构，具体如表 7-2 所示。

表 7-2 制造业多样化、制造业集聚规模与城市体系扁平化

模型 变量	滞后 2 期		滞后 3 期	
	模型 1	模型 2	模型 1	模型 2
L. q	0.337 *** (14.68)	0.344 *** (5.73)	0.351 *** (17.43)	0.367 *** (4.94)

① 值得一提的是，制造业专业化集聚（制造业分行业中区位熵最大产业）与整个制造业规模没有必然联系。

续表

模型 变量	滞后2期		滞后3期	
	模型1	模型2	模型1	模型2
div_m	0.004 (0.21)	-0.004 (-0.22)	0.046 (1.44)	-0.011 (-0.31)
zs_m	-0.241*** (-3.39)	-0.305*** (-3.61)	-0.301*** (-3.33)	-0.255** (-2.43)
railway		-0.016 (-0.08)		-0.042 (-0.17)
open		0.291*** (2.83)		0.238*** (2.94)
_cons	0.817*** (11.58)	0.830*** (7.44)	0.790*** (8.78)	0.805*** (5.31)
时间	控制	控制	控制	控制
N	138	138	138	138
sargan	12.124	11.070	16.798	12.728
sarganp	0.936	0.961	0.723	0.918
arm1	-1.425	-1.482	-1.496	-1.589
arm2	1.109	1.204	1.199	1.308
ar1p	0.154	0.138	0.135	0.112
ar2p	0.233	0.272	0.270	0.309
N_g	23.000	23.000	23.000	23.000

t statistics in parentheses

$* p < 0.1$, $** p < 0.05$, $*** p < 0.01$

表7-3是制造业多样化与制造业集聚规模同城市体系扁平化关系的稳健性检验。被解释变量为赫芬达尔指数HHI，在不考虑其他控制变量的情况下，仅仅考虑制造业多样化与制造业集聚规模指数，可以看出，同样相比第5章的结论，制造业多样化对城市体系扁平化不再显著，而制造业集聚指数对城市体系扁平化的促进作用通过了1%的显著性检验。与此同时，模型进一步考虑其他控制变量，结果没有什么改变，表明制造业集聚规模是制造业多样化这一集聚方式对城市体系影响的中介力量。

表 7-3 制造业多样化集聚、制造业集聚规模与城市体系扁平化：稳健性检验

模型变量	滞后 2 期		滞后 3 期	
	模型 1	模型 2	模型 1	模型 2
L. hhi	0. 103*** (8. 77)	0. 069*** (3. 03)	0. 094*** (7. 46)	0. 075*** (3. 58)
div_m	0. 007 (1. 54)	0. 002 (0. 63)	-0. 008 (-1. 13)	-0. 003 (-0. 53)
zs_m	-0. 091*** (-6. 03)	-0. 093*** (-4. 00)	-0. 104*** (-5. 54)	-0. 090*** (-3. 68)
railway		-0. 049** (-2. 22)		-0. 067*** (-2. 87)
open		0. 018 (1. 12)		0. 009 (0. 77)
_cons	0. 213*** (11. 52)	0. 245*** (12. 72)	0. 264*** (21. 85)	0. 261*** (12. 12)
时间	控制	控制	控制	控制
N	138	138	138	138
sargan	13. 319	13. 844	20. 730	17. 931
sarganp	0. 897	0. 876	0. 476	0. 653
arm1	-1. 144	-1. 072	-1. 201	-1. 186
arm2	1. 112	1. 075	1. 187	1. 135
ar1p	0. 253	0. 284	0. 230	0. 235
ar2p	0. 234	0. 218	0. 265	0. 244
N_g	23. 000	23. 000	23. 000	23. 000

t statistics in parentheses

$^{*}p<0.1$, $^{**}p<0.05$, $^{***}p<0.01$

7. 2. 3. 2 制造业相关和无关多样化、制造业集聚规模与城市体系扁平化

与此同时，从技术关联的视角考察制造业的相关多样化和无关多样化以及制造业集聚规模同城市体系扁平化的关系，通过表 7-4 可以看出，在模型 1 不考虑其他变量的情况下，制造业集聚规模指数在 1% 的水平上显著地促进城市体系扁平化，而制造业的相关多样化和无关多样化对城市体系扁平化的作用不再显著，这说明与第 5 章的结论相比，制造业相关多样化和无关多样化同样通过制造业集聚规模发挥作用；模型 2 和模型 3 进一步考虑其他控制变量，估计结果变动

不大，结论依然成立；模型4考虑了制造业集聚规模与交通基础设施的交互项这一重要控制变量，可以看出，结果很稳定。

表7-4　制造业相关和无关多样化、制造业集聚规模与城市体系扁平化

模型 变量	被解释变化：齐普夫指数			
	模型1	模型2	模型3	模型4
L. q	0. 368 *** (12. 82)	0. 327 *** (6. 88)	0. 357 *** (4. 30)	0. 354 *** (5. 35)
rv_m	-0. 043 (-1. 14)	0. 009 (0. 22)	0. 013 (0. 32)	0. 011 (0. 26)
uv_m	0. 060 (1. 22)	0. 009 (0. 17)	0. 029 (0. 43)	-0. 018 (-0. 36)
zs_m	-0. 069 *** (-3. 54)	-0. 053 *** (-2. 66)	-0. 046 ** (-2. 07)	-0. 069 ** (-2. 35)
railway		-0. 374 *** (-2. 87)	-0. 359 *** (-2. 64)	0. 101 (0. 29)
open			-0. 228 (-0. 66)	-0. 018 (-0. 06)
railway_zs_m				-0. 219 (-1. 46)
_cons	0. 672 *** (5. 30)	0. 813 *** (6. 62)	0. 778 *** (4. 98)	0. 719 *** (4. 66)
时间	控制	控制	控制	控制
N	138	138	138	138
sargan	12. 239	8. 069	8. 957	6. 810
sarganp	0. 933	0. 954	0. 990	0. 998
arm1	-1. 431	-1. 486	-1. 500	-1. 591
arm2	1. 150	1. 183	1. 216	1. 254
ar1p	0. 152	0. 137	0. 134	0. 112
ar2p	0. 250	0. 263	0. 276	0. 290
N_g	23. 000	23. 000	23. 000	23. 000

t statistics in parentheses

* $p < 0.1$, ** $p < 0.05$, *** $p < 0.01$

为了进一步检验制造业相关和无关多样化、制造业集聚规模与城市体系扁平化的关系，被解释变量为赫芬达尔指数，表7-5报告了滞后1期的估计结果，可以看出，在模型 1 中仅仅考虑制造业相关、无关多样化和制造业集聚规模指数，结果发现，就制造业相关多样化仅仅在 10% 的水平上显著，与第 5 章表 5－21的 1% 的显著性水平相比，显著性明显下降，与此同时，制造业集聚规模指数仍然在 1% 的水平上显著，在模型 3 和模型 4 中，随着其他控制变量的引入，制造业相关多样化不再显著，而制造业集聚规模指数的显著性水平维持在 5% 的水平上具有较强的统计学意义，综上可以说明，制造业相关多样化和无关多样化通过制造业规模发挥作用的结论是成立的。

表 7－5　制造业相关和无关多样化、制造业集聚规模与城市体系扁平化：稳健性检验

模型 变量	被解释变量：赫芬达尔指数			
	模型 1	模型 2	模型 3	模型 4
L. hhi	0. 116 *** (5. 09)	0. 097 *** (3. 50)	0. 093 *** (3. 83)	0. 087 *** (3. 43)
rv_m	－0. 026 * (－1. 75)	－0. 037 *** (－2. 68)	－0. 019 (－1. 26)	－0. 017 (－0. 97)
uv_m	－0. 018 (－1. 32)	－0. 003 (－0. 18)	－0. 011 (－0. 89)	－0. 004 (－0. 30)
zs_m	－0. 094 *** (－5. 80)	－0. 083 *** (－5. 38)	－0. 086 ** (－2. 41)	－0. 076 ** (－2. 06)
railway		－0. 046 *** (－2. 77)	－0. 103 *** (－2. 59)	－0. 110 *** (－2. 85)
railway_zs_m			0. 081 (1. 47)	0. 085 (1. 61)
open				0. 035 *** (2. 78)
_cons	0. 301 *** (12. 24)	0. 310 *** (11. 64)	0. 295 *** (5. 66)	0. 270 *** (4. 84)
时间	控制	控制	控制	控制
N	137	137	137	137
sargan	17. 051	13. 592	16. 528	14. 692
sarganp	0. 708	0. 713	0. 739	0. 838
arm1	－1. 183	－1. 133	－1. 164	－1. 205
arm2	1. 163	1. 144	1. 137	1. 157
ar1p	0. 237	0. 257	0. 245	0. 228
ar2p	0. 255	0. 248	0. 244	0. 253
N_g	23. 000	23. 000	23. 000	23. 000

t statistics in parentheses

* $p < 0.1$，** $p < 0.05$，*** $p < 0.01$

7.3 产业集聚、城市地价与城市体系扁平化

7.3.1 模型方法

在本部分的实证研究过程中，对于产业集聚、城市地价与城市体系扁平化的关系验证方面，首先构建如下静态面板模型（7－2），验证产业集聚对城市地价的影响，为了进行稳健性检验，以及考虑到城市地价的惯性，又构建了动态面板模型（7－3）。另外为了考察城市地价对制造业集聚和生产性服务业空间不均衡分布的影响，构建了模型（7－4）。

$$\ln p_{it} = \gamma Aggl_{it-1} + \sum_{i=1}^{k} \beta_i C_{it-1} + \alpha_i + \gamma_t + \varepsilon_{it} \quad (7-2)$$

$$\ln p_{it} = \rho p_{it-1} + \gamma Aggl_{it-1} + \sum_{i=1}^{k} \beta_i C_{it-1} + \alpha_i + \gamma_t + \varepsilon_{it} \quad (7-3)$$

式（7－2）和式（7－3）中的p_{it}为第t期的城市房价，用于表征城市地价水平，p_{it-1}表征上一期的城市地价水平。$Aggl_{it-1}$表示上一期产业集聚水平，在实际的回归分析中，本变量包括产业集聚规模指数和产业集聚的多样化水平，为了降低内生性，故考虑其滞后1期。C_{it-1}为相关控制变量，在本模型中，主要包括地区经济发展水平（lnrjgdp）等；α_i表征不可观测的个体特征；γ_t表征时间虚拟变量；ε_{it}为随机扰动项。

$$HHI_{it}^{cy} = \rho HHI_{it-1}^{cy} + \varphi \ln p_{it-1} + \sum_{i=1}^{k} \beta_i C_{it-1} + \alpha_i + \varepsilon_{it} \quad (7-4)$$

式（7－4）中的HHI_{it}^{cy}表征省域单元i在第t时期制造业或生产性服务业在空间不均衡分布的赫芬达尔指数，其他符号的含义同上。

$$HHI_{it} = \rho HHI_{it-1} + \gamma Aggl_{it-1} + \varphi \ln p_{it-1} + \sum_{i=1}^{k} \beta_i C_{it-1} + \alpha_i + \varepsilon_{it} \quad (7-5)$$

式（7－5）中的HHI_{it}表征第i个省域单元在第t期的城镇规模集中化程度（或城市体系扁平化程度），具体来说，同前面，HHI越高，则表明省域城市体系集中化程度越高，而扁平化程度越低。在具体的实证研究中，模型中的HHI_{it}这一变量还指代基于参数估计的齐普夫指数q，齐普夫指数q与HHI具有相同的性质，即值越大越表明人口在区域空间上不均衡分布越强，因此，区域城市体系扁平化程度将越低。

7.3.2 变量与数据

7.3.2.1 变量说明

本小节将从产业集聚的视角考察区域地价的决定因素：①地价成为被解释变量；②产业集聚成为核心的解释变量。由于省级单元的地价数据难以获得，本书采用房价数据予以替代，而基于实践和相关研究表明房价与地价两者呈现明显的正相关，地价越高的区域房价越高，地价决定了房价，因此，房价包含了地价的全部信息。房价数据主要来源于历年《中国统计年鉴》，在回归方程中，为了降低异方差性，将房价数据进行对数化处理。

在考察制造业集聚、城市地价对城市体系扁平化影响的传导机制中：①城市体系扁平化成为被解释变量；②产业集聚成为核心解释变量；③地价成为中介变量。在核心解释变量产业集聚与中介变量地价分别对被解释变量有显著影响的情况下，如果同时将两变量考虑模型，而核心解释变量产业集聚变得不再显著，那么在这个模型框架下，地价则是中介变量，即产业集聚对城市体系扁平化的影响是通过地价来发挥作用的。

在地价的决定模型中，除了制造业集聚外，区域经济发展水平（lnrjgdp）也会产生重要的影响，一般而言，区域经济发展水平较高的地区，经济社会发展的环境好，将会吸引投资创业，进而可能引起地价的上涨，基于此，将其作为重要的控制变量。为了更好地刻画地区经济发展水平，主要以人均非农业产值来反映地区发展水平。为了保证数据的可比性，我们以2005年为基期，借助第二、第三产业的GDP指数，换算成第二、第三产业的实际GDP增加值，然后将第二、第三产业实际GDP加总，除以年末总人口，得到人均非农产值，在实际模型中，对其取对数。其他控制变量，前面已有阐述，不再赘述。

7.3.2.2 数据说明

表7－6报告了本节进行回归分析的主要变量的基本统计量。

表7－6 变量的基本统计量

变量	变量指代	样本	均值	标准误	最小值	最大值
地区经济发展水平	lnpgdp	184	10.119	0.523	8.716	11.222
制造业集聚规模指数	zs_m	184	0.900	0.337	0.414	2.145
齐普夫指数	q	184	0.980	0.260	0.642	1.932
人口分布集中化指数	hhi	184	0.181	0.104	0.082	0.526
制造业多样化指数	div_m	184	0.705	0.363	0.117	1.539
地区房价	lnp	184	8.206	0.392	7.443	9.309

续表

变量	变量指代	样本	均值	标准误	最小值	最大值
交通基础设施水平	railway	184	0.338	0.158	0.080	1.020
对外开放程度	open	184	0.165	0.202	0.020	0.990
生产性服务业不均衡分布	hhi_scx	184	0.276	0.129	0.099	0.642
制造业不均衡分布	hhi_m	184	0.189	0.084	0.075	0.456

图7-6基于Stata简要描绘了城市房价与城市体系扁平化之间的关系。可以看出，基于非参数估计的赫芬达尔指数所表征的城市体系扁平化与房价呈现反向关系，即房价水平越高，则城市体系将越趋于扁平，基于参数估计的齐普夫指数所表征的城市体系特征与房价的关系不是明显，但总体上看，也呈现负向关系，房价越低，人口在空间上的分布越集中，即扁平化程度越低。

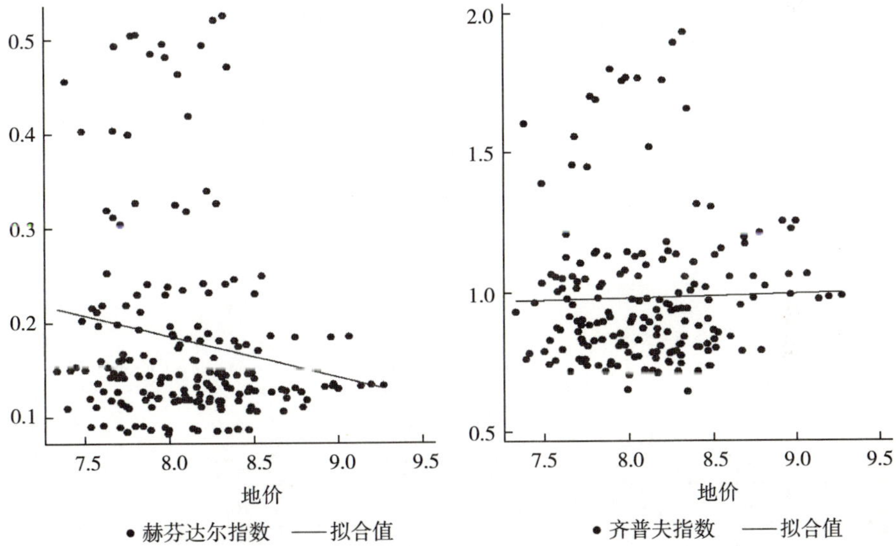

图7-6 城市体系扁平化与城市房价

7.3.3 参数估计结果

按照前面的分析，制造业集中化集聚促进地区地价上涨，地价上涨会促进制造业的分散化集聚，进而促进城市体系扁平化，基于此，为了理清这一传导机制，本部分首先考察制造业集聚对城市地价的影响，然后，考察城市地价对城市体系扁平化的影响。初步判断，制造业集聚与城市地价的关系为正（+），区域城市地价与区域城市体系扁平化的关系为负（-）。

7.3.3.1 制造业集聚对城市地价的影响

表7－7报告了制造业集聚引起的地价上涨效应问题。以办公用房地价格来表征区域整体的城市地价水平。在不考虑其他控制变量的情况下，仅考虑制造业集聚指数对城市地价的影响，在时空双固定效应模型下，可以看出，呈现出正相关，并在1%的水平上显著，即制造业空间集聚显著地提高了区域整体的房价水平，其 Within_R^2 达到了0.775，表明区域房价的变异中有77.5%可由制造业空间集聚来得到解释，其β系数为0.448，表明当制造业集聚区位商每提高1个单位时，将导致区域整体房价上升0.448。进一步将控制变量地区经济发展水平加入模型，结果发现这一结论依然成立，而且其β系数上升为0.455，Within_R^2 达到了0.793。然后，考虑被解释变量的滞后1期纳入模型，结果表明运用静态面板模型估计和运用动态面板模型估计，制造业集聚都显著地促进了区域房价的上涨，使得制造业的成本上升。

表7－7 制造业集聚对地价的影响

模型 变量	(1) 模型1	(2) 模型2	(3) 模型3	(4) 模型4	(5) 模型5
L. lnp			0.172** (2.12)	0.089 (1.03)	0.206* (1.91)
zs_m	0.448*** (3.83)	0.455*** (4.02)	0.374*** (3.13)	0.389*** (3.30)	0.174** (2.00)
lnpgdp		0.830*** (3.44)	0.764*** (9.54)	0.833*** (2.81)	1.079* (1.83)
_cons	7.823**** (69.00)	-1.349 (-0.50)	-2.022 (-1.25)	-2.007 (-0.60)	-5.365 (-0.443)
时间	控制	控制	未控制	控制	控制
N	184	184	161	161	161
Within_R^2	0.775	0.793	0.767	0.785	
sargan					17.188
sarganp					0.903
arm1					-3.468
arm2					-0.199
ar1p					0.001
ar2p					0.842
N_g		23.000	23.000	23.000	23.000

t statistics in parentheses

* $p < 0.1$, ** $p < 0.05$, *** $p < 0.01$

为了保证结论的稳健性，以及考虑到制造业多样化集聚与制造业集聚规模的正向传导关系，用制造业多样化集聚代替制造业集聚规模指数。表 7-8 报告了制造业多样化集聚对地区整体房价影响的估计结果，模型 1 至模型 3 是基于静态面板模型的估计结果。可以看出，在不考虑除时间以外的控制变量外，区域制造业集聚的多样化格局会促进地区房价的上涨，并在 10% 的水平上通过检验。其 β 系数为 0.352，Within_ R^2 为 0.759，这些指标所呈现出来的信息与前面制造业集聚指数对地价的影响，具有较高的相识程度。进一步将控制变量加入模型，结果发现其 β 系数上升到 0.401，Within_ R^2 提升到 0.778。而模型 3 考虑被解释变量的滞后 1 期纳入模型基于静态面板模型估计，模型 4 基于动态面板模型估计，都表明制造业集聚显著地促进了区域房价的上涨，使得制造业的成本上升。当然，值得一提的是，在动态面板模型 4 和考虑被解释变量滞后 1 期的静态面板模型 3 中，由于加入时间虚拟变量后，静态面板模型中被解释变量的滞后项不显著，而核心解释变量（zs_m）依然在 5% 的水平上高度显著，但时间虚拟变量也完全不显著，基于此，根据静态面板模型时间固定效应模型的选择准则，不需要考虑时间变量；而动态面板模型考虑时间虚拟变量时，所有变量（包含时间虚拟变量）均不显著，基于此，同静态面板模型一样，忽略时间虚拟变量。

表 7-8 制造多样化业集聚对地价的影响

模型 变量	(1) 模型 1	(2) 模型 2	(3) 模型 3	(4) 模型 4
L. lnp			0.209 ** (2.59)	0.270 *** (6.41)
zs_m	0.352 * (1.90)	0.401 *** (2.22)	0.415 ** (2.32)	0.192 * (1.90)
lnpgdp		0.857 *** (3.42)	0.715 *** (8.88)	0.661 *** (15.38)
_cons	7.989 *** (59.53)	-1.467 (-0.70)	-1.707 (-1.04)	-1.090 * (-1.66)
时间	控制	控制	不控制	不控制
N	184	184	161	161
R^2	0.759	0.778	0.760	—
sargan				20.004
sarganp				0.791
arm1				-3.542

续表

模型 变量	(1) 模型 1	(2) 模型 2	(3) 模型 3	(4) 模型 4
arm2				-0.117
ar1p				0.000
ar2p				0.907
N_g		23.000	23.000	23.000

t statistics in parentheses

* $p < 0.1$, ** $p < 0.05$, *** $p < 0.01$

7.3.3.2　制造业集聚、城市地价与城市体系扁平化

在上面讨论的基础上进一步论证，制造业集聚对城市体系扁平化的影响。表7-9报告了制造业集聚对城市体系结构的影响通过地价机制这一中介变量发挥作用。为了考察地价这一中介对城市体系扁平化的影响，基于地价与城市体系扁平化做动态面板回归估计。首先，在模型1中直接考察了作为中介变量的城市地价对城市体系扁平化的影响，结果表明，地价与人口规模分布的集中度负相关，即区域地价促进了城市体系扁平化，并在1%的水平上显著。其β系数为-0.031，表明当地价上涨一个单位时，将使得城市体系集中度下降0.031。与此同时，模型2将交通基础设施和对外开放度等控制变量纳入模型，结果依然很稳健，地价驱动了区域城市体系扁平化。为了考察制造业集聚引起城市体系扁平化的中介传导机制——地价对城市体系扁平化的影响，模型3单独考虑制造业集聚对城市体系扁平化的影响时，可以看出，与之前的结论是一致的，即制造业集聚会促进城市体系扁平化，并在1%的水平上显著。为了验证价格这一中介效应，模型4同时将产业集聚以及城市房价加入模型，结果可以看出，城市地价对城市体系扁平化的促进作用依旧在1%的水平上显著，而制造业指数对城市体系扁平化的促进作用仅仅10%的水平上显著，相比模型3，其显著性水平得到明显的下降，表明制造业集聚对城市体系扁平化的影响是通过地价进行传导的。

前面从制造业集聚规模的视角论证了制造业集聚通过地价来驱动城市体系扁平化，为了进一步验证结论的正确性，基于制造业集聚的方式与规模的内在关系，将从制造业集聚方式多样化的视角来论证地价传导机制问题。模型5先报告了制造业多样化对城市体系扁平化的影响，结果跟前面的研究结论一致，即制造业集聚的多样化将促进城市体系扁平化，并在5%的水平上显著。模型6同本表的模型4，同时将制造业集聚的多样化和地价纳入模型，可以看出，制造业多样化集聚对城市体系扁平化的促进不再显著，而房价依然在1%的水平上显著地促进城市体系扁平化，进一步表明，制造业多样化集聚对城市体系扁平化的影响主

要受房价这一中介变量的影响。综合制造业集聚规模和制造业集聚方式与城市体系的关系，均表明城市房价是重要的中介变量。制造业在某些城市空间上集聚引起区域城市地价的整体上涨，为了追求利润最大化，部分原来集中在核心城市的制造业将会迁移到地价偏低的外围城市，进而促进城市体系扁平化。

表7-9 制造业集聚、城市地价与城市体系扁平化

模型 变量	(1) 模型1	(2) 模型2	(3) 模型3	(4) 模型4	(5) 模型5	(6) 模型6
L. q	0.400*** (87.44)	0.386*** (72.17)	0.337*** (54.01)	0.448*** (18.54)	0.355*** (56.88)	0.389*** (39.96)
lnp	-0.031*** (-20.56)	-0.029*** (-10.22)		-0.022*** (-6.53)		-0.030*** (-11.57)
railway		0.200*** (6.80)	0.143*** (6.31)	0.140*** (4.67)	0.166*** (5.25)	0.166*** (4.93)
open		-0.157*** (-4.09)	-0.188*** (-13.50)	-0.127*** (-3.55)	-0.188*** (-12.25)	-0.178*** (-4.91)
zs_m			-0.134*** (-6.85)	-0.052* (-1.95)		
div_m					-0.017** (-2.09)	-0.027 (-1.59)
_cons	0.825*** (59.80)	0.766*** (20.76)	0.733*** (28.42)	0.700*** (8.34)	0.621*** (18.26)	0.840*** (15.84)
N	138	138	138	138	138	138
sargan	20.049	17.701	21.157	9.313	19.752	17.361
sarganp	0.518	0.668	0.449	0.987	0.537	0.689
arm1	-1.441	-1.422	-1.410	-1.568	-1.426	-1.437
arm2	1.081	1.068	1.101	1.173	1.109	1.077
ar1p	0.150	0.155	0.159	0.117	0.154	0.151
ar2p	0.220	0.215	0.229	0.259	0.233	0.219
N_g	23.000	23.000	23.000	23.000	23.000	23.000

t statistics in parentheses
* $p < 0.1$, ** $p < 0.05$, *** $p < 0.01$

7.3.3.3 房价对生产性服务业和制造业空间不均衡分布的影响

进一步考察城市房价对生产性服务业和制造业在空间上的集中化分布格局效

应。表7-10报告了城市房价对生产性服务业和制造业的空间不均衡分布的影响，对于本书目的，为了减轻潜在的内生性，对于房价考虑滞后2期，可以看出所有模型的sargan检验概率P值大于0.1，序列相关检验AR（2）概率P值大于0.1，表明模型设定正确，可以进行相关分析。模型1不考虑其他控制变量，表明城市房价加剧生产性服务业的空间不均衡分布，并在1%的水平上显著，即服务业会进一步在大城市集聚，使得区域城市体系呈现不均衡分布状态，其β系数为0.026，表明地价每提升一个单位将促进生产性服务业集中度上升0.026个单位。在模型（2）纳入了相关控制变量，这一结论依然成立，其β系数略微下降到0.018。模型3考察了城市房价对制造业空间不均衡分布的影响，结果表明房价会抑制制造业的空间不均衡分布格局，即城市房价上涨会促进制造业由集中化集聚向分散化集聚转变，带动城镇规模结构的扁平化，这一关系在1%的水平上显著。模型4将控制变量纳入模型，这一结论也依旧成立。即城市地价会促进制造业空间分布的扁平化，同时会抑制生产性服务业扁平化，制造业被生产性服务业挤出。

表7-10　房价对生产性服务业和制造业空间不均衡分布的影响

模型 变量	生产性服务业		制造业	
	模型1	模型2	模型3	模型4
L. hhi_scx	0.970*** (47.71)	0.648*** (17.81)		
L. hhi_m			0.991*** (104.13)	0.943*** (44.17)
lnp	0.026*** (7.99)	0.018*** (4.39)	-0.009*** (-11.29)	-0.005*** (-3.12)
railway		-0.207*** (-5.24)		-0.037 (-1.54)
open		-0.084*** (-2.60)		-0.046*** (-3.00)
_cons	-0.197*** (7.25)	0.054 (1.47)		0.075*** (4.10)
N	161	161	161	161
sargan	16.050	16.689	17.817	12.812
sarganp	0.935	0.918	0.882	0.986
arm1	-2.373	-2.117	-2.678	-2.821

续表

模型 变量	生产性服务业		制造业	
	模型1	模型2	模型3	模型4
arm2	1.239	1.101	-0.814	-0.792
ar1p	0.018	0.034	0.007	0.005
ar2p	0.2155	0.271	0.416	0.428
N_g	23.000	23.000	23.000	23.000

t statistics in parentheses

$^{*}p<0.1$, $^{**}p<0.05$, $^{***}p<0.01$

7.4 产业集聚、城市化进程与城市体系扁平化

7.4.1 模型方法

为了检验城市地价在产业集聚推动城市体系扁平化中的中介效应，构建了模型（7-6）。

$$HHI_{it} = \rho\, HHI_{it-1} + \gamma\, Aggl_{it-1} + \sum_{i=1}^{k} \beta_i C_{it} + \alpha_i + \varepsilon_{it} \qquad (7-6)$$

在此基础上构建如下中介效应模型（7-7）：

$$HHI_{it} = \rho\, HHI_{it-1} + \gamma\, Aggl_{it-1} + \varphi\, urb_{it-1} + \theta\, urb_{it-1} * Aggl_{it-1} + \theta\, urb_{it-1} * raliway_{it-1} + \sum_{i=1}^{k} \beta_i C_{it} + \alpha_i + \varepsilon_{it} \qquad (7-7)$$

式(7-7)中urb_{it-1}为上一期的城镇化水平，$urb_{it-1} * Aggl_{it-1}$为城市化水平与产业集聚的交互项；$urb_{it-1} * raliway_{it-1}$为城市化水平同交通基础设施的交互项。其他变量符号含义同上。

7.4.2 变量与数据

7.4.2.1 变量说明

本小节将论证城市化格局在产业集聚影响城市规模等级结构扁平化方面的中介传导作用。因此，城市体系扁平化是被解释变量，产业集聚是重要的解释变量，城市化进程是中介变量，以及与中介变量相关的三个交互项：①制造业规模

指数与城镇化进程的交互项。②城镇化进程与交通基础设施的交互项。③制造业多样化集聚与城镇化进程的交互项。关于产业集聚与城市体系扁平化这两个变量不再赘述。

7.4.2.2 数据说明

表7-11报告了本节进行回归分析的主要变量的基本统计量。

表7-11 变量的基本统计量

变量	变量指代	样本	均值	标准误	最小值	最大值
制造业规模指数	zs_m	184	0.900	0.337	0.414	2.145
齐普夫指数	q	184	0.980	0.260	0.642	1.932
人口分布集中化指数	hhi	184	0.181	0.104	0.082	0.526
城镇化进程	urb	184	0.476	0.095	0.275	0.688
制造业多样化指数	div_m	184	0.705	0.363	0.117	1.539
交通基础设施水平	railway	184	0.338	0.158	0.080	1.020
对外开放程度	open	184	0.165	0.202	0.020	0.990
制造业规模指数与城镇化的交互项	zs_m_urb	184	0.436	0.225	0.199	0.973
城镇化与交通基础设施的交互项	urb_railway	184	0.158	0.089	0.034	0.554
制造业多样化集聚与城镇化的交互项	div_m_urb	184	0.332	0.179	0.041	0.716

图7-7简要描绘了城市化进程与城市体系扁平化之间的关系。可以看出，无论是基于参数估计的齐普夫指数还是非参数估计的赫芬达尔指数所表征的城市体系特征，都发现城市化水平越高城市体系越趋于扁平化。

7.4.3 参数估计结果

表7-12报告了制造业集聚、城市化进程与城市体系扁平化三者之间相互关系的估计结果，其中模型被解释变量是基于参数估计的齐普夫指数（q）。模型1主要考察制造业集聚指数对城市体系扁平化的影响，本结论与前面的研究结论一致，制造业集聚规模促进了城市体系扁平化。而在模型2考虑将城市化进程纳入模型，同时，考虑到城市化进程与制造业规模集聚的交互作用，以及城市化与交通基础设施的交互作用发现，结果发现城市化进程对城市体系扁平化具有明显的促进作用，在1%的水平上显著，与此同时，制造业集聚规模指数（zs_m）对城市体系扁平化的促进作用不再显著，表明城市化进程是制造业集聚扩散影响城市体系扁平化的中介变量。根据前文的分析思路，进一步以制造业的多样化集聚来

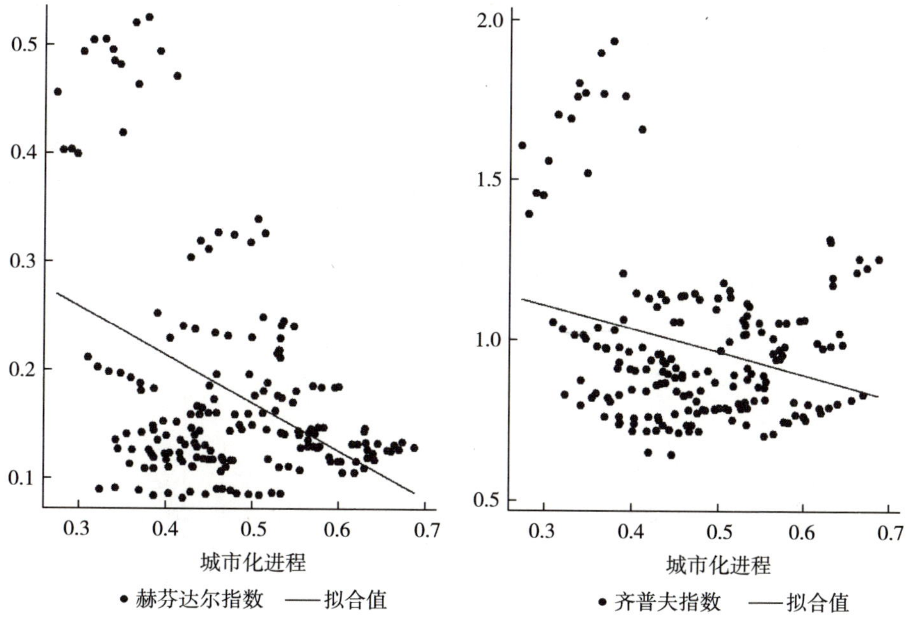

图 7－7　城市体系扁平化与城市化进程

考察制造业集聚影响城市体系扁平化的中介效应问题。模型 3 是关于制造业多样化集聚对城市体系影响的估计结果，结论与前面的结论一致。模型 4 同时将制造业多样化与城镇化进程纳入模型，结果表明城镇化进程在 10% 的水平促进了城市体系扁平化，而制造业多样化集聚对城市体系扁平化的作用不再显著，这进一步论证了产业集聚对城镇体结构扁化影响的第二个重要渠道即城市化进程。

表 7－12　制造业集聚、城市化进程和城市体系扁平化

模型 变量	制造业集聚规模指数		制造业集聚的多样化	
	模型 1	模型 2	模型 3	模型 4
L. q	0.641 *** (9.35)	0.486 *** (5.36)	0.629 *** (8.58)	0.525 *** (6.05)
urb		－2.449 *** (－2.69)		－1.042 * (－1.69)
zs_m	－0.130 *** (－4.39)	－0.375 (－0.94)		

续表

模型 变量	制造业集聚规模指数		制造业集聚的多样化	
	模型 1	模型 2	模型 3	模型 4
div_m			-0.093** (-2.40)	0.718 (1.49)
railway	-0.639*** (-2.85)	-2.816 (-1.21)	-0.710*** (-3.28)	-3.627 (-1.42)
open	-0.192 (-1.51)	0.465 (0.71)	-0.012 (-0.06)	-0.352** (-2.35)
zs_m_urb		0.448 (0.60)		
urb_railway		4.215 (1.09)		5.229 (1.17)
div_m_urb				-1.682* (-1.68)
_cons	0.776*** (4.11)	2.173*** (4.14)	0.859*** (3.68)	1.562*** (3.56)
时间	控制	控制	控制	控制
N	161	161	161	161
sargan	9.969	9.128	10.478	8.147
sarganp	0.999	0.999	0.998	1.000
arm1	-1.447	-1.378	-1.405	-1.382
arm2	1.233	1.129	1.151	1.230
ar1p	0.148	0.168	0.160	0.167
ar2p	0.282	0.241	0.250	0.281
N_g	23.000	23.000	23.000	23.000

t statistics in parentheses

* $p < 0.1$, ** $p < 0.05$, *** $p < 0.01$

此外，表 7-13 是制造业集聚、城市化进程和城市体系扁平化三者关系的稳健性检验。模型被解释变量是基于非参数估计的 HHI。可以看出，总体上结论比较稳健。在制造业集聚规模指数的情况下，不考虑城市化这一中介变量时，制造业集聚指数对城市体系扁平化的影响在 1% 的水平上显著，而在考虑城镇化进程时，显著性下降到 5% 的水平上显著。在制造业多样化集聚的情况下，也存在这样的变化事实。因此，总体上说，城镇化进程是制造业集聚促进城市体系扁平化的中介变量。

表 7-13 制造业集聚、城市化进程和城市体系扁平化：稳健性检验

模型 变量	制造业集聚规模指数		制造业多样化集聚	
	模型 1	模型 2	模型 1	模型 2
L. hhi	0.849*** (38.24)	0.733*** (12.09)	0.900*** (25.71)	0.705*** (9.84)
urb		-0.437*** (-3.88)		-0.518*** (-4.91)
zs_m	-0.101*** (-3.66)	-0.088** (-2.27)		
div_m			-0.045*** (-2.60)	-0.037** (-2.07)
railway	-0.118*** (-4.55)	-0.109*** (-2.92)	-0.024 (-0.70)	-0.060* (-1.82)
open	-0.022 (-0.60)	0.136** (2.35)	-0.109*** (-4.96)	0.053 (1.61)
_cons	0.093** (2.04)	0.339*** (3.17)	0.016 (0.33)	0.364*** (3.32)
N	161	160	161	160
sargan	14.100	17.208	8.732	11.327
sarganp	0.980	0.926	1.000	0.996
arm1	-1.238	-1.318	-1.178	-1.235
arm2	1.105	1.181	1.057	1.106
ar1p	0.216	0.187	0.239	0.217
ar2p	0.231	0.262	0.209	0.231
N_g	23.000	23.000	23.000	23.000

t statistics in parentheses

* $p < 0.1$, ** $p < 0.05$, *** $p < 0.01$

7.5 本章小结

基于第 4 章和第 6 章的研究结论发现，制造业在促进城市体系扁平化结构中发挥了重要的作用，本章基于静态面板数据模型和动态面板数据模型，重点探讨制造业集聚对城市体系扁平化影响的传导机制路径问题，并得出如下研究结论：

（1）房价上涨是制造业集聚驱动城市体系扁平化的第一个中介变量。无论是制造业集聚规模，还是制造业多样化集聚方式都将促进区域整体房价的上涨，并在1%的水平上显著。与此同时，城市房价的上涨将驱动城市体系的扁平化发展。因此制造业集聚对城市体系扁平化的影响将通过房价机制影响城市体系扁平化。

（2）在此基础上，考察了城市房价对制造业和生产性服务业的空间不均衡分布进行检验发现，城市房价在1%的水平上促进了制造业的空间均衡分布格局，即房价上涨会导致制造业集中化集聚向分散化集聚转变，驱动城市体系扁平化发展。而房价在1%的水平上显著促进了生产性服务业在空间上的集聚。表明地价在中心城市的上涨，带动生产性服务业发展，并将低端的劳动密集型制造业挤出。

（3）城镇化进程是制造业集聚驱动城市体系扁平化的第二个中介变量。无论是制造业集聚规模，还是制造业多样化集聚方式，集聚不经济会使得生产技术成熟性制造业进入次一级城市，吸引了大量的农村剩余劳动力，推动了城市化进程，进而城市体系逐步扁平化。

第8章　研究结论、政策含义与研究展望

省域内大中小城市协调发展反映的是省域内城市体系扁平化。大中小城市协调发展反映的是小城市逐步成长为中等及以上城市，使得小城市的数量相对减少，中等城市逐步向大城市发展，改变过去省域空间内单一大城市“一股多大”的单极化状态，而实现多中心的空间均等化发展格局。因此，省域大中小城市协调发展是一个动态化的过程，反映了大中小城市的关系问题，是城市体系由垂直结构向扁平结构转变的过程。基于此，本书将管理学中的“扁平化”思想运用到省域大中小城市和小城镇协调发展上。经济集聚是区域经济发展的内核，而产业集聚是其本质。在“点—轴”理论和“中心—外围”理论的基础上构建了基于“产业集聚—交通基础设施—空间组织结构”为主体的整体分析逻辑。本书的研究重点是着重讨论产业集聚与城市体系扁平化的关系，基于此，对产业集聚本身展开了深入剖析，根据贝恩的“结构—行为—绩效”的分析范式，形成了本书关于产业集聚特有的分析范式：“产业集聚方式—产业集聚外部性—产业集聚规模”，并认为产业集聚具有产业集聚方式和集聚规模的双重属性，在此基础上，形成了“产业集聚方式—产业集聚规模—城市体系”的核心框架。从空间上看，分析产业集中化集聚以及分散化集聚与表征区域空间结构特征的单中心与多中心的关系，并讨论了产业集聚与城市体系扁平化之间的传导机制。接着，在基本分析框架的基础上，提出了四个大方面的假说，然后就这些假说进行实证检验，最终得出如下研究结论，形成相关政策启示与研究展望。

8.1　研究结论

（1）省域内大中小城市协调发展反映的是省域内城市体系扁平化过程。本

书基于齐普夫指数（q）和赫芬达尔指数（HHI）来来测度我国大陆23个省份（北京、上海、天津、重庆、西藏、新疆、海南、青海除外）城市体系扁平化，结果表明，近年来我国省域城市体系扁平化程度呈现缓慢下降的过程，即省域人口分布整体上向集中化集聚方向迈进，但就分区域来看，东部省域城市体系呈现扁平化趋势，人口空间分布不断走向均衡，即存在一定程度的扩散特征，除此之外，中、西部和东北地区人口仍然以集中化分布为主，即集聚是主要空间特征；就扁平化指数大小而言，区域城市体系扁平化具有明显的异质性特征，其中，西部省域单元的城市体系扁平化程度整体较低，人口分布较为集中。

（2）产业集聚情况。产业集聚的空间不均衡分布影响着城市体系结构特征。本书利用测度城市体系扁平化的非参数方法测度了制造业集聚的空间不均衡分布格局。测度结果表明省域空间单元制造业集聚的空间不平衡分布态势呈现明显的空间异质性特征，不同区域的产业集聚不平衡指数变化趋势不相同。从四大区域看，西部地区的制造业空间不均衡分布指数最高，东北次之，而中部地区最低，表明中部地区的制造业呈现分散化集聚，东部地区的不平衡分布指数略高于中部地区。

不同产业的不同集聚方式存在空间分异特征，即制造业多样化集聚程度较高的主要集中在东部和中部地区，而制造业专业化集聚主要集中在西部地区。服务业的多样化与专业化特征的空间分异特征不明显。此外，不同产业集聚的相关多样化水平和无关多样化水平也不相同，2006～2015年，非农产业无关多样化远远高于相关多样化，工业相关多样化水平高于无关多样化水平，而在服务业方面，相关多样化水平高于无关多样化水平。

产业集聚规模决定了城市空间结构特征。我国东部地区制造业集聚规模指数最高，中西部地区制造业集聚规模指数最低，中部和东北地区的居中。而服务业集聚规模却与制造业集聚不同，西部地区服务业集聚指数最高，而东部地区最低，中部和东北地区居中。东北地区的生产性服务业集聚指数最高，西部地区次之，而东部和中部地区的生产性服务集聚指数最低。

（3）非农产业集聚的空间不均衡分布对城市体系扁平化具有显著的促进作用，通过了99%的显著性检验。就分行业来看，制造业集聚的空间不均衡分布对城市体系扁平化具有显著的促进作用，并通过了99%的显著性检验。而服务业以及其细分的生产性服务业集聚的空间不均衡分布对城市体系扁平化的作用没有通过统计学检验。因此，非农产业集聚空间不均衡分布对城市体系的影响主要源自制造业集聚的空间不均衡分布，就制造业集聚的空间不均衡分布对城市体系扁平化的影响是“先抑制后促进”的过程。

（4）产业多样化是一种均衡化的产业发展战略，反映了产业协调发展程度，基于产业关联的视角，这种协调发展被分解为关联产业间的协调发展和非关联产业间的协调发展。无论是工业服务业的多样化集聚还是专业化集聚方式都将有助于城镇规模等级结构的扁平化。从分行业来看，主要是制造业在其中发挥着重要作用。而服务业多样化在一定程度上阻碍了城市体系扁平化。非农行业整体对城市体系扁平化的促进作用，主要动力源是非农行业的相关多元化，而无关多元化对中国城市体系扁平化没有明显的作用。工业的相关多样化显著地促进城市体系扁平化，而无关多样化对其作用不显著。服务的相关和无关多样化都对城市体系扁平化具有促进作用，但仅无关多样化通过了显著性检验。

（5）制造业能够显著地推动城市体系扁平化，采掘业和服务业抑制城市体系扁平化，但在统计意义上不显著。进一步，将生产性服务业从服务业中分离出来考察其对城市体系扁平化的影响，结果发现生产性服务业显著地抑制了城市体系扁平化。

（6）地价上涨是制造业集聚驱动城市体系扁平化的一个中介变量。无论是制造业集聚规模，还是制造业多样化集聚方式都将促进区域整体房价的上涨，并在 1% 的水平上显著。与此同时，城市房价的上涨将驱动城市体系的扁平化发展。因此制造业集聚对城市体系扁平化的影响将通过房价机制来影响城市体系扁平化。在此基础上，考察了城市房价对制造业和生产性服务业的空间不均衡分布的影响。检验发现城市房价在 1% 的水平上促进了制造业的空间均衡分布格局，即房价上涨会导致制造业集中化集聚向分散化集聚转变，驱动城市体系扁平化发展。而房价在 1% 的水平上显著促进了生产性服务业在空间上的集聚，表明地价在中心城市的上涨，带动生产性服务业发展，并将低端化的制造业挤出。城镇化进程是制造业集聚驱动城市体系扁平化的另一个中介变量。无论是制造业集聚规模，还是制造业多样化集聚方式，集聚不经济会使得生产技术成熟性制造业进入次一级城市，吸引了大量的农村剩余劳动力，推动了城市化进程，进而城市体系逐步扁平化。

（7）制造业的可贸易性和空间流动性对城市体系扁平化的影响深远。以上研究结论表明制造业在推动区域城市体系扁平化方向发挥了重要的作用，而服务业在某种程度上加剧了区域城市体系的集中化格局，而这背后的根本原因在于产业的可贸易性。相比较而言，制造业具有较强的可贸易性和空间流动性，进而使得对城市体系扁平化影响深远。制造业从集中化集聚到分散化集聚的演变过程反映的就是制造业的可贸易性和可流动性，因为可贸易性，所以制造业为了降低成本选择集中化集聚，即在 A 地区生产的产品 P，同时 A 地区以外同样也可以购买产品 P；因为流动性，所以制造业为了降低过度集聚而产生的集聚不经济引发的外部成本，而选择企业从 A 地区迁出，转移至其他地区，制造业的这种空间动态调整，促进了区域城市体系的动态演化。因此，大力推动区域制造业的发展是驱动城市体系扁平化的关键之所在。

8.2 政策含义

2015年《中共中央关于制定国民经济和社会发展第十三个五年规划的建议》中明确指出“加快建设制造强国，实施《中国制造2025》”。2017年中共“十九大”报告中进一步指出“加快建设制造强国，加快发展先进制造业”，“促进我国产业迈向全球价值链中高端，培育若干世界级先进制造业集群”。本书结论为国家提出的“构建制造业强国”战略提供了重要的经验证据，制造业的发展将促进区域城市体系扁平化，缩小区域发展差距。基于此，形成如下政策启示：

（1）加快矿产资源型地区产业的转型升级，积极推进以制造业多样化为主攻方向的产业结构调整，完善现代制造业产业体系。从全国来看，开发区是制造业发展的重要空间与平台，是地方经济发展的重要引擎，也是带动地方发展的重要产业功能增长极。因此，一方面，要着力减轻开发区的包袱，保证开发区轻装上阵，理顺开发区财税体制，剥离社会事务，下放开发区的管理权限，理顺开发区与属地的关系；另一方面，深化开发区人事和薪酬制度改革，激活开发区发展活力，进一步推进开发区专业化、市场化、国际化进程。

（2）充分发挥市场在资源配置中的决定性作用和更好地发挥政府在资源配置中的宏观调控作用，促进资源要素在空间上的自由流动，促进制造业按照市场机制在空间上有效地从集中化集聚和分散化集聚。城市体系扁平化是集聚经济在价格机制作用下的结果，要防止为了主观上促进区域内均衡发展，而人为通过城市土地价格手段，使得产业从集中化集聚转向分散化集聚，进而影响区域产业集聚发展。要促进省域大城市的做大做强，强化省域中心城市对边缘城市的核心带动作用，建立良好的营商环境，加强科技创新投入，加快推进省域中心城市高端先进制造业发展步伐，进而促进中心城市中低端产业的空间转移，促进省域产业的空间优化布局，推动省域城市体系扁平化。

（3）大力推进区域交通网络基础设施建设。集聚与扩散是矛盾的统一体，制造业从A地区转移至B地区，对于A地区而言是扩散，对于B地区而言则是集聚，要着力加快现代交通基础设施网络，强化中心城市与外围城市的联系密度，降低空间交易成本，驱动要素资源的自由流动能力，进一步强化时空压缩效应，促进制造业在空间上的集聚与扩散，推动区域一体化进程，促进区域城市体系扁平化。

（4）根据前面第3章关于省域城市体系扁平化的测度可知，近年来当前各地区城市体系扁平程度不一，其中西部地区的城市规模等级分布较差，而制造业作为驱动省域城市体系扁平化的重要力量，要着力加强推进制造业发展，强化制造业的相对多样化与专业化并举，加快推进地方产业园区平台建设，积极承接东部地区的制造业转移。

（5）加快推进产业结构优化调整。加快产业尤其是制造业多元化进程，促进区域产业集聚规模不断扩大，推进区域城市体系扁平化。与此同时，在推动省域城市体系扁平化的过程中，基于产业属性功能的差异，需要差别化对待产业的相关多样化和无关多样化。强化工业内部关联产业协调发展是加快推进省域城市体系扁平化进程的重要手段之一。防止地区产业恶性竞争，进一步强化地区内产业的纵深发展，提升工业制造业的相关多样化集聚能力，减缓工业的无关多样化集聚的负外部性效应对省域城市体系扁平化的抑制作用，强化相关多样化的正外部性效应对城市体系扁平化的促进作用。服务业是在制造业基础上发展起来的部门，是服务于制造业的部门，因此，需要重视不同门类的服务业协调均衡发展，即强化服务业的无关多样化，进而满足制造业发展对服务业的多样化需要。

8.3 研究展望

近年来，有学者开始使用灯光数据作为基础数据计算城市体系结构特征，后续相关研究，可以借用灯光数据测度城市体系扁平化，而且夜间灯光数据可以延续到1992年，相比本书，还可以拓展时间序列，进而可以更全面地掌握省域城市体系扁平化的演变格局。

（1）城市群成为推进中国新型城镇化的重要空间载体，中共十九大报告进一步明确指出“推进城市群为主体的大中小城市和小城镇协调发展”，因此，在城市群空间单元加强这方面的研究，这对优化城市体系格局很有必要。

（2）本书基于“点—轴”理论与“中心—外围”理论的角度探讨了产业集聚这个“点”对城市体系扁平化的影响，关于“轴”的交通基础设施在本书仅作为控制变量，基于篇幅和研究的重点，对其没有进行深入讨论，后续可以在此做更加深入细致的研究。此外，作为中心的“大城市”本身在区域城市体系中扮演着重要的作用，它的发展对城市体系扁平化有着怎样的影响值得关注。

（3）本书重点从一个侧面关注了城市体系扁平化“是什么”和“为什么”

的问题，如前所述，城市体系扁平化是一个“中性”概念，多大程度的扁平化是好的？有赖于模型检验，这是省域政府关注的一个重要现实问题，也是学术界值得深入探讨的一个命题。

（4）产业集聚对城市体系扁平化的影响机制在中国东中西三大区域上是否存在异质性也是一个值得探讨的问题。此外，制造业内部不同技术水平的制造业可能对城市体系扁平化的影响可能是异质性的。

参考文献

[1] Anderson, G. , Y. Ge. The Size Distribution of Chinese Cities [J] . Regional Science and Urban Economics, 2005, 35 (6): 756 -776.

[2] Beckmann M J. City Hierarchies and the Distribution of City Size [J]. Economic Development & Cultural Change, 1958, 6 (3): 243 -248.

[3] Bin Jiang, Junjun Yin, Qingling Liu. Zipf' s law for all the natural cities around the world [J]. International Journal of Geographical Information Science, 2015 (3) .

[4] Boschma R, Iammarino S. Related Variety, Trade Linkages, and Regional Growth in Italy [J]. Economic Geography, 2009, 85 (3): 289 -311.

[5] Boske R M, Garretsen H. Trade costs in empirical new economic geography [J]. Paper in Regional Science, 2010, 89 (3): 485 -511.

[6] Brakman, S, H Garretsen, C. Van Marrewijk, and M. van den Berg. The return of Zipf: a further understanding of the rank - size distribution [J]. Journal of RegionalScience, 1999.

[7] Castaldi C. , Frenken K. and Los B. Related variety and unrelated variety and technological breakthroughs: an analysis of US state - level patenting. Regional Study, 2015 (5): 767 -781.

[8] Christian Lessmann. Spatial inequality and development — Is there an inverted - U relationship? [J]. Journal of Development Economics, 2014.

[9] Chun - Chung Au, J. Vernon Henderson. Are Chinese cities too small? [J]. Review of Economic Studies, 2006.

[10] Ciccone A. Agglomeration effects in Europe [J]. European Economic Review, 2000, 46 (2): 213 -227.

[11] Duncan Black, Vernon Henderson. Urban evolution in the USA. Journal of Econometrics, 2003.

[12] Duranton G. , Puga D. Diversity and Specialisation in Cities: Why, Where and When Does it Matter? [J]. Urban Studies, 2000 (3): 533 – 555.

[13] El – shakhs S. Development, primacy, and systems of cities. Journal Of Developing Areas. 1972, 7 (1): 11 – 35.

[14] Evert Meijers. Measuring Polycentricity and its Promises [J]. European Planning Studies, 2008 (9) .

[15] Fang Chuanglin, Pang Bo & Liu Haimeng. Global city size hierarchy: Spatial patterns, regional features, and implications for China. Habitat International, 2017 (66): 149 – 162.

[16] France G. P. Rank – Size Distribution and the Process of Urban Growth [J]. Urban Studies, 1995.

[17] Gabix X. Zipf's Law for Cities: An Explanation [J]. Quarterly Journal, 1999.

[18] Glaeser E, Ponzetto G, Zou Y M. Urban networks: Connecting markets, people, and ideas. Papers in Regional Science, 2016.

[19] Gordon Anderson, Ying Ge. The size distribution of Chinese cities [J]. Regional Science and Urban Economics, 2005 (6) .

[20] Henderson J. V.. Urban Development: Theory, Fact and Illusion, Oxford UniversityPress, 1988.

[21] Henderson J. V.. The Sizes and Types of Cities. American Economic Review. American Economic Association, 1974, 64 (4): 640 – 656.

[22] Henry G. Overman, Yannis M. Ioannides. Cross – Sectional Evolution of the U. S. City Size Distribution [J]. Journal of Urban Economics, 2001 (3) .

[23] Hsu W. T. , T Mori, T. E. Smith. Spatial patterns and size distributions of cities. KIER Working Papers, 2014.

[24] Jarle Aarstad, Olav A. Kvitastein and Stig – ErikJakobsen. Related and unrelated variety as regional drivers of enterprise productivity and innovation: A multilevel study [J]. Research Policy, 2016 (4): 844 – 856.

[25] Jeff Luckstead, Stephen Devadoss. A nonparametric analysis of the growth process of Indian cities [J]. Economics Letters, 2014 (3) .

[26] John Parr. The Polycentric Urban Region: A Closer Inspection [J]. Regional Studies, 2004 (3) .

[27] Kenneth T. Rosen, Mitchel Resnick. The size distribution of cities: An examination of the Pareto law and primacy. Journal of Urban Economics, 1980.

[28] Koen Frenken, Frank Van Oort, Thijs Verburg. Related Variety, Unrelated Variety and Regional Economic Growth [J]. Regional Studies, 2007, 41 (5): 685 –697.

[29] Kristian Giesen, Jens Sdekum. Zipf' s law for cities in the regions and the country [J]. Journal of Econometrics, 2011.

[30] Krugmn P Increasing Returns and Economic Geography [J]. Journal of Political Economy, 1991, 99 (3): 483 –499.

[31] Kwok Tong Soo. Zipf' s Law for cities: a cross – country investigation [J]. Regional Science and Urban Economics, 2004 (3) .

[32] Liu X. J. , Derudder B. , Wu K. Measuring polycentric urban development in China: An intercity transportation network perspective [J]. Regional Studies, 2016.

[33] Marshall A. Principles of Economics [M] . London: TheMacmil – lan Press, 1961: 32 – 39.

[34] Meijers E. J. , Burger M. J. Spatial Structure and Productivity in U. S. Metropolitan Areas [J]. Environment and Planning A, 2010, 42 (6): 1383 –1402.

[35] Meijers E. J. Measuring Polycentricity and its Premises [J]. European Planning Studies, 2008, 16 (9): 1313 –1323.

[36] Oort F. V. , Geus S. D. , Dogaru T. Related Variety and Regional Economic Growth in a Cross – Section of European Urban Regions [J]. European Planning Studies, 2015, 23 (6): 1110 –1127.

[37] Rosen, K. T. , Resnick, M. The size distribution of cities: an exam – ination of the Pareto law and primacy [J]. Journal of UrbanEconomics, 1980.

[38] Shunfeng Song, Kevin Honglin Zhang. Urbanisation and City Size Distribution in China [M] . Urban Studies, 2002.

[39] Song S. , H. Zhang. Urbanization and City Size Distribution in China [J] . Urban Studies, 2002, 39 (12): 2317 –2327.

[40] Soo K. T. Zipf' s Law for cities: a cross – country investigation [J] . Regional science and Urban Economics, 2005, 35 (3): 239 –263.

[41] Sotarauta M. The Impact of Related Variety on Regional Employment Growth in Finland 1993 – 2006: High –Tech versus Medium/Low –Tech [J]. Papers in Evolutionary Economic Geography, 2012, 19 (6): 459 –476.

[42] Tabuchi T. Urban Agglomeration and Dispersion: A Sythesis of Alonso and Krugman [J] . Journal of Urban Econmics, 1998, 44 (3): 333 –365.

[43] Venables A. J. Productivity in Cities: Self – selection and Sorting [J] .

Journal of Economic Geography, 2011, 11 (2): 241 -251.

[44] Xavier Gabaix. The evolution of city size distributions [J]. Handbook of Regional and Urban Economics, 2004.

[45] Xu Z., N. Zhu. City Size Distribution in China: Are Large Cities Dominant? [J]. Urban Studies, 2009, 46 (10): 2159 -2185.

[46] Yannis Ioannides, Spyros Skouras. US city size distribution: Robustly Pareto, but only in the tail [J]. Journal of Urban Economics, 2013 (1).

[47] Yannis M. Ioannides, Henry G. Overman. Zipf' s law for cities: an empirical examination [J]. Regional Science and Urban Economics, 2002 (2).

[48] Ying Ge. The size distribution of Chinese cities [J]. Gordon Anderson, Regional Science and Urban Economics, 2005 (6).

[49] Zelai Xu, Nong Zhu. City Size Distribution in China: Are Large Cities Dominant? [M]. Urban Studies, 2009.

[50] Zipf G. K. Human Behavior and the Principle of Least Effort [M]. Addison - Wesley: Reading, MA, 1949.

[51] 阿尔弗雷德·韦伯. 工业区位论 [M]. 北京：商务印书馆，1997.

[52] 安虎森，孙久文，吴殿廷. 区域经济学 [M]. 北京：高等教育出版社，2018.

[53] 安树伟，闫程莉. 沿海三大城市群产业协作效果评价与比较[J]. 河北学刊，2017，37 (5)：144 -150.

[54] 安树伟. 近年来我国城镇体系的演变特点与结构优化[J]. 广东社会科学，2010 (6)：12 -19.

[55] 敖荣军. 制造业集中、劳动力流动与中部地区的边缘化[J]. 南开经济研究，2005 (1)：61 -66.

[56] 白永亮，党彦龙. 长江中游城市群空间作用机理与空间结构研究[J]. 宏观经济研究，2014 (11)：47 -58 +95.

[57] 保罗·克鲁格曼. 地理和贸易 [M]. 北京：北京大学出版社，2000.

[58] 毕秀晶，宁越敏. 长三角大都市区空间溢出与城市群集聚扩散的空间计量分析[J]. 经济地理，2013，33 (1)：46 -53.

[59] 蔡昉，都阳. 转型中的中国城市发展——城市级层结构、融资能力与迁移政策[J]. 经济研究，2003 (6)：64 -71 +95.

[60] 蔡敬梅. 产业集聚对劳动生产率的空间差异影响[J]. 当代经济科学，2013，35 (6)：25 -32 +122 -123.

[61] 蔡孝箴. 城市经济学 [M]. 天津：南开大学出版社，1998.

[62] 蔡翼飞，张车伟．地区差距的新视角：人口与产业分布不匹配研究[J]. 中国工业经济，2012（5）：31－43.

[63] 蔡之兵，张可云．中国城市规模体系与城市发展战略[J]. 经济理论与经济管理，2015（8）：104－112.

[64] 曾鹏，黄图毅，阙菲菲．中国十大城市群空间结构特征比较研究[J]. 经济地理，2011，31（4）：603－608.

[65] 晁恒，马学广，李贵才．珠江三角洲地区多中心空间结构的特征及演变[J]. 地域研究与开发，2014，33（6）：12－18.

[66] 陈国亮，陈建军．产业关联、空间地理与二三产业共同集聚——来自中国212个城市的经验考察[J]. 管理世界，2012（4）：82－100.

[67] 陈建军，郑广建，刘月．高速铁路对长江三角洲空间联系格局演化的影响[J]. 经济地理，2014，34（8）：54－60＋67.

[68] 陈景新，王云峰．我国劳动密集型产业集聚与扩散的时空分析[J]. 统计研究，2014，31（2）：34－42.

[69] 陈良文，杨开忠，吴姣．中国城市体系演化的实证研究[J]. 江苏社会科学，2007（1）：81－88.

[70] 陈良文，杨开忠．集聚与分散：新经济地理学模型与城市内部空间结构、外部规模经济效应的整合研究[J]. 经济学（季刊），2008（1）：53－70.

[71] 陈良文，杨开忠．我国区域经济差异变动的原因：一个要素流动和集聚经济的视角[J]. 当代经济科学，2007（3）：35－42＋124.

[72] 陈林生．聚集效应、中心地理论与区域经济协调发展[J]. 财经科学，2004（1）：107－109.

[73] 陈如铁，马健．辽宁中部城市群城市体系中规模与距离关系的研究[J]. 地理科学，2017，37（6）：841－849.

[74] 陈秀山，张可云．区域经济理论［M］．北京：商务印书馆，2003.

[75] 陈彦光，姜世国．城市集聚体、城市群和城市体系［J]. 城市发展研究，2017（12）：8－15.

[76] 陈长石，刘晨晖．基于中心—外围模型的区域发展不平衡测算及其空间分解——兼论中国地区发展不平衡来源及收敛性（1990～2012）［J]. 经济管理，2015，37（2）：31－40.

[77] 陈钊，陆铭．首位城市该多大？——国家规模、全球化和城市化的影响[J]. 学术月刊，2014，46（5）：5－16.

[78] 程大中，黄雯．中国服务业的区位分布与地区专业化[J]. 财贸经济，2005（7）：73－81＋97.

[79] 程开明，庄燕杰．城市体系位序—规模特征的空间计量分析——以中部地区地级以上城市为例[J]．地理科学，2012，32（8）：905－912.

[80] 程启智，李华．区域经济非平衡发展的内在机理分析[J]．经济纵横，2013（5）：64－68.

[81] 程启智，汪剑平．区域经济非平衡发展：表现形式、根源与分析框架[J]．江西社会科学，2009（10）：68－74.

[82] 程中华，于斌斌．产业集聚与地区工资差距——基于中国城市数据的空间计量分析[J]．当代经济科学，2014，36（6）：86－94＋125.

[83] 程中华，于斌斌．产业集聚与技术进步——基于中国城市数据的空间计量分析[J]．山西财经大学学报，2014，36（10）：58－66.

[84] 代明，张杭，饶小琦．从单中心到多中心：后工业时代城市内部空间结构的发展演变[J]．经济地理，2014，34（6）：80－86.

[85] 单德朋，王英，郑长德．专业化、多样化与产业结构减贫效应的动态异质表现研究[J]．中国人口·资源与环境，2017，27（7）：157－168.

[86] 丁守海，丁洋，沈煜，南毓．新常态背景下服务业就业的滞后风险[J]．中国软科学，2016（9）：28－36.

[87] 丁志伟，刘静玉，刘勇．基于分形理论的中原城市群规模序列和空间结构研究[J]．河南科学，2010，28（3）：346－350.

[88] 豆建民，刘叶．生产性服务业与制造业协同集聚是否能促进经济增长——基于中国285个地级市的面板数据[J]．现代财经（天津财经大学学报），2016，36（4）：92－102.

[89] 杜晓娟，甄峰，常恩予．基于电子商务势能的中国城市体系格局与形成机制——以阿里巴巴集团为例[J]．经济地理，2016，36（9）：49－57.

[90] 樊秀峰，康晓琴．陕西省制造业产业集聚度测算及其影响因素实证分析[J]．经济地理，2013，33（9）：115－119＋160.

[91] 范剑勇，邵挺．房价水平、差异化产品区位分布与城市体系[J]．经济研究，2011，46（2）：87－99.

[92] 范剑勇，王立军，沈林洁．产业集聚与农村劳动力的跨区域流动[J]．管理世界，2004（4）：22－29＋155.

[93] 范剑勇，谢强强．地区间产业分布的本地市场效应及其对区域协调发展的启示[J]．经济研究，2010，45（4）：107－119＋133.

[94] 范剑勇．产业集聚与中国地区差距研究［M］．上海：格致出版社，上海人民出版社，2007.

[95] 范剑勇．市场一体化、地区专业化与产业集聚趋势——兼谈对地区差

距的影响[J]. 中国社会科学，2004（6）：39－51＋204－205.

［96］方创琳. 中国城市发展方针的演变调整与城市规模新格局[J]. 地理研究，2014，33（4）：674－686.

［97］方创琳. 中国城市群研究取得的重要进展与未来发展方向[J]. 地理学报，2014，69（8）：1130－1144.

［98］方大春，孙明月. 高铁时代下长三角城市群空间结构重构——基于社会网络分析[J]. 经济地理，2015，35（10）：50－56.

［99］冯兴华，钟业喜，李峥荣，傅钰. 长江经济带城市体系空间格局演变[J]. 长江流域资源与环境，2017，26（11）：1721－1733.

［100］高鸿鹰，武康平. 集聚效应、集聚效率与城市规模分布变化[J]. 统计研究，2007（3）：43－47.

［101］高鸿鹰，武康平. 我国城市规模分布 Pareto 指数测算及影响因素分析[J]. 数量经济技术经济研究，2007（4）：43－52.

［102］高翔，鱼腾飞，程慧波. 城市体系结构及与城市化的耦合机制——以西陇海兰新经济带甘肃段为例[J]. 地理科学进展，2009，28（5）：744－750.

［103］葛立成. 产业集聚与城市化的地域模式——以浙江省为例[J]. 中国工业经济，2004（1）：56－62.

［104］龚勇，贺刻奋，周迎迎. 区域经济学视角下的产业集聚机制研究[J]. 商场现代化，2010（23）：123－124.

［105］谷永芬，洪娟. 城市群服务业集聚与经济增长——以长三角为例[J]. 江西社会科学，2013，33（4）：43－47.

［106］顾朝林，甄峰，张京祥. 集聚与扩散——城市空间结构新论［M］. 南京：东南大学出版社，2000.

［107］顾乃华. 我国城市生产性服务业集聚对工业的外溢效应及其区域边界——基于 HLM 模型的实证研究[J]. 财贸经济，2011（5）：115－122＋44.

［108］关兴良，魏后凯，鲁莎莎，邓羽. 中国城镇化进程中的空间集聚、机理及其科学问题[J]. 地理研究，2016，35（2）：227－241.

［109］韩帅，孙浦阳，张诚. 产业集聚对教育回报与工资水平的影响——基于我国服务业与制造业集聚的比较分析[J]. 现代财经（天津财经大学学报），2012，32（9）：106－118.

［110］韩玉刚，焦华富，李俊峰. 中国省际边缘区产业集群的网络特征和形成机理——以安徽省宁国市耐磨铸件产业集群为例[J]. 地理研究，2011，30（5）：814－826.

［111］郝俊卿，曹明明. 产业集聚作用下的城市群空间结构研究——以关中

城市群为例[J]. 生态经济（学术版），2013（1）：246 - 249.

[112] 郝俊卿，曹明明，王雁林．关中城市群产业集聚的空间演变及效应分析——以制造业为例[J]. 人文地理，2013，28（3）：96 - 100 + 129.

[113] 何雄浪，杨继瑞．企业异质、产业集聚与区域发展差异——新新经济地理学的理论解释与拓展[J]. 学术月刊，2012，44（7）：82 - 89.

[114] 赫胜彬，王华伟．京津冀城市群空间结构研究[J]. 经济问题探索，2015（6）：105 - 111.

[115] 侯韵，孙铁山．中国城市群空间结构的经济绩效——基于面板数据的实证分析[J]. 经济问题探索，2016（2）：80 - 88.

[116] 黄妍妮，高波，魏守华．中国城市群空间结构分布与演变特征[J]. 经济学家，2016（9）：50 - 58.

[117] 纪玉俊，刘英华．产业集聚与扩散背景下的区域分工形成及演变[J]. 重庆大学学报（社会科学版），2015，21（3）：8 - 14.

[118] 江曼琦，王振坡，王丽艳．中国城市规模分布演进的实证研究及对城市发展方针的反思[J]. 上海经济研究，2006（6）：29 - 35.

[119] 金春雨，王伟强．产业集聚、知识溢出与工业经济增长——基于空间面板模型的实证研究[J]. 财经论丛，2015（1）：3 - 9.

[120] 金浩然，刘盛和，戚伟．基于新标准的中国城市规模等级结构演变研究[J]. 城市规划，2017，41（8）：38 - 46.

[121] 雷鹏．制造业产业集聚与区域经济增长的实证研究[J]. 上海经济研究，2011（1）：35 - 45.

[122] 黎斌，贺灿飞，周沂．相关多样化、地方政府竞争与中国重化工业企业动态[J]. 经济地理，2016，36（6）：91 - 99.

[123] 李福柱，厉梦泉．相关多样性、非相关多样性与地区工业劳动生产率增长——兼对演化经济地理学理论观点的拓展研究[J]. 山东大学学报（哲学社会科学版），2013（4）：10 - 20.

[124] 李国平，范红忠．生产集中、人口分布与地区经济差异[J]. 经济研究，2003（11）：79 - 86 + 93.

[125] 李佳洺，张文忠，孙铁山，张爱平．中国城市群集聚特征与经济绩效[J]. 地理学报，2014，69（4）：474 - 484.

[126] 李晶晶，苗长虹，叶信岳．区域经济核心—边缘结构多尺度演化机制分析——以河南省为例[J]. 经济地理，2016，36（10）：9 - 17.

[127] 李澎，范毅．行政等级结构下的中国城市规模效率及其影响因素[J]. 制度经济学研究，2017（3）：121 - 136.

［128］李顺毅，王双进．产业集聚对我国工业污染排放影响的实证检验［J］．统计与决策，2014（8）：128－130.

［129］李松林，刘修岩，杜聪．中国产业的空间动态发展模式及其成因——兼论城市体系扁平化［J］．财贸研究，2018（7）：15－27.

［130］李松林，刘修岩．中国城市体系规模分布扁平化：多维区域验证与经济解释［J］．世界经济，2017，40（11）：144－169.

［131］李威，王珺，陈昊．国际贸易、运输成本与城市规模分布——基于中国省区数据的研究［J］．南方经济，2017（11）：85－102.

［132］李筱乐．市场化、工业集聚和环境污染的实证分析［J］．统计研究，2014，31（8）：39－45.

［133］李嬛，宁越敏，魏也华，陈斐然．长江经济带沿江城市群空间分布格局与联动机理研究［J］．长江流域资源与环境，2016，25（12）：1797－1806.

［134］李嬛．京津冀城市群"等级—规模"分布演进及协同发展研究［J］．经济问题探索，2017（12）：126－131.

［135］李勇刚，张鹏．产业集聚加剧了中国的环境污染吗——来自中国省级层面的经验证据［J］．华中科技大学学报（社会科学版），2013，27（5）：97－106.

［136］李震，杨永春．基于 GDP 规模分布的中国城市等级变化研究——等级结构扁平化抑或是等级性加强［J］．城市规划，2010，34（4）：27－31.

［137］梁琦，陈强远，王如玉．户籍改革、劳动力流动与城市层级体系优化［J］．中国社会科学，2013（12）：36－59＋205.

［138］梁琦，黄利春．要素集聚、产业时空变动与城市层级体系［J］．城市与环境研究，2014，1（2）：13－24.

［139］梁琦．分工、集聚与增长［M］．北京：商务印书馆，2009.

［140］梁琦．产业集聚的均衡性和稳定性［J］．世界经济，2004（6）：11－17＋80.

［141］梁琦．分工、专业化与集聚［J］．管理科学学报，2006（6）：13－22.

［142］刘秉镰，杨晨．基础设施影响城市规模分布的作用机理及实证研究［J］．经济与管理研究，2016，37（3）：20－28.

［143］刘军，徐康宁．产业聚集、经济增长与地区差距——基于中国省级面板数据的实证研究［J］．中国软科学，2010（7）：91－102.

［144］刘妙龙，陈雨，陈鹏，陈捷．基于等级钟理论的中国城市规模等级体系演化特征［J］．地理学报，2008，63（12）：1235－1245.

［145］刘生龙，胡鞍钢．交通基础设施与中国区域经济一体化［J］．经济研

究，2011（3）：72－82.

［146］刘嗣明，方辉．长江中游城市群空间结构优化研究[J]．学习与实践，2013（7）：5－13＋2.

［147］刘涛，曹广忠．城市规模的空间聚散与中心城市影响力——基于中国637个城市空间自相关的实证[J]．地理研究，2012，31（7）：1317－1327.

［148］刘修岩，李松林，秦蒙．城市空间结构与地区经济效率——兼论中国城镇化发展道路的模式选择[J]．管理世界，2017（1）：51－64.

［149］刘修岩，李松林．房价、迁移摩擦与中国城市的规模分布——理论模型与结构式估计[J]．经济研究，2017，52（7）：65－78.

［150］刘学华，张学良，李鲁．中国城市体系规模结构：特征事实与经验阐释[J]．财经研究，2015，41（11）：108－123.

［151］刘艳军．我国产业结构演变的城市化响应研究［D］．东北师范大学，2009.

［152］刘妍，朱祖平．产业集聚过程成本动因的博弈分析[J]．科学学与科学技术管理，2004（6）：118－122.

［153］刘耀彬，白彩全，李政通，吴启焰，廖文强．环鄱阳湖城市体系规模结构变动——基于距离、规模、创新扩散的解释[J]．经济地理，2015，35（4）：62－69.

［154］刘永亮．置疑中国最优城市规模[J]．城市规划，2011，35（5）：76－81＋96.

［155］刘志彪．产业经济学［M］．北京：机械工业出版社，2015.

［156］陆铭，向宽虎．地理与服务业——内需是否会使城市体系分散化？[J]．经济学：季刊，2012，11（2）：1079－1096.

［157］陆铭，向宽虎，陈钊．中国的城市化和城市体系调整：基于文献的评论[J]．世界经济，2011，34（6）：3－25.

［158］陆铭，向宽虎．破解效率与平衡的冲突——论中国的区域发展战略[J]．经济社会体制比较，2014（4）：1－16.

［159］陆铭．重构城市体系——论中国区域和城市可持续发展战略[J]．南京大学学报（哲学·人文科学·社会科学版），2010，47（5）：15－26＋158.

［160］苗洪亮，曾冰，张波．城市群的空间结构与经济效率：来自中国的经验证据[J]．宁夏社会科学，2016（5）：129－137.

［161］潘文卿，李子奈，刘强．中国产业间的技术溢出效应：基于35个工业部门的经验研究[J]．经济研究，2011，46（7）：18－29.

［162］潘文卿，刘庆．中国制造业产业集聚与地区经济增长——基于中国工

业企业数据的研究[J]. 清华大学学报（哲学社会科学版），2012，27（1）：137－147＋161.

[163] 蒲英霞，马荣华，马晓冬，顾朝林. 长江三角洲地区城市规模分布的时空演变特征[J]. 地理研究，2009，28（1）：161－172.

[164] 尚海洋，毛必文. 基于 IPAT 模型的产业集聚与环境污染的实证研究[J]. 生态经济，2016，32（6）：77－81＋87.

[165] 盛科荣，金耀坤，纪莉. 城市规模分布的影响因素——基于跨国截面数据的经验研究[J]. 经济地理，2013，33（1）：66－71＋65.

[166] 石灵云，殷醒民，刘修岩. 产业集聚的外部性机制——来自中国的实证研究[J]. 产业经济研究，2007（6）：1－7.

[167] 石忆邵，章仁彪. 从多中心城市到都市经济圈——长江三角洲地区协调发展的空间组织模式[J]. 城市规划汇刊，2001（4）：51－54＋80.

[168] 宋马林，王舒鸿，黄蓓，胡百红. 我国中部六省产业集聚与扩散的空间计量[J]. 地理研究，2012，31（3）：534－542.

[169] 苏芳. 产业集聚与环境影响关系的库兹涅茨曲线检验[J]. 生态经济，2015，31（2）：20－23＋162.

[170] 苏飞，张平宇. 辽中南城市群城市规模分布演变特征[J]. 地理科学，2010，30（3）：343－349.

[171] 苏红键，赵坚. 相关多样化、不相关多样化与区域工业发展——基于中国省级工业面板数据[J]. 产业经济研究，2012（2）：26－32.

[172] 孙斌栋，丁嵩. 大城市有利于小城市的经济增长吗？——来自长三角城市群的证据[J]. 地理研究，2016，35（9）：1615－1625.

[173] 孙斌栋，华杰媛，李琬，张婷麟. 中国城市群空间结构的演化与影响因素——基于人口分布的形态单中心—多中心视角[J]. 地理科学进展，2017，36（10）：1294－1303.

[174] 孙浦阳，韩帅，靳舒晶. 产业集聚对外商直接投资的影响分析——基于服务业与制造业的比较研究[J]. 数量经济技术经济研究，2012，29（9）：40－57.

[175] 孙浦阳，韩帅，许启钦. 产业集聚对劳动生产率的动态影响[J]. 世界经济，2013，36（3）：33－53.

[176] 孙浦阳，韩帅，张诚. 产业集聚结构与城市经济增长的非线性关系[J]. 财经科学，2012（8）：49－57.

[177] 孙铁山. 中国三大城市群集聚空间结构演化与地区经济增长[J]. 经济地理，2016，36（5）：63－70.

[178] 孙祥栋，郑艳婷，张亮亮．基于集聚经济规律的城市规模问题研究[J]. 中国人口·资源与环境，2015，25（3）：74－81.

[179] 孙晓华，柴玲玲．相关多样化、无关多样化与地区经济发展——基于中国282个地级市面板数据的实证研究[J]. 中国工业经济，2012（6）：5－17.

[180] 覃成林，张华，张技辉．中国区域发展不平衡的新趋势及成因——基于人口加权变异系数的测度及其空间和产业二重分解[J]. 中国工业经济，2011（10）：37－45.

[181] 汤放华，陈立立，曾志伟，易纯．城市群空间结构演化趋势与空间重构——以长株潭城市群为例[J]. 城市发展研究，2010，17（3）：65－69＋85.

[182] 唐为．中国城市规模分布体系过于扁平化吗？[J]. 世界经济文汇，2016（1）：36－51.

[183] 藤田昌久，雅克－弗朗斯瓦．蒂斯（著），石敏俊等（译）．集聚经济学：城市、产业区位与全球化（第二版）[M]．上海：格致出版社，上海三联书店，上海人民出版社，2016.

[184] 田超．首位城市过大是否阻碍省域经济协调发展——基于中国省级面板数据的实证分析[J]. 中国人口·资源与环境，2015，25（10）：87－94.

[185] 田超．一城独大与省域经济增长的关系——以27个省、自治区为例[J]. 城市问题，2016（9）：58－65.

[186] 王成新，王格芳，刘瑞超，王明苹，李新华，姚士谋．高速公路对城市群结构演变的影响研究——以山东半岛城市群为例[J]. 地理科学，2011，31（1）：61－67.

[187] 王春杨，吴国誉，张超．基于DMSP/OLS夜间灯光数据的成渝城市群空间结构研究[J]. 城市发展研究，2015，22（11）：20－24.

[188] 王晖．区域经济一体化进程中的产业集聚与扩散[J]. 上海经济研究，2008（12）：30－35.

[189] 王慧娟，兰宗敏，金浩，张超．基于夜间灯光数据的长江中游城市群城镇体系空间演化研究[J]. 经济问题探索，2017（3）：107－114.

[190] 王家庭．城市首位度与区域经济增长——基于24个省区面板数据的实证研究[J]. 经济问题探索，2012（5）：35－40.

[191] 王俊松．集聚经济、相关性多样化与城市经济增长——基于279个地级及以上城市面板数据的实证分析[J]. 财经研究，2016，42（5）：135－144.

[192] 王俊松．相关性多样化、内外资联系与城市创新能力[J]. 南方经济，2015（12）：55－70.

[193] 王茂军，曹广忠，赵群毅，等．基于距离与规模的中国城市体系规模

结构[J]. 地理研究，2010（7）：1257 - 1268.

[194] 王珊. 长株潭城市群空间结构优化研究［D］. 湖南师范大学硕士学位论文，2008.

[195] 王小鲁. 中国城市化路径与城市规模的经济学分析[J]. 经济研究，2010，(10)：20 - 32.

[196] 王秀明，李非. 产业集聚对区域经济增长的影响：基于广东省的实证研究[J]. 武汉大学学报（哲学社会科学版），2013，66（6）：122 - 127.

[197] 王燕，徐妍. 中国制造业空间集聚对全要素生产率的影响机理研究——基于双门限回归模型的实证分析[J]. 财经研究，2012，38（3）：135 - 144.

[198] 王垚，年猛. 政府“偏爱”与城市发展：文献综述及其引申[J]. 改革，2014（8）：141 - 147.

[199] 王垚，王春华，洪俊杰，年猛. 自然条件、行政等级与中国城市发展[J]. 管理世界，2015（1）：41 - 50.

[200] 王振波，方创琳，胡瑞山. 中国城市规模体系及其空间格局 Zipf - PLE 模型的评价[J]. 地球信息科学学报，2015，17（6）：682 - 688.

[201] 王振坡，翟婧彤，张颖，游斌. 京津冀城市群城市规模分布特征研究[J]. 上海经济研究，2015（7）：79 - 88.

[202] 魏后凯. 大都市区新型产业分工与冲突管理——基于产业链分工的视角[J]. 中国工业经济，2007（2）：28 - 34.

[203] 魏后凯. 现代区域经济学［M］. 北京，经济管理出版社，2006.

[204] 魏后凯. 中国城市行政等级与规模增长[J]. 城市与环境研究，2014，1（1）：4 - 17.

[205] 魏后凯. 中国城镇化进程中两极化倾向与规模格局重构[J]. 中国工业经济，2014（3）：18 - 30.

[206] 魏守华，陈扬科，陆思桦. 城市蔓延、多中心集聚与生产率[J]. 中国工业经济，2016（8）：58 - 75.

[207] 魏守华，周山人，千慧雄. 中国城市规模偏差研究[J]. 中国工业经济，2015（4）：5 - 17.

[208] 魏玮，马松昌. 基于动态面板 GMM 分析的产业集聚与经济增长实证研究——以山东半岛城市群为例[J]. 上海经济研究，2013，25（6）：23 - 32.

[209] 魏玮，郑延平. 相关与无关多样化对地区经济发展的影响研究——基于省际面板数据的实证检验[J]. 统计与信息论坛，2013，28（10）：49 - 55.

[210] 魏玮，周晓博，牛林祥. 产业多样化、职能专业化与城市经济发

展——基于长三角和中原城市群面板数据的分析[J]. 财经论丛，2015（11）：3－9.

[211] 吴丰林，方创琳，赵雅萍. 城市产业集聚动力机制与模式研究进展[J]. 地理科学进展，2010，29（10）：1201－1208.

[212] 吴光周，杨家文. 中国城市规模幂律分布实证研究[J]. 经济地理，2017，37（1）：59－65＋97.

[213] 吴健生，刘浩，彭建，马琳. 中国城市体系等级结构及其空间格局——基于 DMSP/OLS 夜间灯光数据的实证[J]. 地理学报，2014，69（6）：759－770.

[214] 邬晓霞，朱春筱，高见. 京津冀地区城市体系规模结构的测度与评价——基于2006—2012年数据[J]. 河北经贸大学学报，2016，37（3）：102－108.

[215] 仵宗卿，戴学珍，杨吾扬. 帕雷托公式重构及其与城市体系演化[J]. 人文地理，2000（1）：15－19.

[216] 肖金成. 省域中心与边缘地区的经济发展差距——一个长期被忽视的现象[J]. 重庆工商大学学报. 西部论坛，2004（3）：22－26.

[217] 谢里，谌莹，邝湘敏. 产业集聚拉大了地区收入差距吗？——来自中国制造业的经验证据[J]. 经济地理，2012，32（2）：20－26.

[218] 谢品，李良智，赵立昌. 江西省制造业产业集聚、地区专业化与经济增长实证研究[J]. 经济地理，2013，33（6）：103－108.

[219] 谢小平，王贤彬. 城市规模分布演进与经济增长[J]. 南方经济，2012（6）：58－73.

[220] 谢雄军，何红渠. 基于空间面板计量的产业集聚与省域经济增长关系研究[J]. 财经理论与实践，2014，35（2）：116－121.

[221] 徐江. 多中心城市群：POLYNET 引发的思考[J]. 国际城市规划，2008（1）：1－3.

[222] 许伟攀，李郇，陈浩辉. 基于城市夜间灯光数据的中美两国城市位序规模分布对比[J]. 地理科学进展，2018，37（3）：385－396.

[223] 许学强. 我国城镇规模体系的演变和预测[J]. 中山大学学报（哲学社会科学版），1982（3）：40－49.

[224] 许政，陈钊，陆铭. 中国城市体系的“中心—外围”模式[J]. 世界经济，2010（7）：144－160.

[225] 续亚萍，俞会新. 产业集聚与新型城镇化建设如何良性互动[J]. 人民论坛，2014（34）：92－94.

[226] 薛俊菲. 基于航空网络的中国城市体系等级结构与分布格局[J]. 地

理研究，2008（1）：23－32

［227］闫逢柱，苏李，乔娟．产业集聚发展与环境污染关系的考察——来自中国制造业的证据[J].科学学研究，2011，29（1）：79－83＋120.

［228］闫小培．区域中心城市与生产性服务业发展［M］．北京：商务印书馆，2006.

［229］杨凤鸣，蒋欣言．我国集聚经济对城镇化体系优化的影响分析[J].统计与决策，2015（5）：103－106.

［230］杨浩昌，李廉水，刘军．产业聚集与中国城市全要素生产率[J].科研管理，2018，39（1）：83－94.

［231］杨晶，石敏俊．制造业集聚对劳动生产率影响的区域差异和产业差异[J].数学的实践与认识，2012，42（8）：16－25.

［232］杨仁发．产业集聚能否改善中国环境污染[J].中国人口·资源与环境，2015，25（2）：23－29.

［233］杨仁发．产业集聚与地区工资差距——基于我国269个城市的实证研究[J].管理世界，2013（8）：41－52.

［234］杨一平．京津冀地区城市地价与土地利用结构关系研究［D］．河北师范大学，2018.

［235］姚永玲，唐彦哲．城市群首位城市的联系能级、中心度和控制力[J].经济地理，2015，35（7）：66－71＋78.

［236］叶浩，庄大昌．城市体系规模分布与空间分布的关系研究[J].世界地理研究，2015，24（3）：75－82.

［237］叶浩，庄大昌．城市体系规模结构研究的新方法——位序累积规模模型[J].地理科学，2017，37（6）：825－832.

［238］余吉祥，段玉彬．集聚经济与中国城市体系优化——跨省迁移视角的研究[J].统计与信息论坛，2013，28（4）：67－73.

［239］余宇莹，余宇新．中国地级城市规模分布与集聚效应实证研究[J].城市问题，2012（7）：24－29.

［240］苑韶峰，朱从谋，杨丽霞．长三角城市群各业用地价格的空间分布格局及影响因素[J].长江流域资源与环境，2017，26（10）：1538－1546.

［241］张萃．生产性服务业集聚对中国城市生产率增长的影响——基于城市等级体系视角的分析[J].城市问题，2016（6）：61－69.

［242］张萃．生产性服务业集聚对中国城市生产率增长的影响——基于城市等级体系视角的分析[J].城市问题，2016（6）：61－69.

［243］张芳霞，朱志玲，张晓霞．银川市产业集聚与城市空间结构优化研究

[J]. 干旱区资源与环境，2011，25（2）：34－39.

［244］张海峰，姚先国．经济集聚、外部性与企业劳动生产率——来自浙江省的证据[J]. 管理世界，2010（12）：45－52.

［245］张浩然，衣保中．城市群空间结构特征与经济绩效——来自中国的经验证据[J]. 经济评论，2012（1）：42－47＋115.

［246］张虹鸥，叶玉瑶，陈绍愿．珠江三角洲城市群城市规模分布变化及其空间特征[J]. 经济地理，2006（5）：806－809.

［247］张辽，杨成林．产业多样化能够促进地区经济增长吗？——来自中国的证据[J]. 云南财经大学学报，2016，32（4）：64－71.

［248］张明倩，臧燕阳，张琬．传统贸易理论、新贸易理论和新经济地理框架下的产业集聚现象[J]. 经济地理，2007（6）：956－960.

［249］张婷麟，孙斌栋．都市区空间结构与经济发展的互动关系研究[J]. 地理科学，2017，37（4）：512－518.

［250］张玮琪．城市群空间结构的经济效应研究［D］．暨南大学硕士学位论文，2014.

［251］张卫国，姜继良，罗军．基于企业资源的非相关多元化战略扩张研究[J]. 科技进步与对策，2007（6）：97－100.

［252］张祥建，唐炎华，徐晋．长江三角洲城市群空间结构演化的产业机理[J]. 经济理论与经济管理，2003（10）：65－69.

［253］张鑫，沈清基，李豫泽．中国十大城市群差异性及空间结构特征研究[J]. 城市规划学刊，2016（3）：36－44.

［254］张云飞．城市群内产业集聚与经济增长关系的实证研究——基于面板数据的分析[J]. 经济地理，2014，34（1）：108－113.

［255］张芸，梁进社，李育华．产业集聚对大都市区空间结构演变的影响机制——以北京大都市区为例[J]. 地域研究与开发，2009，28（5）：6－11＋26.

［256］赵璟，党兴华，王修来．城市群空间结构的演变——来自中国西部地区的经验证据[J]. 经济评论，2009（4）：27－34.

［257］赵璟，党兴华．基于分形理论的城市群最优空间结构模型与应用[J]. 西安理工大学学报，2012，28（2）：240－246.

［258］赵渺希，钟烨，徐高峰．中国三大城市群多中心网络的时空演化[J]. 经济地理，2015，35（3）：52－59.

［259］赵瑞霞，胡黎明，刘友金．基于 Logistic 模型的城市群空间结构模式研究[J]. 统计与决策，2011（3）：55－57.

［260］赵祥．产业集聚、区域分工与区域经济差距——基于我国经验数据的